中国物流专家专著系列·2017

ZHONGGUO WULIU ZHUANJIA ZHUANZHU XILIE

经济新常态下城市物流空间结构特征及演化机制研究

——以长沙金霞经济开发区为例

戴恩勇　李金亮　杨芳　李勇　杨威　著

中国财富出版社

图书在版编目（CIP）数据

经济新常态下城市物流空间结构特征及演化机制研究：以长沙金霞经济开发区为例 / 戴恩勇等著．—北京：中国财富出版社，2017.9

（中国物流专家专著系列）

ISBN 978-7-5047-6593-2

Ⅰ.①经…　Ⅱ.①戴…　Ⅲ.①经济开发区—物流—研究—长沙
Ⅳ.①F259.276.41

中国版本图书馆 CIP 数据核字（2017）第 239812 号

策划编辑	郑欣怡	**责任编辑**	邢有涛　王伟莹		
责任印制	尚立业	**责任校对**	孙丽丽	**责任发行**	敬　东

出版发行	中国财富出版社		
社　址	北京市丰台区南四环西路 188 号 5 区 20 楼	**邮政编码**	100070
电　话	010-52227588 转 2048/2028（发行部）		010-52227588 转 321（总编室）
	010-68589540（读者服务部）		010-52227588 转 305（质检部）
网　址	http://www.cfpress.com.cn		
经　销	新华书店		
印　刷	北京九州迅驰传媒文化有限公司		
书　号	ISBN 978-7-5047-6593-2/F·2870		
开　本	710mm×1000mm　1/16	**版　次**	2017 年 12 月第 1 版
印　张	23.25	**印　次**	2017 年 12 月第 1 次印刷
字　数	417 千字	**定　价**	78.00 元

本书为湖南省社科基金项目“经济新常态下城市物流空间结构复杂性特征研究”（项目编号15YBB003）、湖南省自然科学基金项目“跨境电商物流网络的演化机理及应用研究”（项目编号2017JJ2289）和湖南省教育厅重点项目“数据挖掘技术在企业动态竞争情报采集中的应用”（湘教通〔2016〕395号16A023）的研究成果。

前　言

作为第三利润源的现代物流业是影响城市社会经济运行效率和城市综合竞争力的新兴产业。随着经济发展方式转型和城市空间结构调整，产业集聚发展态势成为必然，由物流企业和物流节点构成的城市物流业的产业空间轮廓渐趋明显。因现代物流业与其他产业有较强的关联性，所以现代物流业对城市社会经济的发展起着重要的支撑作用。物流空间是指在一定地域空间范围内所有与物流活动有关的空间地带，主要包括物质形态空间和流动空间，前者是指物流企业、物流节点及网络、通道以及各类物流活动分布区；后者则是指实体物质在物质形态空间内的流动路径与网络形态。作为城市的新兴产业，城市物流空间的轮廓渐趋明显，并成为现代城市物流空间的重要组成部分。

2016 年 12 月，湖南省发展和改革委员会印发了《湖南省“十三五”物流业发展规划》，明确提出湖南省将依托“一核三区多园六通道”物流发展布局，推进实施八大重点物流工程，构建陆水空物流大通道，打造长江经济带物流中心。长沙金霞经济开发区是湖南省唯一以现代物流为主导产业的多功能产业园区，经过 20 多年的发展，园区基础设施日臻完善，主导产业日益壮大，相继获评“国家级示范物流园区”“中国物流示范基地”“中国物流学会产学研示范基地”“国家电子商务示范基地”“国家新型工业化产业示范基地（工业物流）”、湖南省人民政府首批“省级示范物流园区”和“两型示范园区”等荣誉称号。园区主动融入国家“一带一路”倡议和长江经济带战略，切实响应国家加快现代物流业发展号召，率先实施传统产业转型升级战略，全力推进“建设大城北，进位国家级”战略目标，打造具有国内、国际影响力的“中国金霞物流谷”。以此为背景，本书试图从空间地域性的视角，以金霞经济开发区为研究对象，结合 GIS（地理信息系统）空间分析法，探究金霞经济开发区城市物流空间形成演化规律与演化机制。一方面，丰富了现代物流的地理学研究内容，推动了学科的融合发展；另一方面，对长沙市科学合理地进行物流业的规划布局具有启示意义，同时，物流空间发展规律的研判也对内地经济欠发达地区今后发展物流产业具有重要借鉴意义。

本书方法严谨，技术思路规范，方案内容全面。首先运用了 ArcGIS 软件对长沙市 1000 余家物流企业分析其空间的分布与演化。其次运用了较多的行业数据和经验规律，参照了国内外相关学者研究成果，调研了金霞经济开发区众多物流企业，对金霞经济开发区物流节点的空间分布与演化进行深入探讨。最后通过 Eviews 软件对金霞经济开发区的财政收入等政策进行回归分析，得出金霞经济开发区的部分政府政策和园区财政收入以及工业、商贸业、物流业三大产业和园区财政收入的关系，并对金霞经济开发区物流产业发展给出建议。因此本书具有较高的针对性、推广价值和创新性。

本书是在“金霞杯”湖南省第二届大学生现代物流设计大赛一等奖作品的基础上修改而成的。在本书出版之际，我要向带队参赛的杨芳老师、李金亮老师、李勇老师和杨威老师表示感谢，也感谢陈晓婷、余莎莎、吴盛兴、张金香、喻帅和傅玉六位参赛同学付出的辛勤劳动。同时，也要感谢邓吉祥老师在本书写作过程中对我们的悉心指导和无私帮助。还要特别感谢中国财富出版社的编辑老师和朋友们的大力支持。由于作者水平有限，文中肯定有很多的不足。在此，敬请广大读者批评指正。

戴恩勇

2017 年 9 月

目　录

1 绪　论

1.1 研究背景

物流业是生产性服务业的重要组成部分，是融合运输业、仓储业、货代业和信息业等的复合型、基础性、先导性产业。大力发展现代物流业，对于优化发展环境、带动产业升级、降低流通成本、普遍提高经济运行的质量和效益、增强城市综合服务保障能力，具有十分重要的意义。“十二五”时期社会物流总额为966万亿元，是“十一五”时期的2.2倍，年均增长8.7%，增速比“十一五”时期回落12个百分点，比“十五”时期回落10个百分点。总体来看，“十三五”时期，我国物流业仍然处于大有可为的战略机遇期。面对一系列严峻挑战和战略机遇，物流业在国民经济中的产业地位将稳步提升，发展空间将更加广阔。物流业进入以转型升级为主线的发展新阶段，逐步从追求速度规模增长向质量效益提升转变，加强供给侧改革，把握发展新红利，努力适应经济社会发展新常态是物流业发展的方向。

1.1.1 长沙城市物流发展具有空间特征

城市化是一个地区社会经济发展的必然结果，是社会进步的表现，是一种全球性的现象。从2007年的43.7%发展到2016年的57.35%，即当今全球有半数以上的人生活在城市中，根据联合国人居中心编制的全球人类住区报告，到2030年，全球城市化率将达到60%，因此，我们已经进入了一个城市化的世界。

随着城市化进程的不断加快，全球区域呈现出以下发展特征。一是快速城市化节奏；二是欠发达区域的城市发展并没有伴随着相应的经济发展；三是出现大城市区域（The Great Metropolises）这一新（城市）区域形态。1950年，世界上只有纽约和伦敦两座城市的人口达到800万以上，1970年，达到这一规模的城市增加到11座，1994年，全球共有22座人口超过

800万的大城市。2014年3月中国公布《国家新型城镇化规划》，时任国家发展改革委副主任徐宪平谈及新型城镇化时指出，当时我国100万人口以上的城市已达142个，其中1000万人口以上的城市有6个。2017年3月5日，国务院总理李克强在《政府工作报告》中指出，2016年我国新增1600万人进城落户。报告中还强调，2017年要继续深化户籍改革，今年实现进城落户1300万人以上。2016年年末，长沙市常住人口764.52万人，比2015年的743.18万人增加21.34万人，增长2.9%。随着人口越来越多，城市化对城市的影响越来越明显。

快速城市化对城市区域的影响是多方面的，在空间上以区域空间结构的演变对城市化发展的响应最为明显，例如人口的快速集聚和扩散、产业的集聚和分工。近年来，经济地理学、城市地理学和空间经济学在研究空间集聚时得出了较为一致的结论，即认为空间集聚可以提高劳动生产率，并促进就业，而且大量的实证研究也表明，城市规划和城市功能存在明显的正相关，这种正相关不仅体现在经济上，也表现在社会和环境条件方面。大多数学者认为这种正相关能够间接证明集聚外部性的存在，也认为集聚外部性确实能够产生这样的影响，但外部性有正外部性和负外部性之分，当把焦点聚焦在集聚外部性所能带来的生产率提升时，我们往往忽视了（城市）区域空间结构对经济效应影响的内在机理，同时也应回答，什么样的空间结构最优，即适合区域经济发展的空间结构模式选择。

在城市发展的进程中，城市商品市场成为城市经济存在和发展的条件。马克思曾在《资本论》中指出："城市工业一旦和农业分离，它的产品一开始就是商品，因而它的产品出售就需要有商品作为媒介，这是理所当然的。因此，商业依赖于城市的发展，而城市的发展也要以商业为条件，这是不言而喻的。"城市规模的扩大，城市经济的发展，又必然会促进城市商品市场的繁荣，并使其突破地区甚至国家的界限，加强城市与城市之间、城市与周围农村之间以及城市与其他国家和地区之间的经济联系，从而产生和形成与城市经济和城市市场相适应的城市物流。随着社会分工进一步深化，物流从工业和商贸流通业中逐步分离，走上专业化、规模化、产业化发展之路，而最终成为服务业的一个分支，形成城市物流业。

城市物流是指为城市服务的物流，它服务于城市经济发展的需要，指物品在城市内部的实体流动，城市与外部区域的货物集散以及城市废弃物清理的过程，并存在不同的模式、体系和存在形态，和其他形式的物流有一定区别。近几十年来国内外实践与研究发现，城市物流活动与设施表现出显著的空间集聚特征与扩散趋势，以及从集聚到扩散到再集聚的基本演变规律。物流活动、设施等在城市地理空间上的分布组合关系形成了城市物流网络空间结构，它的科学合理布局具有支撑城市经济发展、促进城市产业结构优化、影响城市空间结构发展演化等多方面的作用。

城市物流空间布局是城市物流规划的基础和核心内容。城市作为一种复杂的社会现象，是一个典型的空间概念。一些经济学家认为城市的本质特征，是生产力在空间上的存在方式；社会学家认为城市是地理上有一定范围并具有某些特征的社会组织形式；一些地理学家认为，城市是人类中心组织和居民长期高度密集地域内的一种特别复杂的地理系统。城市的经济活动在地域空间上形成一定的分布规律，不同空间位置的有机联系隐含了某种空间秩序，从而形成城市的空间结构。城市空间结构既是城市发展的结果，反过来又极大地影响城市发展。保罗·克鲁格曼（Paul Krugman，2012）指出："增长发生于空间，它会受到空间的影响，并反馈于经济增长。"城市物流活动作为一种经济活动，连接着生产和消费，克服时空的差异是物流的核心价值，城市物流表现出明显的空间特征。城市物流空间结构通过一定的空间组织形式把分散于地理空间的相关物流资源和要素连接起来，完成各种物流经济活动。城市物流的发展过程与物流空间结构的变化相互融合在一起，从一定意义上说，城市物流发展可以理解为一种物流空间结构的演化过程。

长沙市现有的物流节点数量多，而多数物流园区和配送中心的规模较小，其中零担货运和停车场的总占地面积超过 2300 亩（一亩等于 666.666667 平方米）。长沙市的物流节点主要分布在芙蓉区、天心区和雨花区，共有八大物流节点，其中包括金霞经济开发区。对于长沙市而言，物流发展不仅是经济发展的支撑要素，而且还被认为是城市经济发展新的增长点和提高城市竞争力的重要途径。若物流节点建设缺少统一科学的规划，物流站场重复建设现象严重，在给城市交通组织带来巨大压力的同时，还造成了巨大的公共资源浪费与损失。因此，城市物流规划日益受到普遍重视。

1.1.2 城市物流空间结构出现新的发展趋势

1. 长沙已成为国家交通物流中心

罗德里格兹（Rodrigue，2013）认为物流业作为融合多产业的复合型生产性服务业，主要任务是克服一系列人为或物理的空间约束，创造空间和时间效用。中国各地区经济发展阶段不同，物流需求的类型及分布形态也不尽相同，形成了各具特色的物流业空间格局。由于物流需求规模不断扩大，作为物流活动主体和载体的物流设施、物流企业数量及类型急剧增加，用户对物流服务的内容、时效性的要求不断提高，物流服务网络及空间格局不断演变，对原有城市经济活动空间、设施和企业区位布局等带来深刻影响。

进入21世纪以来，物流业作为国民经济的一个新兴产业正在全球范围内迅速崛起。到2010年，中国香港、深圳、宁波—舟山港、广州分列世界集装箱港口排名的第2～第5位。长沙金霞经济开发区的霞凝港是目前湘江流域最深的内河港口之一，港区总体规模建设货运泊位14个，其中，千吨级泊位11个，其他泊位3个，港口吞吐能力490万吨，港口仓储35万吨，港区用地为732亩，是我国中部地区最大的物流园区，对促进长沙经济发展起到了积极的拉动作用。《2015亚太区物流枢纽》研究报告中，将亚太区八个物流中心评入全球性物流枢纽，分别为中国香港、广州、长沙、深圳、天津、东京、大阪—神户及新加坡。报告显示，基础设施水平是物流枢纽发展的核心。在“一带一路”倡议的推动下，长沙应充分发挥承东启西、接南转北的区位优势和“空铁一体”、多式联运的交通优势，推动交通物流一体化、集装化、网络化、社会化、智能化发展，打造国家综合交通物流枢纽。

2. 长沙城市物流体系中的空间格局在发生变化

2012年12月20日，在石家庄举行的2012年中国城市物流发展年会上，国家发改委综合运输研究所副所长汪鸣在城市物流的发展方向、城市物流的发展趋势与战略、城市物流发展概念与政策问题中提出：城市物流是以城市为物流业发展与服务运作的载体，并确立城市承载一定区域范围内的物流服务功能，以及适应城市内生产、生活物流服务需求的战略基础上，以整合、聚集城市物流资源为手段，通过建设对内、对外两大物流服务系统而形成的物流产业体系。当前形势下，长沙城市物流业的发展方向正发生着变化，呈现以下趋势：一是从过去摸索阶段相对盲目的发展转向城市物流业发展的战略性、目标性和针对性；二是从单纯注重物流基础设施建设向明确战略目标下的物流基础设施建设、物流企业培训相关领域物流发展、物流信息化、物流政策系统发展转变；三是从强调物流业的独立发展向适应城市经济社会发展、产业布局与融合发展转变，同时积极营造物流环境和培育具有竞争力的新的增长点。

3. 城市内部空间变化影响着长沙市城市内部物流空间布局

近十几年来，长沙市城市化出现了新的发展，城市规模不断扩张，城市人口数量迅猛增长，发展速度非常惊人。在快速城市化的过程中带来了物流需求的快速增长，需要建立更加高效且适应城市快速发展趋势的城市物流系统，为市民的衣食住行和城市发展提供优质的物流服务。

由于社会、经济、技术，特别是电子商务的迅速发展，长沙市市民的消费观和消费结构发生了非常大的变化，需求更趋于个性化，同时采购和销售的渠道也更加多样化。一方面，市民的生活水平得到提升，不但对产品本身要求日益增高，而且对物流服务质量和水平也提出了更高的要求。市民需求的变化使得企业为了满足客户的需求而做出相应的调整变化，将提供更加专业、高效和个性化的物流服务。另一方面，城市物流系统还需要根据长沙市的产业结构调整和升级带来的城市产业变化而进行相应调整，以新产业的发展提供相适应的物流服务。

城市的快速发展、人口的大量聚集、消费结构和消费观念的改变、产业结构的调整和升级，迫切需要高效的城市物流来支持城市的可持续发展。另外，快速的城市化发展带来好处的同时也会产生如频繁的交通堵塞、大量的能源消耗等问题，而这些问题也会造成一定的环境污染。且这些问题恰巧也是由不合理的物流发展所带来的，要想进一步解决这些问题就需要加强对城市物流系统的建设，提升物流管理水平。同时，能源消耗不断增加和城市环境日益恶化，需要城市物流系统提供更加绿色、更加节能环保的服务。

当前，长沙市物流存在很多问题，例如，物流企业规模小、数量多，服务质量差、专业水平低，使得资源分散，无法实现规模效应。以城市商贸物流为例，70%左右的商品由商家自己配送。这就造成了车辆满载率低，返程空驶率高，车辆运营效率低下，运营成本居高不下。同时也带来了城市交通拥堵进一步恶化，汽车尾气排放造成的污染更加严重。对于城市的仓储资源来说，存在着资源不足和资源浪费的现象。以城市的冷库为例，由于信息不畅和利益分配的问题，一方面，很多企业冷库资源不足；另一方面，一些企业的冷库大量闲置。总之，我国城市物流的特点是：规模小、资源分散、效率低、成本高、能耗大、污染大。

由此可知，当前长沙市物流的状况是无法满足长沙市城市发展需要的。

长沙市物流发展既有机遇又面临挑战，需要在解决问题中不断前进。金霞经济开发区作为城市的一部分，需全面考虑城市发展的需要，在满足城市物流需求的基础上做到绿色、环保，与社会各方发展相互协调，相互促进。这些问题急需去解决，以进一步促进城市的发展进步。

1.1.3 经济新常态背景下长沙金霞经济开发区的发展需要

习近平主席于2014年第一次提及“经济新常态”这个概念，新常态就是不同以往的、相对稳定的状态。这是一种趋势性、不可逆的发展状态，意味着中国经济已进入一个与过去30多年高速增长期不同的新阶段。

从湖南省来看，湖南省总体处于全面深化改革的攻坚期和全面建成小康社会的收官期。国家“一带一路”倡议、长江经济带、长江中游城市群等重大战略的深入实施，赋予了湖南省更高的定位、更多的政策和更强的保障，将极大地推动湖南省与长江流域各省市以及丝绸之路上各国、省市之间的互动合作，显著提升湖南省的区域战略地位和综合竞争力。

从长沙市来看，以湘江新区和东部开放型经济走廊为主体的重大开放平台布局，沿江沿边沿路和集约集聚集群发展的重大产业空间布局，全国性综合交通枢纽加速推进背景下的重大交通设施布局，为长沙市抢抓新一轮发展机遇、掀起新一轮发展热潮提供了广阔的空间。随着全面深化改革的纵深推进，长沙市简政放权、创新创业、社会民生等改革措施将释放更多的红利，形成更大的动力。

因此，面对经济新常态，长沙市金霞经济开发区促进现代物流业的健康发展，提升综合实力、优化产业结构等迫在眉睫。

1.1.4 城市物流空间结构理论研究缺乏

毕波等（2008）从城市空间结构形成的动力机制出发，讨论了城市物流对城市功能组织、土地利用的影响。吴刚等（2012）提出了区域物流网络规划“中心扩展”和“中心吸附”的研究思路，以及将数学优化模型与地理信息技术（GIS）有机结合的研究方法。龚梦（2013）以江苏省为例，通过实证分析，提出了物流网络规划的理想模式，给出了江苏省13个地级市物流网络的具体布局规划。大卫·格雷罗（David Guerrero，2014）根据对法国一项调查研究认为法国货物运输在不同城市地区间是分层次的，主要是因为批发贸易与生产制造城市功能的不同。朱胜清（2014）从地理学角度以物流企业、物流节点、专业市场为物流要素，研究长沙市城市物流空间演化特征及形成机制与空间效应。仇莉（2016）以京津冀一体化为出发点，建立京津冀物流网络节点城市选址指标体系。从国内外研究现状看，城市空间结构对物流空间结构的影响和作用方面的研究实属凤毛麟角，虽有几篇论文对此进行了探讨，但也止步于城市空间结构对城市物理需求的影响，而对城市物流供给空间结构的影响研究非常不足。从总体上看，这方面的研究还非常少，且大多数以定性为主，系统研究尚未形成，也缺乏相应的实证分析。

由于基础理论研究的匮乏，我国城市物流空间布局规划呈现出一定的盲目性。在城市物流功能和战略定位方面，无论是中心城市还是县级城市在城市物流规划中大都定位为区域物流中心，很多城市过度夸大了自身在区域物流体系中的地位和作用，脱离实际的发展定位势必导致在实践中制订的实施方案缺乏可行性。在城市内部物流空间布局方面，往往表现出城市物流节点建设数量和规模上的盲目扩张。

对于长沙市而言，怎样的物流规模和空间结构才是合理的？物流产业的发展应遵循什么样的发展轨迹？为何某些城市的物流获得了成功增长，而在另一些城市采用相同的发展模式难以取得预期成效？对这些疑难问题的透彻解答，有赖于对城市物流空间结构特征及其演化规律进行深入系统的研究，其研究成果必然对指导我国城市物流的健康发展发挥积极的作用。

1.2 研究思路与方法

1.2.1 研究思路

本书主要围绕三个层次展开：首先，归纳总结现有的理论基础，完善现有的城市物流空间理论；其次，对长沙市物流企业、金霞经济开发区物流节点空间分布的演化过程与格局开展实证研究；最后，归纳总结金霞经济开发区城市物流空间演化特征、机制和发展建议，研究总体框架如下图所示。

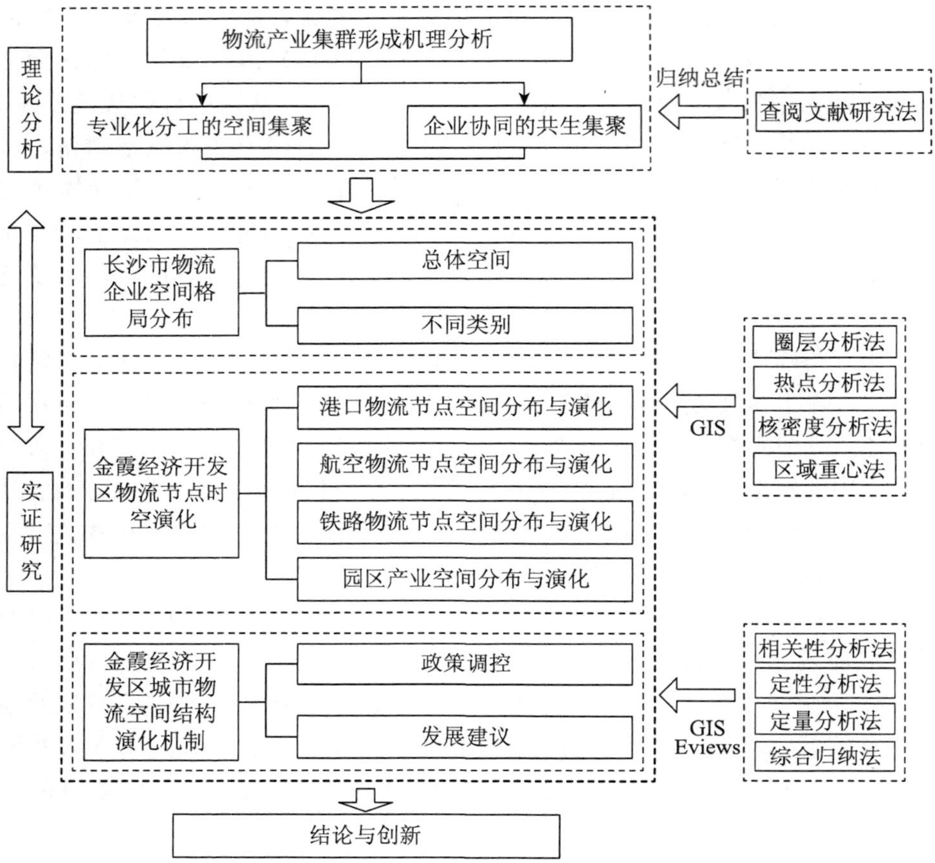

研究总体框架

1.2.2 研究方法

（1）理论分析和实证研究相结合。总体上，本书以理论分析为主，在长沙市物流企业空间结构格局分布的基础上，注重长沙市金霞经济开发区城市物流空间结构与演化的理论和方法研究，以构建完整、系统的城市物流空间结构分析框架，提出科学合理的物流产业发展建议。

（2）静态分析和动态分析相结合。城市物流空间结构发展变化是一个动态过程，本书采用动态分析方法把握、研究和探讨城市物流空间格局发展规律；采用静态分析方法比较不同城市在同一时间断面的空间差异。

（3）微观分析与宏观分析相结合。微观是宏观的基础，而宏观是微观的总和。城市物流空间结构是一种宏观现象，主要研究宏观因素对城市物流空间结构发展的影响；同时，也要从城市物流空间结构演化条件的微观基础研究其对城市物流空间结构演化机制的影响。

（4）定性分析与定量分析相结合。定量分析是对事物进行具体的量化分析，而定性分析则是对事物的性质、特征、形式等方面进行抽象的理论思维。本书在分析问题时把两者有机地结合起来，定性分析解决城市物流空间结构形成机理、特征和趋势；定量分析则揭示城市外部物流空间结构整体特征、节点差异，以及城市内部物流空间结构演化过程。

1.3 研究目的与意义

1.3.1 研究目的

城市在经济全球化的过程中，由物流业的集聚成为资源支配和产品流动的主要节点，城市也由于物流业的发展而产生了新的竞争高度，但城市物流的空间形成和发展也带来一系列与城市发展之间的不协调问题，在长沙市内主要表现为空间布局的不合理性：例如雨花区的高桥大市场由于快速增加的货运车辆造成了整个区域内的交通拥堵，黎托乡众多仓库中消防安全事故频繁发生，由于长沙市物流空间布局缺乏统一规划增加了交通事故的发生概率，大量的空气、地面污染影响着附近居民的生活等。另外，物流园区和物流中心在市中心大规模的建设带来土地资源浪费和同质竞争的现象。因此，本书以长沙金霞经济开发区为实证对象，借助 GIS（地理信息系统）空间分析软件，从长沙市整个物流企业的空间结构上剖析城市物流空间的形成演化过程，进而对长沙市金霞经济开发区的实际地理情况的发展和物流园区的演化进行分析和探讨其驱动机制，归纳发展规律，预测发展趋势，以形成的理论反哺实践，推动金霞经济开发区内的物流园区和企业的发展与合理布局。

1.3.2 研究意义

长沙市目前拥有两型社会综合配套改革试验区、国家自主创新示范区、湘江新区三大国家级战略平台叠加优势，是我国著名的“智能密集区”，全国战略支点城市作用日益突出，发展前景尤为广阔。特别是湘江新区作为中部地区首个国家级新区，包括了长沙高新技术产业开发区、宁乡经济技术开发区和望城经济技术开发区3个国家级园区，承载着建设“高端制造研发转化基地和创新创意产业聚集区，产城融合、城乡一体的新型城镇化示范区，全国‘两型’社会建设引领区，长江经济带内陆开放高地（三区一高地）”的重任；湘江新区集聚着优质的自然资源、优越的政策资源、优良的体制资源，将成为长沙和湖南加速发展的强劲引擎，带动湖南省乃至长江中游地区发展，为促进中部崛起和长江经济带建设发挥重大作用，近年来，长沙市开福区北部的省级重点开发区之一的唯一“国家级示范物流园区”的金霞经济开发区迅速发展，依附着湘江，凭借长沙新港、长沙传化公路港、长沙货运新北站等一系列的地理区位优势发展迅猛，在这种利好形势下，可以结合物流产业与产业结构的研究理论以长沙市金霞经济开发区为例来分析长沙市城市物流空间结构演化规律与产业集群升级，深层次探究现代物流产业与区域产业结构的动态影响，厘清长沙市城市物流发展对区域产业结构升级的作用机理，具有积极的理论与实践意义。

1. 理论意义

本书从物流企业空间分布和物流节点空间分布两个角度系统分析城市物流空间结构演化规律，确定长沙市城市物流在区域内空间上的分布位置关系、空间功能关系和规模等级关系，以及物流企业在长沙市内部空间中变化的动力及演变的一般趋势，提出分析城市物流空间结构特征和演化特征的技术方法，对长沙市城市物流空间结构分布的演化和特征进行探讨，进一步丰富长沙市城市物流空间规划理论。

2. 实践意义

在长沙市金霞经济开发区的物流空间结构形成演化过程与驱动机制研究的基础上，探究经济新常态下长沙市金霞经济开发区城市物流空间结构特征及其演化，对于现有物流企业的空间布局优化与新企业选址，实现与物流产业集群演化特征的有效衔接，与之并存的市区物流企业发展规划，并降低物流成本提高物流运作效率和服务水平具有积极的引导作用。对于政府科学合理地进行物流园区、物流中心以及道路系统的规划布局，进而满足企业、市民对物流服务的需求具有重要的启示意义。以长沙市为实证城市，以长沙市金霞经济开发区为实证园区案例，研究城市物流空间的形成演化过程，不仅有利于科学预测长沙市未来物流业发展的趋势，同时对内地经济欠发达地区今后发展物流产业具有重要的借鉴意义。

1.4 研究现状与述评

1.4.1 城市物流规划研究现状

1. 国外城市物流规划研究现状

国外发达国家从 20 世纪 60 年代便开始着手开展城市物流规划和建设，尽管那时候还没提这个概念，其中，日本、德国等国家处在世界先进的行列。由于经济制度不同，国外对于物流的研究大多数集中在企业微观层面，对于城市物流中观层面的研究相对比较少。目前大部分的学者都集中研究企业内部物流系统的优化与规划，较少有学者从城市经济发展、城市产业结构演进的角度来研究物流业与经济总量增长、与其他产业的结构优化的关系。当然，在国外大量文献关注企业物流研究的同时，也有一些学者从区域层面对于物流予以一定的关注。

日本是最早关注城市物流规划的国家，1966 年日本颁布了《城市流通业务规划法》，对全国物流进行规划。日本京都大学学者谷口荣一（Eiichi Taniguchi，1999）提出了城市物流概念，并从缓解城市交通拥堵、节约能源和降低劳动力成本的角度分析了建立城市公共物流节点的重要性。之后他又在文献（2001）中，从城市层面利用交通仿真动力学模型，定量研究经济增长、运输需求，以及道路拥挤和环境污染的相互关联。日本学者尤里默（Yurimot Shigeru，2002）从社会运输系统的角度，以环境和商业效率两方面考虑，建立了一个非线性数学规划模型，来确定公共物流设施的最佳数量和位置，并详细描述了其求解算法，模型已在东京都市圈得到应用。

欧美国家对于城市层面的物流研究：1999 年美国国际生态协会和美国国际开发总署委托交通研究实验室，为解决墨西哥城市拥挤问题而进行的城市物流系统优化的研究。贝玛哈（Bemah，1997）等学者对城市物流中心的选址进行分析，讨论了规划及计量模型对城市物流及配送中心的优化作用。戴维·弗雷德里克（David Frederiek Rosslol，1996）对城市物流系统的战略管理进行了较为深刻的探讨。劳拉·米德（Laura Meade，1998）等利用网络分析方法探讨了城市物流管理战略的决策支持系统。2005 年的城市物流国际会议达成并制定关于城市物流技术和政策方面的协议，以此更为有效地实现对城市物流的管制。山谷·罗杰斯（Dales Rogers，1998）等对逆向物流网络和管理系统进行了分析。克里克克（Krikke，2003）等用模型分析发展了城市逆向物流系统的网络分布设计方案。约翰·威斯（Johan visser，1999）等探讨了城市物流运输和政策系统规划问题。拉尔森（T Larson）等借鉴熊彼特（Sehumpete）的创新理论，福斯（Foss）的资源和竞争力学说，克里斯托夫（Christophe）等的供应链管理观念等理论，建立多层 OECD（经合组织）模型，分析地区性物流基础设施对经济区域和城市的发展作用。Shen Zuzhi（沈朱志）（2002）提出了一种基于适度递阶（Heterachical）控制理论与该领域实际应用相结合的新的物流系统规划方法，文中的系统规划包含了选址问题、网络结构问题、信息的传递等。奥利·菲舍尔（Olive Fisher，2002）将物流系统规划分为网络规划和节点规划两部分，其中网络规划沿用传统的运输规划程序的思想，节点规划则根据节点功能的不同划分为生产型配送、消费型配送和运输转运三类中心进行选址和规模的研究和规划。奥罗宾多·奥格拉（Aurobindo Ogra，2003）探讨了基于 GIS 系统的城市逆向物流系统构建研究。杰西·慕苏里（Jesus Munuzuri，2005）等研究了政府构建城市物流系统的途径。史提芬·安德森（Stephen Anderson，2005）探讨了政府对城市物流系统规划的目标和需求。约瑟夫·米尔纳（Joseph M Milner，2002）等从城市政府角度，研究其在城市整体物流系统发展中承担的角色和效用，日本早稻田大学玄光男（Mitsuo Gen，2008）等的著作中涉及了城市物流系统网络的模型构建研究。

2. 国内城市物流规划研究现状

我国在城市物流系统规划理论方法方面的研究起步较晚，目前的研究还不够深入，主要是一些理论和定性的概述。2001 年国家经贸委、铁道部、交通部、信息产业部、外经贸部、民航总局六个部委联合下发了《关于加快我国现代物流发展的若干意见》，到 2002 年我国完成现代物流规划的省市近 30 个。目前，大部分地级以上城市都完成了城市物流规划。关于城市物流规划的理论研究，涉及范围较广。耿兴荣（2003）以现代物流与供应链管理、产业集群、城市新产业空间的关系为基础，建立城市物流发展规划的理论框架，提出供应链管理和产业集群理论是构成城市物流发展规划的理论基础，通过对城市新产业空间研究，揭示了城市物流产业空间分布的一些规律，对城市物流发展规划具有一定的参考价值。程世东（2005）等从企业物流、行业物流、社会物流的不同角度，分析了城市物流与其他物流之间的区别与联系，并将城市物流规划内容划分为物流基础设施、城市物流配送体系、城市物流信息平台、城市物流政策措施为保障的综合体系。李群峰（2004）提出用层次分析法对物流系统目标进行定位。刘志学（2005）等应用层次分析法和Delphi法相结合的综合赋权方法构建SWOT（态势）分析矩阵，对影响城市物流战略规划中的环境因素进行评估。张锦（2004）用L-OD（预测理论）方法预测了城市物流需求。方虹（2006）在《城市物流研究》一书中，从运营规模、管理方式、城市发展 的不同条件三个不同的角度对城市物流发展模型做了分类。刘满芝（2008）等从物资流动环节、物流功能、物流层次等多个角度，分析城市物流发展的影响因素，然后以物流层次视角为主轴，融入物流功能视角和物资流动环节视角，构建了以宏观、中观和微观物流系统为内容的多级城市物流发展体系。秦璐（2008）分析了我国城市物流规划存在的问题，构建了以城市对外物流联系和内部物流关系为基础的城市物流规划理论框架体系。龚梦（2013）以江苏省为例，通过实证分析，提出了物流网络规划的理想模式，给出了江苏省13个地级市物流网络的具体布局规划。仇莉（2016）以京津冀一体化为出发点，建立京津冀物流网络节点城市选址指标体系。然后通过因子分析来评价并得出因子得分，依据得分高低选出对应四种物流网络节点的代表城市。再对指标体系进行聚类分析，结合四个代表城市分析聚类结果，选出辅助四座代表城市发展的城市群。最后，构建出针对京津冀一体化的物流网络节点城市选址规划构想，并对所得结论进行可行性分析。刘璐（2016）基于绿色物流城市发展的成功经验，探讨和研究我国生态城市的绿色物流规划的具体对策。李箭飞等（2017）认为现代物流发展目标体系至少具有四个层次，即“战略目标—子目标—行动计划—考核指标”。应用构建的目标体系理论框架制定了广州市具体的现代物流发展目标体系。

3. 文献评述

（1）国内外的国家和地方政府都已意识到发展现代物流对城市经济发展和竞争力提升的重大作用，相当重视城市物流系统规划，并且有的城市已纷纷着手开展相关工作。

（2）城市物流的实践在城市物流的概念被提出之前已经存在，经过几十年的探索，已经有了长足的进步，而城市物流概念的提出还不过20年，理论研究大大落后于实践，还缺乏专家学者的广泛介入，研究深度和广度也远远不够。

（3）国外学者相对来说更崇尚市场的自发调节问题，重点研究企业内部物流系统优化和规划问题，较少从城市发展的视角研究物流系统优化和规划。

（4）总体来说，国内学者对城市物流系统规划的研究主要局限于理论概述和系统框架描述等方面，相关理论、方法、技术方面的研究在还处于起步阶段，该领域有很大的进一步研究空间。

（5）在城市物流系统规划实践中，有大量的问题亟须探索与研究，尤其是在以下几个方面：一是城市物流系统是项庞杂的系统工程，目前国内外学者对城市物流的内涵、城市物流系统的结构和城市物流系统规划的框架等还未形成统一的认识和看法；二是由于历史数据局限性以及城市物流具有的波动性和不确定性等特点，传统的预测模型预测效果不佳，关于城市物流需求预测的方法和技术的研究很不足；三是如何在传统的选址技术上发展创新，建立起适用于城市现代物流基础设施网络的选址和布局优化模型，是一个重要的前沿课题；四是如何应用计算机技术、网络技术、通信技术、信息采集技术等高端技术，整合现有物流信息资源，设计出一个统一的、高效的、功能完善、应用方便、服务于不同层次用户的物流公共信息平台是目前城市物流业发展迫切要解决的问题；五是尽管不少城市已经出台了一些关于城市物流业发展的政策和措施等，但基本上是处于被动地去应对已经出现的问题，是不一定适合城市物流长期、健康发展的，更不是系统的；六是当前各级政府对物流企业培育力度还不够，各种政策还不完善，提出有针对性、可操作性强的培育物流企业的对策建议也是个非常紧迫的任务。

1.4.2 区域物流规划研究现状

1. 国外区域物流规划研究现状

詹姆斯·阿士尔（James J Asher，1993）将区域货运模型应用于区域网络的规划。区域货运模型包括“四阶段法”中的产生吸引和分布两个步骤，虽然可以用于预测区域内各小区发生吸引的货运量及在各小区之间的分布，但将区域货运模型作为区域物流规划的理论模型有着很大的局限性。深受新古典均衡发展理论影响的美国学者博洛廷（Bolton，1995）认为，区域经济和区域交通运输状况相辅相成，经济发达的地区物流运输就繁忙，而交通运输发达的地区经济就相对发达；用于区域经济发展规划的理论完全可以用于区域物流规划。他强调均衡的、大规模投资和有效配置稀缺资源的重要性以及市场机制的局限性，认为施行宏观物流设施强制性规划建设是非常必要的。英国剑桥大学博士弗朗西斯科·J. 埃斯科贝多（Francisco J. Escobedo，2001）在对智利首都圣地亚哥周边区域经济研究的基础上，通过对价值链理论的分析，提出了以产品价值的流向来指导区域物流规划的观点。澳大利亚墨尔本大学博士费舍尔（Olive Fisher，2002）将区域物流系统规划分为网络规划和节点规划两部分，其中网络规划沿用传统的运输规划程序（即“四阶段法”）的思想，节点规划则根据节点功能的不同划分为生产型配送、消费型配送和运输转运三类中心进行选址和规模的研究和规划。德国凯姆尼斯科技大学贺阿克曼教授（Jorg Ackermann，2005）通过分析凯姆尼斯科技大学的生产合作研究所提出的非等级区域生产网络（Non - hierarchical Regional Production Networks）模型，认为目前企业间的合作与解散，已经影响到了物流产业网络结构。基于此，他认为区域物流应该基于一个三层结构的模型来规划，这三个层次包括需求（物料）流程、运输计划平台和物流基础设施，他认为这种三层次模型将会避免因市场变化而带来的物流资源不足或浪费。偌兰永光（Roland Y. G. Lim，2012）采用问卷调查法收集企业数据，利用聚类分析、结构方程模型等方法分析了企业物流一体化的模式、发展阶段以及影响因素等问题。

2. 国内区域物流规划理论研究现状

区域物流规划理论的研究在国际上是一个非常活跃的研究领域，但是在我国的研究还相对滞后，基本处于研究的起步阶段，没有形成科学的方法体系。李旭宏教授（2002）就强调合理制定区域的现代物流发展规划，既是区域自身产业发展的需要，也是进一步发挥区域的区位优势、实现与经济发展良性互动的需要，对提升区域经济具有重要的战略意义。并通过分析区域区位优势、综合交通运输条件、经济及物流发展现状，提出了区域物流中心的规划方法。李春海（2004）从微观到宏观，构建了一套区域物流系统及物流园区规划方法体系，同时他也指出中国目前区域物流规划理论的研究进展和成果有待完善，其中建设一套符合中国国情的科学的物流规划方法体系是中国物流发展的当务之急。李玉民（2004）认为，在进行区域物流发展规划时有几个非常重要的问题要解决好：一是如何划分省内物流区域，以促进区域物流协同发展，并有利于整合区域物流资源存量；二是如何确定物流枢纽城市及区域物流中心城市，实现以点带面，共同发展；三是如何将物流特征相似的区域归类，针对不同类别的地区出台具有差异性的物流发展政策。并在此基础上，运用基于主成分聚类分析的客观分析方法对全省各地区的物流发展进行综合评价并分类，为制定区域物流发展规划提供参考和依据。林荣清（2004）以非均衡发展理论为基础，分析了区域物流规划的原则，并详细地阐述了增长极理论原则、区域分工理论原则以及梯度推进理论原则之间的关系，在此基础上提出了基于非均衡发展理论的区域物流规划系统模型。李严峰教授（2005）通过对产业物流和供应链理论的研究和实践的全面总结，在对国内外物流发展现状和趋势进行调查和分析的基础上，对区域物流发展规划进行了研究，并对云南物流产业的发展做出了研究报告。冯耕中教授（2005）在《现代物流规划理论与实践》一书中将理论和实践相结合，分别从宏观和微观不同层面论述了区域物流规划的重点和难点问题，详细地阐明了系统思想和系统工程技术方法在区域物流规划实践中的应用。苏春玲（2007）基于神经网络的评价模型，构建了基于神经网络的人工智能评价体系，同时总结出了进行广西区域物流规划应注意的事项并提出了相应的建议。刘建文（2009）立足于非均衡发展理论对区域物流规划的适用性和原理释义的分析，构建了囊括设计原则、基本框架、评价内容及评价指标的区域物流规划评价体系。吴刚（2012）等提出了区域物流网络规划“中心扩展”和“中心吸附”的研究思路，以及将数学优化模型与地理信息技术（GIS）有机结合的研究方法。进而指出区域物流网络规划研究中，区域尺度范围确定与划分、企业物流运营网络规划、区域跨界物流整合与优化、区域物流波及效应与摄动效应、区域物流网络动态演化机理及动力机制等，今后特别值得关注的一系列重要问题。李琪（2014）从区域物流需求、区域物流资源和区域物流效益三个方面构建区域物流规划的评价指标体系，并运用模糊层次分析法，选取一则案例进行实证分析，得到该区物流规划的综合评价结果。廖天（2015）在借鉴国内外对区域物流以及物流节点选址问题的研究基础上，结合目前区域物流节点布局规划的现状和亟待解决的问题，并在已经完成物流需求预测的基础之上，构建了区域物流节点布局规划模型。鲁庆尧（2016）以广西壮族自治区为例，运用主成分分析法，选取八个指标体系，并通过城市得分来确定区域物流节点等级，进而提出了广西壮族自治区区域物流网络的节点选择，并运用轴辐理论设计出区域物流网络结构。李美娟（2017）通过运用灰色关联分析，对京津冀物流业发展与三次产业发展的关联程度进行实证研究。

3. 文献述评

综上所述，国外区域物流规划理论研究较为成熟并有了较为丰富的实践经验，在理论方法和指导思想上值得借鉴，但是这些国家的区域物流规划都以各国实际情况为背景，由此可见，区域物流规划要以国情、区域情况为基本出发点进行研究、规划，不能盲从，不能照搬照抄。我国区域物流规划理论研究起步较晚，只有在近几年的文献中才可查阅到相关资料，但是这些研究虽然有可圈可点之处，但总的来说缺乏系统性和可操作性，并不能为区域物流系统规划提供足够的决策支持和理论依据，导致我国物流建设过程中出现了诸多问题，比如重复建设、设施雍余、服务瓶颈、环境恶化等。为了提高我国物流规划和建设的科学性，加快区域物流系统规划理论的研究，形成科学的、可操作的、系统性强的规划方法是我国区域物流规划理论与方法研究的当务之急和重点研究方向。

1.4.3 城市物流空间结构研究现状

1. 国外城市空间结构研究现状

发达国家对物流的研究较早，代表性国家主要有日本、德国和美国。其理论发展水平较高，广泛应用在社会经济和工业生产中，效果显著。侧重于研究物流与经济之间关系，致力于减少物流费用、企业优化策略、建立模型优化物流节点布局方面，而对物流空间及物流空间演变研究较少。

胡弗（Hoover，E. M，1948）等学者从不同角度对不同国家、地区物流业在经济全球化背景下发展规律进行了研究。弗朗西斯（Francis，1974）运用定量求解法建立了数学模型，试图获得物流节点布局的最佳方案，重点解决的是物流节点的选址问题。达冈佐（Daganzo，1996）选择货物运输路径探讨物流节点选址的优化模型。弗朗西斯科（Francisco，2001）通过对智利首都圣地亚哥物流状况和周边经济发展的观测，提出了合理的物流节点规模对节约物流成本、带动周边经济发展有着重要的意义。谷口（Taniguchi E，2001）等学者在《城市物流》一书中提出货运以及交通问题是影响城市物流的最关键因素。澳大利亚学者奥利弗·费舍尔（Olive Fisher，2002）将城市物流系统规划分解为两部分：城市物流节点规划和城市线路网络规划，他将物流节点根据其功能划分为消费型节点、生产型节点和转运型节点三类，并分别对这三种类型物流节点的选址方法进行了研究。马库斯黑塞（Markus Hesse，2004）认为，物流节点布局应从货流、节点和网络三方面进行研究；通过对市区和郊区的对比分析，认为郊区是物流选址的最佳区域，但考虑到接近客户需求的需要，物流企业的空间布局将逐渐向城市边缘区靠近。克洛斯（Klose，2005）等学者从物流系统的总体角度全面介绍了城市物流中心选址的理论与方法，并对物流配送网络及路径的设计方法进行了探讨。马克高（Mark Goh，2007）对印度支那半岛的区域物流发展情况进行了介绍，并针对问题提出战略性建议，认为当地应当重点发展交通网络，改善海关运作效率，改良仓储情况。约翰（John T，2008）对仓储地理空间分布的区位特征进行了实证研究，并发现其地理分布与航空、高速通达条件高度相关。大卫·格雷罗（David Guerrero，2014）根据对法国一项调查研究认为法国货物运输在不同城市地区间是分层次的，主要是因为批发贸易与生产制造城市功能的不同。

2. 国内城市空间结构研究现状

国内学者从 20 世纪 90 年代才开始着手把物流空间作为一个产业空间逐步展开研究。一部分学者从物流学角度对物流网络进行研究，如杨光华（2010）运用系统工程理论及网络理论对区域物流网络进行了系统研究，提出了区域物流结构空间拓展呈低水平均衡、极化集聚、放射扩展、高水平均衡几个阶段，以及结构由简单的点线网络向复杂的层次网络演进的机理等结论。此后其学生郑斌（2011）对区域物流网络层次划分以及物流网络中心选址进行研究，并提出区域物流网络优化路径。同时越来越多的地理学者开始关注物流空间研究，主要分为两大方向，一方面，对物流空间布局研究；另一方面，对物流空间演化研究。

艾小玲（2007）以物流节点、物流通道空间布局作为物流要素研究物流空间，综合交通、经济、产业、生态等影响因子，综合物流节点选址方法，最后对常州市进行物流空间布局规划。周悦（2012）以嵊州市物流园、物流配送中心为现代物流要素对现代物流空间布局优化进行研究，结合存在的问题与制约因素，制订嵊州市两园三中心的优化方案。王昊（2012）以物流节点与物流通道为物流空间研究要素，分析内陆城市长春市物流空间可持续发展策略。王能洲（2011）从物流经济指标研究长江三角洲区不同地区运输量、货物吞吐量空间分布特征，认为长三角物流空间呈现“一心两团多点”向“一心两极多点”的空间演化历程、区域物流空间集聚态势趋向强劲。王炜（2012）从点（区域物流节点城市）、线（物流通道）和点与线构成的物流网络的角度，对广西北部湾物流空间结构进行研究。

近五年来有的学者开始对物流空间布局及演化进行研究：以不同地区物流的经济指标研究物流空间布局与演化特征。沈玉芳（2011）以货物运输量和港口吞吐量作为指标研究了长三角洲物流空间演化特征。秦璐（2012）从城市规划角度，对城市内外部物流空间结构特征进行分析，并对北京市城市内部物流功能区的演化进行研究，认为我国物流空间演变大体遵循“分散、集聚、再扩散、再集聚”的循环过程，物流节点总体上呈现出由里向外沿交通轴线发展，并与城市产业空间和新城耦合发展的规律。高秀丽等（2013）皆以经济指标研究物流空间演化特征。杜梅（2014）以反映物流企业发展水平的交通、仓储、邮政业增加值为指标，研究河北省 11 市 1992—2012 年物流空间时空演化格局。还有的学者主要以物流要素的坐标位置形成的物流空间为研究对象，如朱胜清（2014）从地理学角度以物流企业、物流节点、专业市场为物流要素，研究长沙市城市物流空间演化特征及形成机制与空间效应。崔园园（2015）以物流业从业人员比重为指标对长三角区物流空间的时空演化进行研究，认为区域经济、人口产业对物流业集聚产生不同程度的促进作用。邓棋等（2017）基于四川省 2000—2015 年相关统计数据，运用统计分析与 GIS 分析方法，从人口空间结构、城市规模分布、交通网络结构、经济空间结构四个方面分析四川省城市群空间结构演变特征。陈雪梅（2017）通过对旺苍县城市空间结构演变模式的研究，探讨出旺苍县可持续的空间发展趋势。

3. 文献述评

从查阅到的文献来看，城市空间结构对物流空间结构的影响和作用方面的研究实属凤毛麟角，有部分论文对此进行了探讨，但也止步于城市空间结构对城市物流需求的影响，而对城市物流供给空间结构的影响研究非常不足。从总体上看，这方面的研究还非常少，并且大多数以定性为主，系统研究尚未形成，也缺乏相应的实证分析。

（1）在研究内容上，国内外研究的关注点仍主要集中于基于经济学、管理学、物流学视角研究现代物流节点规模体系、规划布局研究，地理学视角研究较少。研究主要侧重于物流终端设施的空间格局、区位选择和空间网络以及物流节点的空间规划布局，且为单方面关注物流企业、物流节点空间分布，缺乏对物流空间的综合研究；对于物流空间的研究目前主要集中于利用经济学指标作为物流空间研究对象，以物流要素地理位置作为物流空间研究的成果不多，现有的地理学角度对物流空间研究主要以现代物流节点，物流通道作为物流空间研究对象，衡量指标比较单一，不能全面表达物流空间；以地理学角度对物流空间演化的研究少之又少。

（2）在研究尺度上，国外多以企业为研究对象，关注基于宏观、微观视角的物流供应链网络研究，而国内研究具有明显的宏观特征，基于中观、微观视角的研究较少。

（3）在研究的时间序列上，已有研究多侧重于空间格局研究，未能充分刻画物流空间的时空演化过程与特征，导致难以探究其演化的驱动机制和预测空间发展趋势。

（4）研究对象上，对沿海物流发展较快、集聚的城市研究较多，而对于内陆、以陆路交通为基础的省会城市物流空间的相关研究还比较薄弱，内陆城市主要在交通运输方式、产业结构、地缘、政策等方面不同于沿海城市，已有针对东部沿海城市的物流空间研究理论与实证研究成果，但并不能完全应用于内陆城市。在发展物流过程中，沿海城市的一些发展模式不能盲目借鉴，应根据内陆城市的自身特点扬长避短，走具有内陆特色的物流发展之路。因此，研究内陆城市物流空间演化特征及发展规律，能更有针对性地指导内陆物流业的发展，科学评价并优化城市物流系统。

综上可知，城市物流空间已经成为国内外物流地理研究的一个新热点，其中国外学者的研究比较活跃且相对深入，而国内的相关研究则刚刚起步，但无论是国外还是国内的研究，综合研究物流空间演化还相对薄弱。以此，基于内陆与沿海城市物流差异性，研究内陆型城市具有重要研究意义。

1.4.4 物流地理学研究现状

1. 国外物流地理学研究现状

国外物流研究源于20世纪50年代美国军队后勤补给，而其从地理学角度研究则源于交通地理学。尽管交通地理学在20世纪60年代已成为人文地理学中的独立学科，但是一直侧重于基础设施布局和路线配置及客货流预测等研究，长期忽视现代物流对交通地理学的影响。直到20世纪90年代中后期，随着全球贸易、生产网络和配送系统的出现，部分地理学者开始注意到现代物流的地理意义。汉森（Hanson，1995）、霍伊尔（Hoyle，1998）等在交通地理学和城市论著中增加了物流的相关内容。奥凯利（O’Kelly，1998）同样从地理角度分析由不同等级轴、辐、腹地构成的轴辐网络空间组织结构，认为物流网络形成了国际、国家和区域三个层次的空间系统。麦金农（McKinnon，1998）从系统论和地理配送的角度论述了物流的空间含义，物流地理学开始在国际地理学界中萌芽。

纵观国外物流地理学的研究进程，大多研究致力于寻找现代物流活动与地理空间的互动规律，其中物流地理研究的学科地位和物流活动的核心地理纬度等问题成为重要主题。迪肯（Dicken，1998）、诺克斯（Knox，1998）等认为交通地理学之所以忽视物流研究，是因为传统观点坚持认为运输是其他经济过程的衍生物或仅是一种“边缘”功能。海瑟等（Hesse，2004）对这种现象进行批判，认为在市场需求多变、柔性增加的市场环境下，需求已由外生变量转变为内生变量，交通网络结构不再是影响物流活动的唯一重要因素，生产全球化、信息网络化、金融国际化、消费结构多样化对物流网络空间结构的影响更为深远：供应链、物流管理使空间收敛效应比时间收敛效应更为明显。海瑟（Hesse，2004）等同时认为物流活动的核心地理纬度，早已被交通地理学中的流（信息、货物、运输和车辆）、节点和网络等供应链概念考察过，而克雷斯威尔（Creswell，2001）、克朗（Crang，2002）则倾向于在更广泛视野中讨论物流地理纬度的轴、流和网络等问题。沃尔斯（T·Vowles，2008）利用公司统计数据分析市场区变化对美国六大航空公司航空港空间分布的明显影响。

2. 国内物流地理学研究现状

20 世纪 80 年代初，客货流与运输联系被纳入到中国交通地理研究框架当中，到 20 世纪 80 年代中后期，客货流研究被设定为交通运输地理学的基本研究对象之一。而到 20 世纪 90 年代初，客货流研究正式演变成为中国交通运输地理学 3 大重点研究领域之一。这个时期，金凤君等（1991）对我国省际之间铁路货流联系进行深入分析，并探讨运输联系和经济联系的关系。张务栋（1993）在其著作中分别对各交通运输方式网络布局、交通枢纽区位、货流规划、交通网络特征、客货流预测计量方法等方面进行了较深入研究。张文尝等（1994）也分析了区域间运输联系的生成、分布及交流规律。尽管客货流研究已成为交通地理学研究的重要分支内容，但是此阶段的研究仍以货物运输等传统视角作为重点，尚未拓展到整个物流过程的系统研究。

20 世纪 90 年代，除交通地理视角的客货流研究外，国内物流市场的变化及其理论需求催生了对现代物流基本问题的探索热潮。20 世纪 90 年代初，国内提出建立市场经济体制后，发达国家的跨国公司纷纷进入中国市场，制造业开始本地化。在跨国公司传播物流理念和需求的同时，物流市场开始开放，一批“三资”物流企业产生，而国内传统的储运企业也开始向综合的物流企业转变。同时，国内工业化进程的加速和外向型经济的崛起使得国内外贸易往来全面加速，社会物资流动和运能趋于膨胀，在区域保护和税费等制度约束下，物流成本居高不下。伴随国内市场物流活动的专业化发展和产业成本约束的强化，其理论研究成为经济地理学研究领域的一大新兴热点，相关物流活动研究理论和方法开始在地理学刊物上呈现。

21 世纪初，国内物流地理学研究迎来了蓬勃发展的春天。在政府政策和产业实践层面，2001 年 3 月，国家经贸委、铁道部等六部委联合发布了《关于加快我国现代物流产业发展的若干意见》，使物流职能从各部门中独立出来，大大推动了物流市场的发展。

2004 年 8 月，国家发改委、商务部等 9 个部门联合下发《关于促进我国现代物流业发展意见的通知》，国内从南到北的许多省、市、自治区围绕现代物流业纷纷制定了产业规划。伴随区域物流产业规划需求的强化，物流活动地理空间研究的现实必要性进一步凸显。一方面，国内大力倡导物流职业教育，大中专院校纷纷设立了物流学科及其分支专业，2004—2010 年年底，理论界相继出版了 20 本物流地理专著；另一方面，越来越多的地理学者投身于物流产业规划的基础理论研究和实践规划当中，国内地理学刊物出现越来越多的物流地理研究文章。

在国内物流地理学学科体系构建中，地理学者广泛讨论了物流地理学基本理论和方法论问题。例如，韩增林等（2001）在中国地理学年会上，首次提出了物流地理学创建倡议，并于 2004 年进一步阐释了物流地理学为研究物流经济活动与地理环境之间相互关系的科学，是经济地理学的分支，是人文地理学的子分支学科。刘念（2005）在其著作《物流地理》中提出物流地理学是从地理的角度，在国家、地区一定方针、政策指引下，从自然、技术和经济方面的联系中，研究物流基础设施的布局问题及其与地理环境相结合的问题，是一门地理学和物流学相交叉的边缘学科，是经济地理学的一个组成部分。同期，陈焰（2005）在其著作《物流经济地理》中认为物流经济地理学是一门研究物流生产布局、发展条件和规律的新兴学科。尽管学者们对物流地理学研究对象的描述存在一定的视角差异，但学者们关于物流地理学学科属性和学科背景的认识基本上趋于一致，均认为物流地理学是经济地理学中的新兴学科，其学科背景涉及地理学、经济学和（工程）技术科学等层面。同时，基于物流活动较明显的实践属性和动态运行特征，应将管理学视为重要学科背景，并将供应链管理纳入到学科内容当中。符必春（2014）等认为历史物流地理研究内容包括物流空间范围、物流活动和环境之间的关系、物流流向及其规律性、物流空间格局变迁、物流空间总格局与区域差异及物流空间格局的社会影响。张洁（2016）以地理信息技术和精确物流的概述为主要出发点，重点探讨地理信息技术在精确物流中的应用。

在物流地理学研究方法论层面，大多学者倡导以地理学的研究方法来研究物流活动。如学者们曾利用主成分分析及聚类分析方法和轴辐网络分析法等研究物流地理问题。此外，GIS、GPS（全球定位系统）等技术手段以及EDI（电子数据交换）、RFID（无线射频识别）、互联网信息平台等，为物流地理学的研究提供有力的技术支持。

3. 文献述评

从国内外研究现状看，虽然物流地理学研究取得了可喜的成果，但从学术底蕴层面来讲，现有研究存在以下几个方面的不足。

（1）在理论上，现有物流地理学研究集中在少数特定领域，与经济学视角研究相比研究数量甚少，学科交叉研究范围有限，且尚未构建成熟的理论框架体系和规范的学科地位。

（2）在方法上，大部分研究是基于反映物流空间特征的统计指标分析方法，少数研究引入了基于物流产业地理的模型指数和地理信息技术分析等新方法，但其研究结论的普适性尚需充分论证。

（3）在数据层面，大部分研究依托于国内的区域数据和相关产业数据，而企业等生产组织数据使用得较少。

（4）在研究尺度层面，宏观尺度研究较多，微观尺度以及典型研究较少，导致难以解释物流产业地理形成的微观机制。

（5）在产业环境层面，地理因素影响物流产业的研究较多，而物流产业因素对地理空间影响的研究较少。

（6）在实践意义层面，大多研究更多地追求学术任务，而忽视了成果的实践利用价值，其中应用性研究的比例较低。

2 相关概念界定与理论基础

2.1 相关概念界定

2.1.1 城市物流

1. 物流的概念

“物流”一词最早起源于美国，1915年阿奇·萧（Arch Shaw）在《市场流通中的若干问题》一书中就提到了“物流”一词，他指出“物流是与创造需求不同的一个问题”。因为在20世纪初，西方有些国家已经出现生产大量过剩、需求严重不足的全球金融危机，大多数企业因此提出了销售和物流的问题，此时的物流指的是销售过程中的物流。第二次世界大战期间，围绕战争物资供应，美国军队有两个创举，一个是建立了“运筹学”的理论，另一个是建立了后勤理论，并将其应用于战争活动中。其中所提出的“后勤”是指将战时物资生产、采购、运输、配给等活动作为一个整体进行统一布置，以求战略物资补给的费用更低、速度更快、服务更好。后来“后勤”一词在企业中广为应用，又有商业后勤、流通后勤的说法，这时的后勤包含了生产过程和流通过程中的物流，因而是一个包含范围更广阔的物流概念。

第二次世界大战期间，围绕战争物资的供应问题，美国军队有两个创举：一是建立了“运筹学”（Operation research）的理论体系；二是提出并丰富了“后勤学”（Logistics）理论，并将这些理论运用于战争活动中。其中“后勤”是指将战时物资的生产、采购、运输和配给等活动作为一个整体进行统一布置，以求战略物资补给的费用更低、服务更好。以系统观点研究物流活动是从第二次世界大战末期美国军方后勤部门的科学研究开始的。因此，物流学在欧美还广泛使用“后勤学”这样的名称。

第二次世界大战后，“后勤”一词在企业经营中得到了广泛应用，并出现了商业后勤、流通后勤的提法，使后勤的外延推广到生产和流通等领域。经过长时间演变之后，Logistics 的范围已经远远超出了原先“后勤”的范畴，其内涵也比民用领域的 PD（物流）更为丰富。之后的 70 多年里，Logistics 的严密性使它逐渐取代了 PD 在企业中的地位。

日本是于 20 世纪 50 年代从美国引用了物流这一概念。当时日本的企业界和政府为了提高产业劳动率，组织了各种专业考察团到国外考察学习，其中有“流通技术专业考察团”，从 1956 年 10 月下旬到 11 月末，在美国各地进行了实地考察，首次接触了物流这个新生事物。于 1958 年撰写了《劳动生产率报告 33 号》，刊登在《流通技术》杂志上。物流（Physical Distribution）的概念，立即被日本产业界所接受，尽管物流这个外来语后来经历了若干年才被正式译为“物的流通”，但当时的日本正好处于经济发展的初期，物流革新思想不仅渗透到了产业界，同时也渗透到了整个日本社会。从引进物流概念到 20 世纪 70 年代的近 20 年间，日本逐渐发展成为世界上物流产业最发达的国家之一。

物流概念传入我国主要有两条途径。一条途径是 20 世纪 60 年代末直接从日本引入“物流”这个名词，并沿用“PD”这一英文称谓；另一条途径是 20 世纪 80 年代初，物流随着欧美的市场营销理论传入我国。在欧美的“市场营销”教科书中，几乎毫无例外地都要介绍 PD，使我国的营销领域逐渐开始接受物流观念。20 世纪 80 年代后期，当西方企业用 Logistics 取代 PD 之后，我国和日本仍把 Logistics 翻译为“后勤”。1988 年中国台湾地区开始使用“物流”这一称谓。1989 年 4 月，第八届国际物流会议在北京召开，“物流”一词的使用日益普遍。我国在引进物流概念的过程中，为了将 Logistics 与 Physical Distribution 区分开来，也常常将前者称为“现代物流”，而将后者称为“传统物流”。

物流在概念上随着时间的推移也在发生着变化，最初的物流（Physical Distribution）概念主要侧重于商品移动的各项机能，即发生在商品流通领域中的在一定劳动组织条件下凭借某种载体从供应方向需求方的实体流动。这种物流是一种商业物流或者销售物流，具有明显的中介性，是连接生产与消费的手段，直接受商品交换活动的影响和制约，具有一定的时间性。

但是，进入 20 世纪 80 年代以来，随着社会经济的高速发展，物流所面临的经济环境也有了很大的变化，主要表现在以下几个方面。

（1）经济管制的缓和使经济自由的空间越来越大，真正意义上的物流竞争开始广泛开展，从而为物流的进一步发展提供了新的更大的机会。

（2）信息技术的急速发展和革新，不仅使业务的效率化和作为决策支持的信息系统的构筑成为可能，同时也使部门间、企业间的结合或一体化成为可能。

（3）企业合并和市场集中化的发展使原来的经济构造发生改变，这种变化要求物流必须具备以最低的成本为顾客提供较高水平的服务。

（4）经济全球化的发展，随着商品不断地向世界市场提供，物流逐步跨越了国境，正因为如此，在要求物流能对生产和销售给予有效支援的同时，应该具备在不同环境国家间充分发挥其业务优势的能力。

在这种情况下，原来的物流（Physical Distribution）概念受到了严峻的挑战。第一，传统的物流只重视商品的供应过程，而忽视了与生产相关的原材料和部件的调达物流，而后者在增强企业竞争力方面处于很重要的地位，因为原材料以及部件的调达直接关系到生产的效率、成本和创新；第二，传统的物流是一种单向的流通过程，即商品从生产者手中转移到消费者手中，而没有考虑到商品消费以后包装物或者包装材料等废弃物的回收以及退货所产生的物流活动；第三，传统物流只是生产销售活动的附属行为，并着重在物质商品的传递，从而忽视了物流对生产和销售在战略上的能动作用，特别是以日本为主的即时生产方式（Just In Time）在世界范围内的推广，使得以时间为中心的竞争越来越重要，并且物流直接决定了生产决策。

与环境的变化相适应，1984 年美国物流管理协会正式将物流概念从 Physical Distribution 改为 Logistics，并将现代物流定义为："为了符合顾客的需求，将原材料、半成品、产成品以及相关的信息从发生地向消费地流动的过程，以及为使保管能有效、低成本的进行而从事的计划、实施和控制行为"。这个定义更加强调顾客的满意度、物流活动的效率性，将物流从原来的销售物流扩展到了调达、企业内和销售物流。此后物流的概念又得到了进一步的发展，1991 年 11 月在荷兰举办了第九届国际物流会议，人们对物流的内涵进行了更多的拓展，不仅接受了欧美的现代物流（Logistics）概念，认为物流应包括生产前和生产过程中的物质、信息流通过程，而且还向生产之后的市场营销活动、售后服务、市场组织等领域进行发展。现代物流应该是指企业生产和经营的整个过程，所有实物、信息的流通和相关的服务活动，它涉及企业经营的每一个领域。显然，物流概念的扩展使物流不仅包括了与销售预测、生产计划的决策、在库管理、顾客订货的处理等相关的生产物流，还延伸到了与顾客满意相关的各种营销物流活动。

物流一般是指各种物品实体从供应者向需求者的物理移动，它由一系列创造时间和空间效用的经济活动组成，包括运输、配送、仓储保管、包装、搬运装卸、流通加工及物流信息处理等多项基本活动，是这些活动的有机整体。但对于物流的概念，到目前为止仍没有一个统一、公认的定义，各个国家的表述都不尽一致，下面列举出几种比较有代表性的物流定义。

（1）美国物流管理协会（The Council of Logistics Management，CLM）早期的定义是："物流是为了计划、执行和控制原材料、在制品库存及制成品从起源地到消费地的有效率的流动而进行的两种或多种活动的集成。这些活动可能包括但不仅限于：顾客服务、需求预测、交通、库存控制、物料搬运、订货处理、零件及服务支持、工厂及仓库选址、采购、包装、退货处理、废弃物回收、运输、仓储管理。"在 20 世纪 80 年代修正为："物流是对货物、服务及相关信息从起源地到消费地的有效率、有效益的流动和依存，进行计划、执行和控制，以满足顾客要求的过程，其过程包括进向、去向、内部和外部的移动以及以环境保护为目的的物料回收。"2001 年，美国物流管理协会又对物流定义做了进一步修订，修订后的定义是："物流是供应链过程的一部分，它是对商品、服务及相关信息在起源地到消费地之间有效率和有效益的正向和反向移动与储存进行的计划、执行与控制，其目的是满足客户要求。"

（2）欧洲物流协会（European Logistics Association，ELA）于 1994 年发表的《物流术语》中将物流定义为："物流是在一个系统内人员或商品的运输、安排及与此相关的支持活动的计划、执行与控制，以达到特定的目的。"

（3）日通研究所的《物流手册》中，把物流解释为"物流是把物资从供给者手里移动到需要者手里，创造时间性、场所性价值的经济活动"，它的活动领域是"包装、搬运、保管、在库管理、流通加工、运输、配送等"。物流有种种目的（出货量、目的地、收货人、成本、时间、服务水平等条件），为了达到其目的，需要使用物流技术（包装方法、运输方法、搬运方法、保管方法、信息处理技术等），并且为了有效地操作，需要管理活动。

（4）中国 2006 年颁布的国家标准《物流术语》中对物流的定义是："物流是物品从供应地向接收地的实体流动过程。根据实际需要，将运输、储存、装卸、搬运、包装、流通加工、配送、信息处理等基本功能实施有机结合。"

从以上概念中可知，对物流的解释尽管在文字上有所差异，但实质内容是一样的。其实质应该这样理解：首先，物流是一项经济活动，是实现物品空间位移的经济活动，其活动内容包括运输、搬运装卸、仓储、包装、配送、流通加工、物流信息处理等；其次，物流是一项管理活动，通过对物流各环节进行计划、组织、执行与控制，从而有效率、有效益地实现物品从供应者到需求者之间的流动；最后，物流是一项服务活动，是物流企业或物流供给者为社会物流需求者提供的一项一体化服务业务，以满足用户对货物流通多方面的需求。

2. 城市物流的概念

当人们普遍认识到物流是“第三利润源泉”之后，物流在社会各界得到广泛的重视，并广泛应用于企业经营活动中。在这样的背景下，物流社会化发展趋势日益明显，物流企业大规模出现，逐渐形成一个新的产业——现代物流业。集中在城市空间中的物流业就构成了城市物流业，它是城市产业体系的一个组成部分。城市物流并未像物流那样有一系列官方的定义。发达资本主义国家普遍把城市物流等同于城市物流规划，例如日本学者谷口荣一（Eiichi Taniguchi）认为“城市物流是在市场经济框架内，综合考虑交通环境、交通阻塞、能源浪费等因素，对城市内私有企业的物流和运输活动进行整体优化的过程”。我国部分学者也持有同样的观点。另一些学者认为城市物流是满足城市内部物流需求的物流过程，如王之泰教授认为“城市物流要研究城市生产、生活所需物资如何流入，如何以更有效的形式供应给每个工厂、每个机关、每个学校和每个家庭，城市巨大的耗费所形成的废物又该如何组织等”。还有一些学者认为，城市物流是城市内部以及城市对外交换过程中产生的物流活动，如谭清美等提出“城市物流是城市区域内生产要素和产品的流动以及城市与外界生产要素的交换和流通活动”。

本书认为，城市物流就是城市经济体系中的一个产业，它服务于城市生产、分配、交换、消费各个环节，是城市社会再生产得以实现的基本条件；它包括满足城市内部生产和消费的物流活动，以及城市与外界联系过程中产生的物流活动。

2.1.2 城市物流空间结构

空间是一个具有地理、经济和数学多重含义的概念。城市物流空间是一种经济空间。“经济空间”这一概念是由法国经济学家佩鲁（Francois Perroux）提出的，他认为“空间是一种抽象关系的结构”，经济空间是“存在于经济元素之间的结构关系”。城市物流空间指的是城市物流活动在城市地理范围中以分布的位置、形态、规模和相互作用为特征的存在形式和客观实体，它反映了以地理空间为载体的物流活动的区位关系和空间形态。

所谓“结构”，是指“事物各个组成部分之间的搭配和排列”。世界上一切事物都存在结构，对结构特征的研究有利于把握事物的本质。布朗（R. Brown）指出：“科学中有一些重要的分析学科，每个学科研究某种或某类结构，其目的在于揭示所有的这类结构的特征。因此，原子物理学研究的是原子结构，化学研究的是化学结构，解剖学和生理学研究的是生物结构。由此，我认为，自然科学也应该有这样一个分支，其任务在于揭示社会结构的一般特征。”空间结构最基本的含义是人类经济活动作用于一定地域范围所形成的组织形式，可以理解为一定的经济系统中各个子系统、各要素之间的空间组织关系，包括要素在空间中的相互位置、相互关联、集聚程度和集聚规模，体现了经济活动的空间属性和相互关系。

城市空间结构是城市规划、城市地理、城市设计、建筑学等众多学科的核心概念。从第二次世界大战以来，对城市空间结构的研究进入了一个空前活跃期，围绕城市空间结构的概念产生了很多论述。伯纳（Bourne，1982）指出，城市空间结构是一个不容易解释的概念，内容庞杂，变化多端。直到现在，不同学科站在不同的视角上对空间结构所给予的解释都各不相同。

从土地规划利用的角度，城市空间结构被认为是城市内一系列特殊的形态，以及每一种形态的形成力相互作用的结果，主要涉及工业与居住土地的使用和结合问题。从城市地理学的角度，城市空间结构被认为是城市地域内各种物质要素的区位特征和组合关系的空间投影。从区域经济的角度，城市空间结构被看作是城市在区域中的相互作用和相互关系，以及空间集聚规模和集聚程度。无论从哪个角度理解，城市空间结构主要涉及三个关键的概念。

（1）城市形态。指城市的空间形式、土地利用的空间组织和城市景观等多方面的内涵。

（2）城市的结构。指城市形态与城市相互作用网络在理性的组织原理下的表达方式。

（3）城市组成要素的相互作用。指城市在开放的空间中内部要素、内部与外部要素之间始终存在相互制约、相互影响的关系。

物流作为城市经济体系的一个产业，在地理空间的分布上具有一定的规律性和内在关联性。根据城市物流、空间结构和城市空间结构的含义，城市物流空间结构是城市物流活动在地理空间上的投影，是城市物流存在和发展的空间形式，表现了城市各种物流要素在空间范围内的分布特征和组合关系，是城市物流空间分布和空间作用的内在机制。城市物流空间结构是在人类社会经济活动的长期历史积累中逐步形成的，在不同的社会经济发展阶段，其空间结构具有不同的特征，合理的城市物流空间结构是城市或区域经济发展的重要基础条件。城市物流空间结构的内涵主要包括以下三个方面。

（1）承载物流活动的城市地域单元的空间分异与组织关系。

（2）物流在城市及相关地域中形成的某种规模等级体系。

（3）各种物流空间实体单元之间产生的若干要素流形式。

城市物流空间结构是理解城市物流运行系统的重要工具。从城市物流空间结构形成的过程看，为什么在最初一个基本均质的城市空间中会产生物流空间分异，一些地域的物流强度逐渐增强，而另一些地域却在弱化，并形成日趋复杂的城市物流空间现象？在不同的地域空间上，为什么不同的城市会出现配送中心、物流中心、物流园区等如此相似的物流空间形态，并且同样面临着对城市交通的巨大影响？对这些问题的分析对理解整个城市物流系统，乃至城市经济系统都是非常重要的。

2.1.3 物流产业集群与相关概念的联系

1. 物流产业集群的概念

迈克尔·波特（Michael Porter）撰写的《国家竞争优势》一书中首先出现了“产业集群”这一概念，他认为产业集群是一群公司和机构的集合，他们在特定的区域内位置集中、相互联系。集群中的个体由于拥有一定的共性或者互补性而联系在一起，对提高区域经济的竞争力具有重要作用。

目前，国内学术界还没有形成一个权威的“物流产业集群”的概念。根据迈克尔·波特对产业集群概念的界定，结合产业集群发展的特征及现有概念的界定，本书总结出了物流产业集群的概念：物流产业集群（Logistics Industrial Clusters）是指在特定区域内，物流企业及有关单位（如需要物流服务的制造业、流通业等）和机构（如教育机构、行业协会等），以物流需求为导向联系在一起，相互之间竞争合作、相互依存和促进，依托公路、铁路、航空等道路基础设施，共同开发物流信息平台、创新物流技术、构建集群管理部门及拓展金融领域的服务等，形成在地理上的空间集聚体，并保持持续竞争优势的社会经济网络。

根据上述定义，本书将物流产业集群总结归纳为三层结构：核心层、基础层和辅助层。核心层是以物流园区、物流中心为载体，形成产业链的物流企业在特定区域内的集聚；基础层是为集群内企业服务的交通基础设施、信息平台、管理机构、物流技术，以及物流需求方（如制造企业、百货等流通企业）；辅助层包括政府部门、行业协会、相关科研单位、金融机构等。

2. 物流产业集群的特性

（1）产业依附性。物流产业集群主要以市场需求为导向，这种特性决定了其生存是以其他产业的发展为基础的，这就要求物流产业集群要与市场需求的空间分布相适应。

（2）物流产业集群的区位选择性。物流产业集群通常选择在资源禀赋优势大并且成本低的城郊地区。此外，还会选择在交通便利的区域，能够借助四通八达的交通设施满足客户物流需求。

（3）物流需求与资源的集聚性。物流产业集群能够凭借规模和范围经济吸引大量物流企业入驻。首先，这些企业能够在不同的领域上提供不同层次和水平的服务，并且在集群内可以相互扶持合作，达到资源优化配置的效果。其次，物流产业集群中的企业可以带来优秀的物流人才、信息技术等资源优势，降低了搜索成本，有助于构建集群自主创新的良好环境。

（4）网络资源的开放性。物流产业集群内的企业形成了集群内的企业网络系统，可以实现资源、信息及技术上的相互共享，实现范围经济。此外，网络资源的开放性还促使集群与其外部的社会资源相互协调互动，形成了范围更广的网络系统。

（5）充分竞合。物流产业集群内的物流企业彼此之间存在相互竞争和合作关系，由于集群中不同企业提供物流服务的不同，使得集群中的企业相互分工合作，围绕物流产业集群的供应链聚集在一起，用不同的产品满足不同客户的个性化要求。

（6）多中心性。当物流产业集群走向成熟阶段时，参与物流资源整合和功能集成的物流服务集成供应商或者集成部门可能不止一个，而是由多个相互间存在物流集成服务的部门组成的。所以，物流产业集群具有显著的多中心性特征。

（7）更大的区域空间及更多的信任。物流产业集群的区域广，甚至可以跨越几个省或地区进行资源的整合。而信任机制是企业集群竞争优势的重要基础。在企业集群的环境下，培育公平的竞争环境和有效的竞争机制是发展物流产业集群和树立集群信用的前提。

3. 与相关概念的联系

物流产业集群与物流基地（物流园区、物流中心、配送中心）、物流联盟（虚拟联盟）、物流虚拟集群等概念有所不同，但与之又存在着联系，分析物流产业集群与这些概念的关系能够更好地理解物流产业集群，下面将分别对这些概念与物流产业集群的联系进行分析。

（1）物流产业集群与物流基地、物流园区、物流中心、配送中心的联系。物流基地、物流园区、物流中心、配送中心等物流节点是物流业发展到一定程度而形成的物流业态，虽然在规模、内部功能和发展的侧重点有所不同，但都是物流设施的集中地，都具有物流组织功能和经济开发功能，能使物流资源向特定的区域聚集，从而通过企业间的协作使得物流资源得以整合。物流基地、物流园区、物流中心、配送中心等物流节点设施是物流产业集群的产物，也是物流产业集群的表现形式。

（2）物流产业集群与物流联盟和虚拟物流企业的联系。物流联盟、虚拟企业是物流企业之间为了实现资源共享、获取竞争优势、降低风险和成本，进行组织管理创新达成的企业间的合作关系，这种合作关系以股权或契约的方式形成，企业不仅能够保持自身的独立性，而且能与其他企业共享资源、分摊费用，具有物流资源整合的功能，与物流产业集群功能有相似之处，但与物流产业集群不同的是这种合作关系并非自发形成，而是由主导企业主导促成的临时关系，并不能形成网络结构。因此，物流联盟、虚拟物流企业可以看作是物流产业集群企业间的协作模式。

（3）物流产业集群与虚拟物流集群的联系。企业虚拟集群是指企业、专业机构等组织依赖先进的网络技术和通信技术在虚拟空间形成的集聚，这些组织通过正式或隐性契约形成长期合作关系以达到共同的发展目标。由定义可以看出物流虚拟集群突破了地域等因素的限制，信息技术和网络技术为依托形成了虚拟物流网络，是物流组织管理模式的创新。物流活动是连接生产活动和消费活动的中间环节，需要物流供给方与物流需求方之间良好的沟通和交流，区位上的邻近与企业间的互动十分重要，所以虚拟物流集群的实现离不开物流产业在空间的集群，其运作的根本基础归根结底还是实体物流网络，在实体物流网络的基础上借助信息网络和互联网络，最终实现物流资源整合、物流服务优化与创新。因此，物流产业集群是实现物流虚拟集群的基础和保障。

从以上分析可以看出，物流产业集群不同于物流基地、物流园区、物流联盟、虚拟物流集群等概念，但相互之间存在紧密的联系。物流基地、物流园区、物流中心、配送中心等物流节点设施是物流产业集群的产物，也是物流产业集群的表现形式；物流联盟、虚拟物流企业可以看作是物流产业集群企业间的协作模式。

2.2 理论基础

2.2.1 城市物流区位理论

1. 区位理论

区位即某事物占有的空间位置或场所，区位论（Location Theory）研究人类经济活动的空间法则及一般规律，寻找工业、农业、商业等经济活动的最佳地点，即是关于生产力空间组织的学说，是空间结构理论建立的基础。由于古典经济学的起源较近代地理学为早，因此，区位论最先在经济学领域建立，随后在地理学中获得发展，所以区位论既属于经济学，也属于地理学。

区位论的发展经历了古典区位论、近代区位论和现代区位论三个阶段。古典区位论开始于19世纪20年代，以杜能和韦伯的农业区位论和工业区位论为代表，以成本最低为目标，研究第一产业和第二产业的区位问题。到了20世纪30年代，近代区位论开始发展，以克里斯塔勒和廖什的中心地理论和区位经济学理论为代表，以市场最优为目标，重点研究第二产业、第三产业，以及城市区位问题。第二次世界大战以后，区位论发展到现代区位论阶段，以优势最明显为目标，重点研究城市和区域的区位问题。

（1）古典区位论

德国古典经济学者杜能（J. H. Von Thunen）对农业分布的合理化进行研究，发表了名著《孤立国》，开创了区位论研究的先河，被尊为区位论的鼻祖。杜能认为影响农业区位的最重要因素是地租，由于地租的影响，农业品类分布的理想化模式是围绕市场呈环带状分布。

20世纪初，组织理论之父马克斯·韦伯（Max Weber）出版了《工业区位论：区位的纯理论》和《工业区位论：区位的一般理论与资本主义理论》

两本关于工业区位论的巨著，前者属纯理论探讨，后者为结合实际的研究。韦伯认为运输成本、劳动力成本和集聚是工业区位的三个指向，是决定工厂最佳位置的因子。韦伯引入了区位因子的合理组合的思想，建立了完善的工业区位理论体系，对其他产业区位乃至经济区位都有重大影响，但他认为运费与距离成正比，这与实际不相符合，研究的其他前提条件也比较简单，并且主要是针对个别企业的研究。

（2）近代区位论

20 世纪初，资本主义经济加速了经济活动集聚的进程，城市在整个社会经济中逐渐占据了主导地位，成为工业、交通、商业、贸易和服务行业的聚集点，许多经济学家、社会学家和地理学家把研究的焦点对准了城市。德国地理学者克里斯塔勒（W. Christaller）为了探索“决定城市的数量、规模以及分布的规律是否存在，如果存在，那么又是怎样的规律?”这一问题，于 1933 年完成了一篇流传后世的博士论文《德国南部的中心地》，系统地阐述了中心地的数量、规模和分布模式，建立了中心地理论，奠定了近代区位论研究的基础，被认为是 20 世纪人文地理学最重要的贡献之一。其后，另一位德国经济学者廖什（A. Lösch）撰写了《区位经济学》，将克氏的地域框架扩大应用于产业的市场区位方面。

克氏认为中心地的空间分布形态受市场因素、交通因素和行政因素的制约，形成不同的中心地系统空间模型。在市场原则基础上的中心地系统具有如下特点：一是中心地具有等级性，且其各级的中心地与中心职能相对应；二是中心地按照一定的规则分布，一般是三个中心地构成的三角形的重心是低一级中心地布局的区位点；三是各等级间的中心数量、距离和市场区域面积呈几何数变化。在交通原则基础上形成的中心地系统的特点是：各个中心地布局在两个比自己高一级的中心地的交通线中点。在行政原则基础上形成的中心地系统特点是低级中心地从属于一个高级中心地。原因是在行政区域划分时，尽量不把低级行政区域分割开，使它完整地属于一个高级行政区域。

在上述三原则中，市场原则是基础，而交通原则和行政原则可看作是对在市场原则基础上形成的中心地系统的修改。克氏认为，市场原则适用于由市场及其市场区域构成的中世纪的中心地的商品供给情形；交通原则适用于如 19 世纪交通大发展时期，以及新开拓的殖民地国家，也适用于新开发区、交通过境地带或聚落呈线状分布区域，以及文化水平高、工业人口多（人口密度高）的区域；行政原则比较适用于具有强大统治机构的绝对主义时代，或者像社会主义国家以行政组织为基础的社会生活，以及自给性强、与城市分离的山间区域内形成的以某一中心地为核心的自给区域。克氏进一步强调，高级中心地对远距离的交通要求大，因此，高级中心地按交通原则布局；中级中心地布局行政原则作用较大；低级中心地的布局用市场原则解释较合理。

（3）现代区位论

现代区位论沿着宏观区域研究和微观区位决策两方面发展。沃尔特·艾萨德（Walter Isard）把各种现代计量方法和传统区位理论相结合，将研究的重点从部门区位论转为区域总体经济结构及其模型研究，开创了区位论研究的新领域。在微观区位决策研究方面，把行为论的各种概念和理论应用于区位论的研究，不再满足古典和近代区位论关于企业最优区位的分析。现代区位论研究具有学科交叉、学派林立的特点。

2. 运输区位理论

运输区位论是与物流区位论最相关的经典区位论，由美国空间经济学家胡弗（E. M. Hoover）在其 1948 年出版的《经济活动的区位》著作中提出。胡弗首先建立了运输费用结构理论，将运输费用划分为装卸费用和线路营运费用，发现了运输费用递减现象，从而修正了韦伯理论中运费与距离成比例的基本图形；其次，提出了运价率的概念，论证了企业布局区位中的中转点现象，提供了在交通枢纽转换点发展工业的理论依据。

（1）运费率递减律

胡弗认为随着距离的增加，运费率是递减的，称之为运费率递减律。形成这种现象的原因和运费结构、运输组织过程，以及运输政策有关。运费可分为站场费和运行费两部分。站场费包括装卸费、保养维修费、经营管理费、仓库码头费等。运行费包括燃料动力消耗费用、运输工具的折旧、线路的维修与管理、保险费、运行中的职工工资等。场站费本身与运输距离无关，并且随着运输距离增加，分摊到单位里程的场站费越小。运行费与运距相关，但由于运输组织过程的差异，运行费并非随运距增加成比例增长，比如零星短途运输与大批量长途运输相比，前者的运输效率低，而后者的运输效率高，因此后者随着运输距离的增加运行费率也是逐渐降低的。此外，很多国家都对长距离运输实行优惠政策，也可使长距离运输的运费率下降。

（2）发挥各种运输方式的优势

胡弗认为不同的运输方式，运费结构有比较大的差异。单就运行费用而言，公路运输最大，铁路次之，水运最小；但是站场费用则相反，水运最大，铁路次之，公路最小。每种运输方式都有一定的经济运距，公路在短途运输时运费最低，铁路中长途运输时运费最低，而水运对于大批量长距离运输有很强的运费优势。胡弗还认为要尽可能减少运输中转，因为即使运输距离为零，只要进出站场一次，也要付出同样多的站场费用。区域的交通运输布局，要根据当地的情况充分发挥各种运输方式的优势。

（3）运输区位论的应用

胡弗的运输区位论对产业布局产生了较大影响，使企业的生产布局有了更多选择。企业既可以在同一地点扩大生产规模，以降低生产成本，也可以在多个地点布局，利用运费率递减原理，通过低廉的运费实现地区专业化生产。例如，第二次世界大战后的日本充分利用海运费率递减较快的优势，在沿海港口建立了具有大进大出特点的钢铁生产区，获得了巨大经济效益。由于在场站停留要支付费用，因此企业布局时都考虑尽可能减少中转环节，把工厂设在交通运输枢纽点。为了尽可能节约场站费用，集装箱运输获得了长足发展。

3. 物流区位理论

在上述主流区位理论中，物流区位理论并不能找到一个合适的归属，农业区位论研究农业的布局，工业区位论研究工业的布局，中心地理论以城市为着眼点，而看上去最相关的运输区位论其实也仅仅是对韦伯工业区位论运输条件的修正，主要目的并非指导运输业的空间布局。在所有区位论中，运输费用都是一个被普遍重视的区位因子，但它仅仅是作为一个区位因子出现，即使在目前最流行的克鲁格曼的新经济地理学中也是如此。物流从产业属性上归为第三产业中的生产性服务业，但是现有关于生产性服务业的研究主要集中于金融、保险、法律等领域，就像萨森（Sarthe）指出的“传统区位论的区位因子并不适合生产性服务业”一样，这些生产性服务业区位的研究也不适用于物流业。学术界关于物流和区位的研究往往是延续主流区位论的思想和方法，偏重于研究物流对其他产业区位的影响，在这些研究中，物流也仅仅是一个区位因子。把物流区位作为研究对象的文献极少，造成这种现象的原因是现代物流作为一种新兴的产业，其研究工作还未引起理论界的重视，特别是经济学和地理学界的重视。纵观各种成熟的区位论，都需要规范的分析和论证，需要深厚的经济学和地理学基础，因此，成熟物流区位论的建立尚需一定的时日。

作者认为，物流区位论应根据物流业的产业特点、主要服务对象，以及与城市的密切关系，以工业区位论、中心地理论、运输区位论，以及现代区位论为基础加以构建。物流活动与其他任何一种经济活动一样，本质都是获得经济利益，寻求能获得最大利润的空间是形成不同物流区位的根本原因。在不同的地域空间，由于经济、产业、交通及自然地理条件差异，使得相同的物流投入可能产生不同产出。与地理空间相关联，对物流活动利润产生影响的因素就构成物流区位因子。物流区位因子主要包括市场因子、成本因子、社会经济环境因子和物流企业因子。

（1）市场因子

市场因子是影响物流企业分布的主要因素，在中心地理论中市场因子被看作所有区位因子的基础。市场因子可以理解为在某个区位上物流企业可能获得的物流需求规模，它表现为在该区位上物流企业服务的腹地范围内可能获得的物流需求总量。物流活动是为生产和生活服务的，因此物流需求总量可以用腹地范围内经济总量和总购买能力来综合度量。如果考虑物流企业在区域层面选择城市区位，那么物流企业的需求规模就不仅仅局限在某一城市单体的 GDP（国民生产总值）、社会消费品零售总额、人均可支配收入、总人口等经济总量上，还应该包括该城市可能辐射和吸引范围内的相应经济总量。这一点与相关文献仅考虑某个城市经济总量的思想有很大不同。当一个城市在区域中有更大的辐射和吸引能力时，该城市就具有较强的市场因子。

（2）成本因子

成本是影响物流利润的重要因素，因为物流本身是一个对成本较为敏感的行业。运输、仓储、装卸搬运、包装、流通加工、配送、信息处理各个环节都要支付成本。实践证明，运输和仓储是物流活动最主要的成本消耗环节，其消耗的成本占物流活动总成本的 2/3 以上。虽然从最先进的物流管理看，技术在现代物流中发挥着越来越重要的作用，但是总体上说物流还是属于劳动密集型产业，物流操作过程中，特别是末端操作过程中需要大量的劳动力。因此，成本因子主要包括运输成本、仓储成本和劳动力成本。

运输成本对物流活动的区位指向表现在两个方面：一是物流活动趋向于集中在交通资源丰富的地区，运输枢纽自然成为物流集聚地；二是物流活动与其主要依托的运输方式相匹配，因此在公路枢纽、铁路枢纽、航空枢纽和港口集聚的物流活动特征都不相同。不同运输方式形成的枢纽表现出的运输综合能力有等级差异。港口因为独特的地理条件和远距离运输的优势，会吸引铁路和公路在港口集聚，有些港口还吸引机场在港口布局，形成多种运输方式的融合，使港口具有极强的运输成本优势，在港口会集聚各个层次和功能的物流企业。航空枢纽需要依靠公路实现末端运输，并且航空运输具有远距离、国际化、附加价值高的特点，依托航空运输的物流活动和末端配送活动就在航空枢纽集聚。铁路枢纽和航空枢纽相似，需要公路实现门到门运输，但铁路运输在国际运输方面具有很大局限性，因此国际物流活动在铁路枢纽集聚较少。公路枢纽对其他三种运输方式的拉动作用不强，因此集聚的物流活动层次和功能都比较单一。

正如胡弗在运输区位论中指出的一样，物流在停顿过程中也要支付成本。不过胡弗没有意识到现代物流中的停顿并不完全是产生成本消耗，而是也可以产生利润，物品在物流节点停顿过程中会产生增值。因为在物流节点对物品的处理过程对于物流活动的效益越来越重要，物流节点设施的规模也日渐扩大。如果把在停顿过程中发生的物流费用都简化归并为仓储费用，那么与地理空间相关并对物流活动有明显指向的仓储成本就是地租。在可能的情况下，物流活动会选择地租更便宜的区位。

劳动力成本也与地域空间相关联，经济发展水平高的城市，工资也相应较高，即使在同一城市内，城市不同功能区的工资水平也有差异。

（3）社会经济环境因子

由于世界各地社会经济发展条件有很大差异，其对物流活动的区位指向产生了重要影响，社会经济环境因子就是对这种影响的综合反映。最主要的影响因素是制度、政策、配套设施和市场竞争环境。对制度影响最大的空间概念是国家，所有的物流活动都受国家的政治、社会和文化的综合影响，既受该国经济制度的“管制”，也受政治制度的“管制”。例如，在美国对航空实施管制时期，航空物流的发展受到极大抑制。在其他条件比较相似的城市内，政策是影响物流活动区位指向的另一个重要因素。透明而公开的政策，以及对物流产业实行的一系列优惠，都会吸引物流产业的集聚。现代物流依赖信息技术和机械化的发展水平，在能够提供完善信息通信设施设备和机械化设备的地域，先进的现代物流业才可能集聚。市场竞争环境好、人们市场意识强的地域，可以大大降低企业的交易成本，有利于现代物流企业正常发展，对物流企业更有吸引力。

（4）物流企业因子

物流企业自身的因素，如处于企业生命周期的不同阶段和内部组织结构的变化，也影响着物流企业的区位选择。当企业处于建立期时，物流企业的目标是在当地寻求发展机会，会更接近市场，以获得丰富的物流信息，此时物流企业的运营活动大部分集中在本地。当企业处于成长期时，物流企业开始向其他地方实施扩张，在别的城市建立分支机构，争取在地区内处于与竞争对手竞争的主动地位，此时企业会在物流需求资源丰富并与企业总部之间有便捷联系的城市设立分支机构。当企业处于成熟期，企业规模较大，物流企业需要对各个地区内资源进行配置，企业总部和分公司职能进一步分离，商务活动、管理活动是总部和地区总部的最重要职能，因此企业总部会在具备良好区位条件的城市设置，而运营性的分公司依然会靠近物流市场。

2.2.2 城市物流空间结构理论

从研究的空间尺度来看，城市空间结构可以分为城市内部空间结构与城市外部空间结构。城市外部空间结构具有区域视角的含义，是指由一个城市与其他城市共同构成的空间体系，城市与城市之间的空间关系称之为城市外部空间结构。城市外部空间结构研究依托的基础理论主要包括增长极理论、核心—边缘理论、点轴理论。

1. 城市外部物流空间结构基础理论

（1）增长极理论

增长极理论由法国经济学家佩鲁（Francois Petrous）于 1950 年首次提出，其背景是讨论经济应该平衡增长还是不平衡增长问题。佩鲁在考察经济发展史之后指出，没有一个群体和地区曾经经历了分布均匀的持续增长，因此经济增长是不均衡的，存在着极化趋势。他借喻磁场内部运动在磁极最强这一规律，称经济发展的这种区域极化为增长极。他认为“增长并非同时出现在所有地方，它以不同的强度出现于一些增长点或增长极，然后通过不同渠道向外扩散，并对整个经济产生不同的最终影响”。增长极理论被认为是西方区域经济学中经济区域观念的基石，它强调既要关注经济总量的差异，又要关注经济结构的变化。

佩鲁（Perroux）认为，区域增长极的确定首先是要建立推进型产业，推进型产业的建立又要依靠具有技术创新能力的推进型企业来实现，推进型企业的集中地就形成了区域增长极。区域增长极是通过推进型企业的力场实现的极化和扩散，从而带动相邻地区的共同发展。

增长极对其他经济体会产生支配效应、乘数效应、极化效应和扩散效应。

物流产业空间结构的形成，同样遵循增长极理论所揭示的规律性。在港口、国际机场、铁路枢纽等物流供给资源丰富地区，易形成物流产业发展的增长极。以港口为例，由于港口对其他产业有很强的带动作用，在港口周围就会形成各种物流企业和重工业产业的集聚，形成产业发展综合体，"因港兴市"成为一种比较普遍的经济现象。但现实也告诉我们，并非所有的港口都能成为带动城市物流发展的增长极，虽然港口具有发展物流的天然优势，但要发展成为城市物流的增长极，还需要一定的条件，比如需要符合区域经济发展的要求，有足够的生产要素投入等，更重要的是要在这些地域上集聚起足够的物流企业，发展足够的物流经济活动，尤其是发展壮大推进型物流企业，只有这样才能在港口形成物流产业综合体，成为城市物流发展的增长极。

（2）核心—边缘理论

核心—边缘理论由美国区域发展与区域规划专家弗里德曼（Milton Friedman）于1966年根据对委内瑞拉区域发展演变特征的研究，在其学术著作《区域发展政策》中提出，用于解释区域经济空间结构演变模式。核心区和边缘区是组成空间的两大系统。核心区的特征是工业发达，技术水平较高，资本集中，人口密集，一般是指城市或城市集聚区，包括国内都会区、区域中心城市、区域亚中心城市、地方服务中心。边缘区是相对于核心区域而言经济较为落后的区域，又可以分为资源前沿区和过渡区。资源前沿区域是指地理位置偏远，但拥有丰富的资源并具有开发条件的区域，可能形成新的城镇，或发展成次一级的核心区域。过渡区进一步细分为上过渡区和下过渡区，所谓上过渡区是指经济发展呈上升趋势，对于资源和人口都有持续的吸引力，一般位于两个或多个核心区之间的开发走廊上的区域；下过渡区是指经济发展水平低，并处于停滞或衰落状态的区域，这类区域缺乏成长的动力和机制。

核心—边缘理论认为区域经济增长必然伴随经济空间结构的改变，其核心—边缘区域处于不断的动态变化之中。在经济发展过程中，区域内会经历从孤立发展到不平衡发展再到相互关联的平衡发展的过程，区域经济空间结构相应地划分为四个阶段，体现了核心区与边缘区的发展演变过程，如图2-1所示。

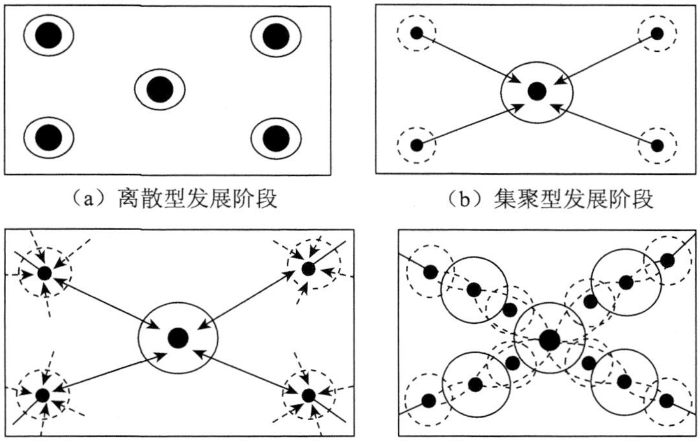

（a）离散型发展阶段　（b）集聚型发展阶段

（c）扩散性发展阶段　（d）均衡发展阶段

图 2－1　核心—边缘区域发展演变过程示意

①离散型发展阶段。该阶段对应于前工业化阶段，以农业经济为主，生产力水平低下，各地经济发展水平差异小；城镇规模小，相互之间联系不紧密，呈各自独立状态，尚未形成城镇体系。

②集聚型发展阶段。该阶段对应于工业化初期阶段，主要特征是城市的出现。那些地理位置优越、资源丰富或交通方便的地方，吸引生产要素的集聚，经济增长速度很快，发展成为物资集散交换中心、加工制造业中心，成为区域的核心区。在区域极化作用下，资源要素进一步从经济发展水平低的边缘区向核心区流动，核心区和边缘区的差异扩大，空间结构呈现不平衡的集聚型发展状态。

③扩散型发展阶段。该阶段对应于工业化成熟阶段。在快速工业化发展阶段，核心区域发展很快，在权利分配、资金、技术和劳动力资源等方面，核心区域与边缘区域差异越来越大，也造成了核心与边缘之间越来越突出的矛盾。边缘区域相对优越的地方便会出现规模较小的核心区域，原来核心区的部分资源要素开始回流到新的次一级核心区，在这些新的区域，工业产业群开始集聚。过去的边缘区域分解并入多个核心区域之中。

④均衡发展阶段。该阶段对应于后工业化阶段。核心区域的剩余资本、技术、信息向边缘区域的扩散作用增强，边缘区域产生的次中心逐渐发展，并趋向于发展到与原来的核心区域相似的规模，区域生产力逐步向均衡化发展。次级核心区域的外围也会重复同样的发展过程，依次产生下一级新的核心区，形成新的核心与边缘区域，整个区域发展成为一个功能上相互依赖的城镇体系。

核心—边缘理论说明了在经济增长的各个阶段，空间结构的形成和发展源于生产要素在空间上的集聚和扩散过程。物流是实现生产要素空间集聚和扩散的基础，从某种意义上说，最初是物流发展水平的差异决定了在均质的空间上产生核心区的可能性；而核心区的产生和表现出来的对生产要素的集聚能力，又进一步推动了物流资源在核心区的集聚，在空间上就形成了物流产业的核心区，这个核心区与区域经济的核心区是一致的。当核心区发展到一定规模、生产要素向外扩散时，物流资源也伴随着物流需求的流动方向扩散，从而带动了次核心区域物流的发展；循环往复，从而逐渐形成完整的城市外部物流空间体系。

（3）点轴理论

点轴理论是对我国区域经济开发建设影响最为深远的空间结构理论。我国著名经济地理学家陆大道在 1995 年出版的专著《区域发展及其空间结构》中详细阐述了“点轴”理论，并随后将之应用于我国的区域经济规划和实践。

点轴理论是增长极理论的延伸，当在区域内增长极的数量不止一个时，增长极之间就会出现用于生产要素交换需要的相互联结的交通、通信干线和能源、水源通道，这些“基础设施束”就形成了“轴”。“轴”对附近区域也有很强的经济吸引力和凝聚力，于是人口、产业向轴线两侧集聚，形成了以线状基础设施联结不同级别的中心城镇而形成的相对密集的人口和产业带。在点轴理论中“点”和“轴”都具有增长极的功能。在区域经济发展过程中，具有一定经济实力的城市作为增长点首先发展成为区域的增长极；当其发展到一定程度后，点增长极以向周围作水平式聚点突破的方式和沿着交通运输干线梯度转移的方式向外扩散，从而由点带轴、由轴带面，呈现出一种立体结构和网格态势，最终促进整个区域经济的发展。

陆大道院士认为，与社会经济发展水平相适应的“点轴”空间结构系统的形成会经历如下四个阶段。

第一阶段，“点轴”形成前的均衡阶段，社会处于农业经济发展阶段，村镇是主要的点，在地理空间呈均匀分布，经济空间结构呈有序的无组织状态，效率极低，如图 2－2（a）所示。

第二阶段，社会经济客体开始集聚，假设在 A、B 两点出现城镇，在 A、B 之间建立了交通线，点、轴同时开始形成，区域局部开始进入有组织状态。这种空间结构特征属工业化的初期阶段，如图 2－2（b）所示。

第三阶段，由于集聚经济效果的作用，资源和经济设施继续在 A、B 两点集中，线状基础设施束形成，社会经济演变迅速，空间结构变动幅度增大，交通线得到延伸，在C、D、E、F、G等点出现新的集聚，“点轴”系统框架形成。这种空间结构特征属工业化中期阶段，如图2-2（c）所示。

第四阶段，“点轴”空间结构系统形成，A-H-B-C形成密集产业带，A、B集聚规模进一步扩大，一批新的集聚点形成，并在这些集聚点间开始形成低一层级新的发展轴线。不同级别增长中心和发展轴线，组成了区域经济的空间网络，区域进入全面有组织状态，空间结构进入新的“均衡”阶段，经济呈现高效率但非高速度的发展特征，如图2-2（d）所示。

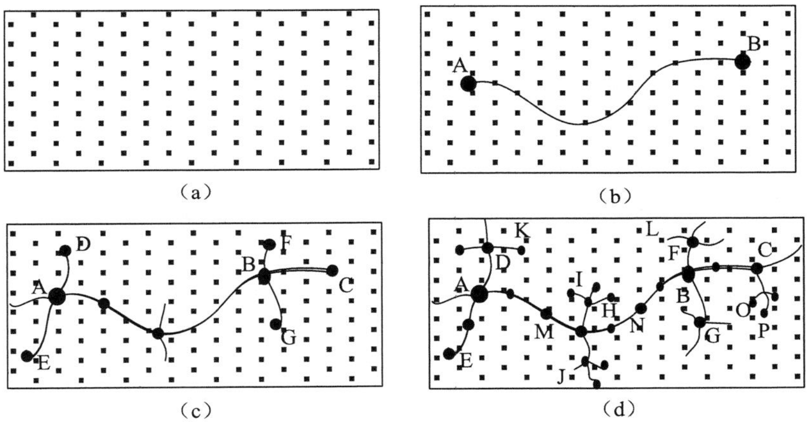

图2-2 点轴空间系统演变过程示意

点轴理论对物流空间结构形成有如下两点启示：其一，物流空间结构的形成符合点轴理论揭示的规律。在农业社会中，物流最初的分布也呈低效、原始的均质分布状态。当经济系统中的集聚节点和轴出现之后，物流活动高度依赖交通运输轴线交会的节点布局，这些节点就形成了物流活动集聚点，交通运输轴线沿线地带也具有区位优势，可以在交通运输轴线沿线有选择地发展物流集聚点。其二，我国物流空间结构的形成和发展，应与国家宏观经济结构的战略布局相一致。我国改革开放后，在全国范围内确定了若干重点发展区域和轴线地带，物流发展重点自然也落在这些区域和轴线地带中的重点城市。随着我国经济持续发展，经济开发渐次向低级别的发展中心和轴线拓展延伸，物流发展的空间布局也符合经济发展的规律，体现出相应的层次结构。

2. 城市内部物流空间结构基础理论

城市内部空间结构是对单体城市空间结构的研究，其中最著名的研究成果是伯吉斯同心圆学说、霍伊特扇形学说和麦肯齐多核心学说。

(1) 同心圆结构理论

1929 年，美国社会学家伯吉斯（Burgess）在分析芝加哥城市土地利用结构过程中，试图创立一个城市发展和土地使用空间组织方式的模型，提出了同心圆结构理论，这是最早的城市内部结构理论。伯吉斯认为，城市内部空间结构是以不同用途的土地围绕单一核心，有规则地从内向外扩展，形成五个同心环状地带，如图 2-3 所示。第 1 环带即核心环带为商业中心区，集中了办公大楼、财政机构、百货公司、专业商店、旅馆、俱乐部和各类经济、社会、市政和政治生活团体的总部等，是城市社交、文化活动的中心；第 2 环带为过渡地带，是中心商务区的外围地区，是衰败了的居住区，这里集中了贫民窟或一些较低档的商业服务设施基地，如老式住宅和出租房屋，轻工业、批发商业、货仓等；第 3 环带是工人住宅带，蓝领工人和低收入的白领工人在此居住，这里租金低，便于乘车往返于市中心，以使他们能够较容易地接近不断外迁的就业地点；第 4 环带是良好住宅带，这里主要居住的是中产阶级，居住密度低，生活环境好；第 5 环带是通勤带，主要是一些富裕的、高质量的居住区，居住在这里的人大多在商业中心区工作，上下班往返于两地之间。

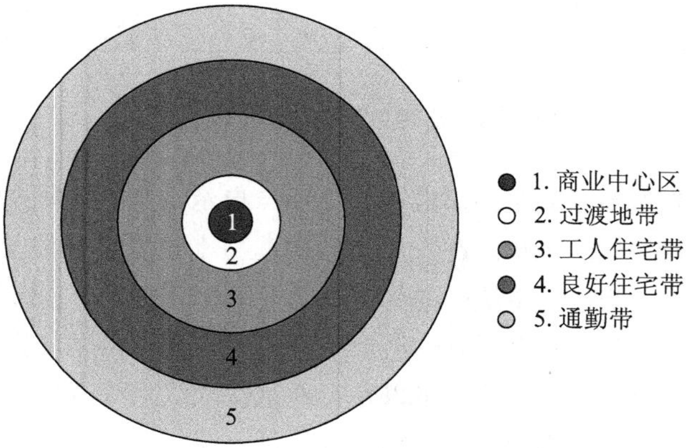

图 2-3　同心圆结构示意

竞争、主宰、侵入和演替是同心圆结构变化的内在机制和过程。由于城市的不同环带存在地租差异，市中心可达度高，能产生最高的回报，因此土地竞争最剧烈，具有竞争优势的商务活动成为该环带的主宰。经过在各个环带上重复的竞争后，环带的划分逐渐清晰。由于某些环带环境发生变化，使不适应该环带的阶层向其他环带转移，比如由于工业的集聚和发展，第 2 环带居住环境恶化，高收入者向外环转移，低收入者入侵原来高收入者居住的内城区。当城市人口的增长导致城市区域扩展时，每一个内环地带必然延伸并向外移动，入侵相邻外环地带，产生土地使用的演替。

伯吉斯是建立土地利用模式的先锋者，并影响了后来对城市土地利用分布的研究。在宏观效果上，同心圆结构理论基本符合单中心城市发展模式。

（2）扇形结构理论

霍姆·霍伊特（Homer Hoyt）通过对美国 64 个中小城市及纽约、芝加哥等著名城市的住宅区分析后，在同心圆结构理论的基础上于 1939 年创建了扇形结构理论。

霍伊特认为，均质性平面的假设太不现实，交通和自然条件都对城市空间结构布局有重要影响。在他的模式中，保留了同心圆结构理论的生态因素和经济地租机制，增加了方向性因素。方向性因素可以是人文因素，也可以是自然因素，并且有些对城市发展是有利因素，有些是不利因素。

交通运输线路是影响城市空间发展最重要的方向性因素。受易达性和定向惯性的影响，城市向外扩展的方向是不规则的。霍伊特把易达性分为基本易达性和附加易达性。基本易达性特指市中心的易达性，附加易达性是沿着交通运输线路所增加的易达性。轻工业和批发业对运输路线的附加易达性最为敏感，所以沿着运输线路呈楔形布局。住宅区的布局特点是贫民住在环绕工商业土地利用的地段，而中产阶级和富人则沿着交通大道或河道，或湖滨，或高地向外发展，自成一区，不与贫民混杂。当人口增多、贫民区不能朝中产阶级和高级住宅区发展时，也会向不会受阻的方向作放射式发展，因此城市各土地利用功能区的布局呈扇形结构。如图 2－4 所示。

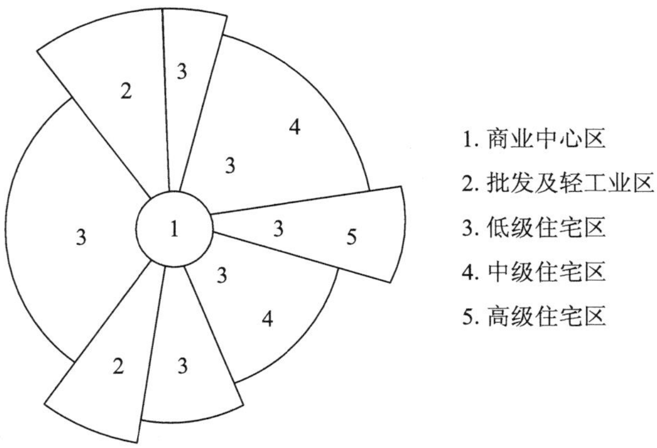

图 2－4　扇形结构示意

受方向性的影响，城市地价并非呈圈层降低，而是呈扇形分布，扇形内部的地价不随与市中心的距离发生变动，也就是地价是方向性变化的。城市地域的某一扇形方向性质一旦确定，受定向惯性的影响，随着城市成长城市结构沿着扇形向外扩张。

商业中心区还是在城市中心，批发及轻工业区沿交通干线分布，并在低收入住宅区附近。低级住宅区在地租较低的旧商业区，接近批发及轻工业区。中级住宅区一般在低收入住宅区的相反方向，向高级住宅区接近。高级住宅区沿交通干线，远离环境恶劣的工业区及低级住宅区，位于风景优美的地区。

（3）多核心结构理论

多核心结构理论最先是由麦肯齐（Munchkin）于 1933 年提出的，哈里斯（Harris）和乌尔曼（Ullman）在研究美国洛杉矶之后于 1945 年对其加以发展。多核心结构模式的突出优点是涉及城市地域发展的多元结构，比前述两种模式显得更为复杂。多核心结构模式指出，城市并非从一个商业区向外发展，而是有多个核心存在。城市由若干不连续的地域所组成，这些地域分别围绕不同的核心而形成和发展。越是大城市，核心就越多，越专业化。

多核心城市的形成，主要有以下四方面原因。

①行业特殊的区位要求。各种行业对区位都有一定的要求，在城市中也存在很多特别的地理位置和环境。商业、工业和住宅对区位的要求及其在城市中的布局如表 2 - 1 所示。

表 2 - 1　　商业、工业和住宅区在城市中布局的特点

<table>
<tr><th colspan="2">行业/活动</th><th>要求</th><th>位置</th></tr>
<tr><td rowspan="2">商业</td><td>商业中心区</td><td>可达度最高</td><td>城市中心、交通网络交会点</td></tr>
<tr><td>次级商业中心区</td><td>公路的交会点</td><td>邻近高收入住宅区或新的市镇</td></tr>
<tr><td rowspan="2">工业</td><td>重工业</td><td>面积大、地价便宜</td><td>郊区</td></tr>
<tr><td>轻工业</td><td>大量廉价劳动力，接近市场</td><td>邻近低收入住宅区及商业中心</td></tr>
<tr><td rowspan="2">住宅</td><td>低收入住宅</td><td>更多就业机会</td><td>邻近工业区</td></tr>
<tr><td>高收入住宅</td><td>居住环境优美、交通方便</td><td>远离工业区、位于市郊、
接近交通干线</td></tr>
</table>

②集聚效益。为加强集聚的效果，有的活动需要相互配合而聚集在一起。例如，工业区与低收入人口住宅区为邻；中产阶级住宅区接近高级住宅区。

③排斥效应。有些功能之间是相互排斥的，在考虑布局时就会分开布局，如高档住宅区的位置会远离工业区和低收入住宅区。

④地租房价。各种活动对地租房价的承受力不同，某些活动难以负担理想区位的高地价。

多核心结构理论的贡献在于触及了地域分化中多种职能的交互作用，并运用了吸引和排斥的概念来分析土地利用的布局，较适合解释现今城市的分散而又多中心的土地利用布局；其缺陷在于对多核心之间的职能联系讨论得比较少。

2.2.3 物流产业集群生命周期理论

1. 物流产业集群生命周期的来源

生命周期理论起源于生物进化论。经济学家利用这种思想来研究经济变迁、制度演变、技术创新、产业进化、企业发展等重大问题。由于产品、技术、企业、产业的演化与生物进化之间的基本相似性，生物进化论的部分理论和方法——生命周期理论就成为研究物流产业集群生命周期的理论基础。

从产品、技术、企业、产业生命周期以及产业衰退的角度来看，产品的生命周期性使得一个产业也表现出一定的生命周期性。那么，产业集群是用来描述大量关系密切的产业或机构在某一特定领域中聚集，并联合在一起，形成一个竞争优势强大的组织的现象，其生命周期的来源如图 2－5 所示。

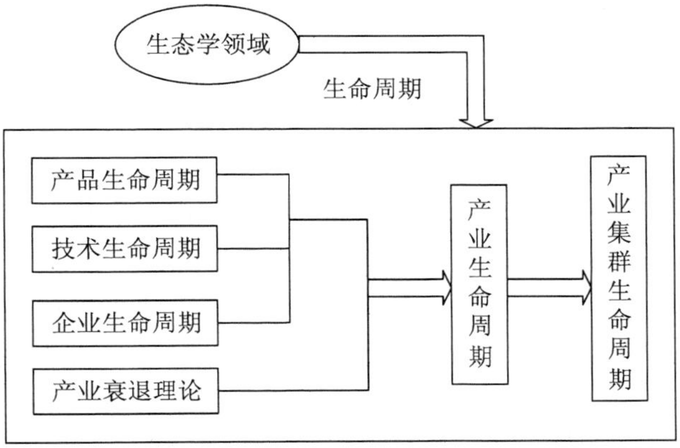

图 2－5 产业集群生命周期的来源

同样的，物流产业集群作为介于市场和企业之间的产业组织形式，同产品、技术、企业、产业一样也经历着从诞生、成长、成熟到衰亡的过程，也就是物流产业集群生命周期。

目前产业集群生命周期的问题已经受到诸多学者的关注，并就产业集群的划分问题提出了不同观点，但从本质上来看，学者们对于产业集群经历诞生、成长、成熟、衰亡的发展规律基本能够达成共识。虽然不同学者的研究视角不同，对于生命周期具体阶段的划分与阶段特征的界定也会有所不同。但是能够为研究物流产业集群的生命周期开拓研究思路，并且能够为界定物流产业集群的演进阶段与阶段性特征提供可借鉴的理论依据。如表 2 - 2 所示。

表 2 - 2　　产业集群生命周期的相关研究

学者	关于产业集群生命周期的划分观点
Pounder、St. John	集群创始期；集群企业的积聚期；集群企业的再定位期
Bcrgman E. M、Feser E. J	潜在阶段；显现阶段；已存阶段；衰退阶段
Port（1998）	诞生、发展和衰亡
P. Ahnkangas、M. Hyry、P. Rasancn（1999）	起源和初始阶段；增长和趋同阶段；成熟和调整阶段
秦夏明、董沛武和李汉铃（2004）	基本要素集聚阶段；价值链集聚阶段；社会网络集聚阶段；创新体系集聚阶段
贾明江和蔡继荣（2004）	集聚、分工、创新和转变四个阶段

2. 影响产业集群生命周期特征的因素

物流产业集群的生命周期特征受到宏观经济周期、集群产品、技术和所在产业的生命周期等因素的影响。具体包括以下几个方面。

（1）集群区域自然条件，是指产业集群所处的地理位置、自然环境、交通区位等既有条件。

（2）集群区域经济水平，是指集群所在区域的经济规模、经济效益、生活质量等的水平。

（3）集群基础设施水平，是指集群基础设施建成水平和供应能力，是集群可以提供基础设施容量的大小，如基础设施的完善性、机构的健全性等。

（4）集群内企业集聚水平，是指企业的入驻、迁出，企业间的垄断与竞争、企业技术创新能力等。

（5）集群文化，是指由集群内的发展观念、发展模式等组成的其特有的文化形象。包括政策法规合理性、企业家精神、根植性水平、集群品牌形象、集群内企业竞争合作水平等。

2.2.4 全球价值链理论

随着国际制造业的转移，许多体现集群特点的地方经济逐渐嵌入全球价值链中。全球价值链理论为研究地方物流产业集群升级及竞争力的提升提供了崭新的研究视角。

1. 全球价值链的内涵

全球价值链（Global Value Chain，GVC）是指在全球范围内联合生产、销售、回收处理等过程的全球性跨企业网络组织，以实现商品或服务价值为目标，包括从原材料采购、运输、分销，直至客户及最终循环利用的全部过程。它涉及生产销售等所有参与者组织，分配着利润和价值。目前全球处于价值链上的企业从事着不同的增值环节，包括产品设计、研发、加工制造、品牌营销等。

尽管全球价值链是在全球经济一体化的研究视角基础上提出来的，但散布于价值链上的不同企业从事着不同的增值活动，因此，它们收获的利润也存在差异，而能够获得较高附加值的只有一些特殊环节。通过图 2－6 看出，附加值高的活动主要分布于全球价值链两端，包括产品设计、研发等增值环节，而处于中间环节的生产制造企业则附加值低。因此，在全球经济一体化条件下，位于中游的加工企业应该总结经验敢于创新，不断提升价值链地位，以便逐渐向微笑曲线两端升级，才能提高产品附加值和获利空间，提升竞争优势。

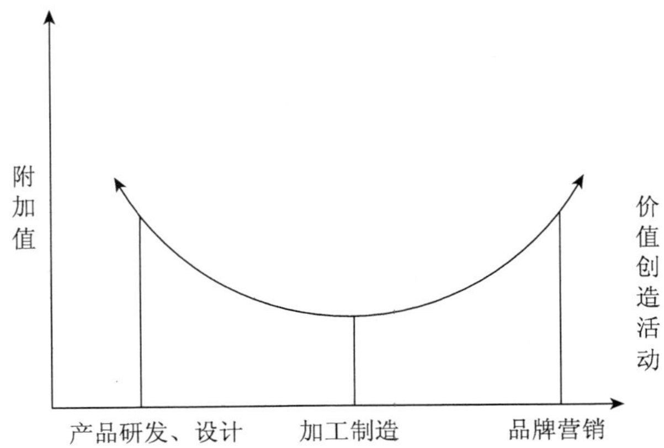

图 2－6 全球价值链微笑曲线

2. 全球价值链对我国物流产业集群的影响

（1）全球价值链的垂直分离对物流产业集群的影响。全球价值链的垂直分离就是指企业转移自身发展重心，将注意力集中于具有核心竞争力的环节或者产业上，而不是像以往一样，一味地盲目跟从、扩张规模或者通过降低价格来获得竞争优势。它主要在两个方面对物流产业集群产生重要影响：一是给物流产业集群带来更多的业务，尤其是外包和对外贸易等形式规模的扩张，给物流产业集群带来了足够的物流业务需求；二是提高了物流服务标准的要求，使得物流活动不再仅仅局限于企业内部或局部区域，而是开始逐步向全球范围内扩散，这就使得物流产业集群必须能够提高服务标准，向更高层次的物流服务拓展。

（2）全球价值链的水平集聚对物流产业集群的影响。全球价值链的水平集聚能够使价值链上的各个环节在特定的区域内呈现高度的密集性，而不是任意散布于世界各地，集群的快速形成和发展成为区域经济稳定增长的动力源泉。物流产业集群属于生产性服务业，首先，能够借助为生产制造企业提供物流服务的机会嵌入到全球价值链中，当生产制造企业升级达到一定水平或者程度时，物流产业集群便可以在此过程中谋求自身的升级。其次，物流产业集群的形成和建立，能够提升物流产业竞争力，充分发挥范围经济带来的经济效益。

2.2.5 新经济地理理论

新经济地理理论的创始人保罗·克鲁格曼以规模报酬递增而导致的不完全竞争市场结构为假设前提，在一般均衡模型下讨论了空间经济问题，区别于传统经济地理理论，它引发了众多国外学者从理论扩展及实证分析等层面进行深入研究。

1. 新经济地理理论的新拓展

（1）新经济地理学的理论基础

克鲁格曼（Krugman）通过建立一个简单的经济模型，来说明工业化“核心”和农业化“外围”现象产生的内在机制，阐明区位理论中的一个主要问题：在什么时候，是什么原因使得制造业在一些区域集中，并伴随着外围区域相对落后。为了实现规模经济和运输成本最小化，制造业企业倾向于布局在具有更大市场需求的区域，同时市场需求分布本身又依赖于制造业的分布。中心—外围模型的出现依赖于运输成本、规模经济、制造业在国民收入中所占比例，以及供给或需求联系的货币外部性，而不纯粹是技术的溢出效应。最初的新经济地理模型强烈依赖于明确的效用与生产函数形式、运输技术等，理论研究的进一步工作是找到可选择的函数形式和技术假定，并得出具有稳定性的结论。因此，新经济地理学的基础框架本身必须进一步继续拓展。

（2）中心—外围模型的拓展

①中心—外围模型与内生增长。新经济地理学主流的中心—外围模型是基于静态的框架，即在模型中假设长期经济增长率为零，忽略经济长期的内生增长因素对促进经济集聚、产业区位选择及经济长期增长之间关联分析的影响，因此修正这一忽略因素对上述分析具有重要意义。鲍德温和福斯里德（Baldwin and Forslid）通过将罗默的内生增长模型引入中心—外围模型，建立了一个将长期增长与产业区位相结合的模型，通过分析得出结论：增长是一个具有较大影响的非稳定性因素，而区域内的知识溢出效应是一个稳定性因素。

马丁（Martin）和奥特维埃诺（Ottaviano）、鲍德温等人（Baldwin 等）、藤田昌久（Fujita）和蒂斯（Thisse）都将中心—外围模型与罗默的内生增长模型相结合，而提出一系列的修正模型。马丁和奥特维埃诺创造了一个将内生增长和产业区位选择特征整合在一起的模型，通过在区位选择模型中引入明确的动态因素，分析了动态增长（如新公司的创建）和动态的产业区位选择如何相互影响。他们认为，第一，当溢出效应在全球范围内扩散时，经济的地理分布并不影响增长率；第二，当溢出效应在局部地区范围内扩散时，经济活动的空间集聚对增长是有利的；第三，当溢出效应在局部地区范围内扩散时，产业集中会在集聚增长和区域公平间形成一个均衡的福利水平。因此，通过该模型分析得出的一个重要结论是：产业集聚通过局部的溢出效应刺激了经济的增长。

②中心—外围模型与农业运输成本。在工业活动集聚的过程中，运输成本和贸易界限的影响是经济地理研究的一个重要方面。然而，为了简化研究过程，非制造业部分的影响通常被忽略，尤其是农产品通常被认为是同质的且运输成本为零。但是，这样的简化假设并不被实证研究所支持，因此，农业部门的运输成本和劳动力市场的作用需要进一步的研究。近年来，一些学者在中心—外围模型框架下讨论了农产品运输成本和农业劳动力市场的作用问题。藤田昌久等人（Fujita 等）研究了在集聚状态下农产品运输成本的影

响，其结论是农产品运输成本的提高与工业产品运输成本的提高一样能够强烈地促进分散的形成。戴维斯（Davis）在贸易模型下验证了农业部门两种不同运输成本的作用，结果证明在模型中包含两个部门的运输成本十分必要，并发现当农业运输成本为零时本地市场效应存在，当农产品的运输成本与工业产品的运输成本一样时本地市场效应消失。皮卡蒂（Picard）和曾道智（Zeng）将中心—外围模型扩展，加入农业部门和非技术劳动力需求，发现农产品运输成本和制造业部门对当地非技术劳动力的需求是一种促进分散形成的力量。

③中心—外围模型与政府公共支出。拉那斯帕等人（Lanaspa 等）尝试将传统意义上两个独立分支的学科（即新经济地理学和政府经济学）联系起来，通过一种简便的方式将政府部门引入中心—外围模型，从双重性的角度来分析，即反映其税收收集活动（公共收入）和投资活动（公共支出），每一因素都对最终空间结构的形成具有影响。同时，在相同的税收负担下，由政府部门工作效率不同而引起的损失也会对空间结构的均衡产生影响。

（3）垄断竞争

初始的新经济地理模型是基于 D－S 垄断竞争模型，但是在带有隐形成本的 D－S 垄断竞争模型中，需求的价格弹性与替代弹性一样是不变的，结果导致每个公司的成本价格均衡不依赖于企业与消费者的空间分布。为了弥补这一缺点，奥特维埃诺（Ottaviano）、田掷隆俊（Tabuchi）和蒂斯（Thisse）运用二次替代效用的拟线性方程和线性运输成本建立了新的垄断竞争（OTT）模型，该模型成功合并了前期的竞争性效应，使利润最大化的价格在存在大量竞争性公司的环境下不断下降，附加的运输成本在分析价格与集聚的关系方面起到了重要的作用。鲍德温（Baldwin）和大久保（Okubo）放松了新经济地理学中一个基本的假设条件，即企业同质性条件。在 OTT 线性需求系统的垄断竞争框架下，引入带有异质性企业的梅里茨（Melitz）垄断竞争模型与梅里茨—霍派哈恩（Melitz－Hopenhayn）的企业发展机制，形成梅里茨—奥特维埃诺（Melitz－Ottaviano，MO）模型，使得每个模型都与一种特殊的劳动投入协同因素（如边际成本）相联系，并运用“空间选择的本能”概念来解释为何具有较大市场空间的区域对于生产力水平较高的产业具有很大的吸引力。

（4）集聚与增长

新经济地理学的初期模型从本质上是静态的，没有反映出集聚在创新方面的影响，由于集聚与创新对经济活动及福利的地理分布会产生更加深远的影响，因此有必要将新经济地理学框架拓展到动态方向上来。华尔兹（Waltz）通过构造一个增长与区位选择的模型，发现贸易自由化可以引起集聚与高速的增长。但是，该模型主要集中于宏观层面的集聚状态，而不是企业水平上的规模报酬递增，这使得其远离了新经济地理学的一个重要主旨。鲍德温等人（Baldwin 等）在一系列研究中提出了易于处理和分析的集聚与增长模型，对不同公共政策的福利影响进行检验。在历史上，经济活动的空间集聚和经济增长的研究是两个平行的过程，马丁（Martin）和奥特维埃诺（Ottaviano）通过分析认为，第一，经济活动的增长与集聚存在着正相关关系；第二，生产的地理性和创新的地理性具有很强的相似性。同时他们还发现，只要经济是停滞的（即增长率为零），就没有任何集聚的机制产生，当妨碍经济增长的因素消除后（如市场规模扩大或交易成本降低），增长率和集聚率都会增加，同时这些现象还会相互促进。因此，两个地区的原始状态相同不是一个长期稳定的均衡状态，稳定的均衡状态是大部分研发和生产活动集中于一个区域。

2. 新经济地理理论实证分析的新拓展

（1）产业集聚的空间联系

埃里森（Ellison）和格莱泽（Glaeser）发展了一个地理集聚的衡量方法，与随机的区位选择模式（一种“镖靶”的方式）比较，它更能够覆盖产业集聚的程度。达瑞坦（Duranton）和欧佛曼（Overman）提出，对区位选择的实证衡量方法应该具备以下 5 个特点：

①在不同的产业间是可以比较的。

②能够控制覆盖整体经济活动的集聚水平。

③能够控制产业的集聚。

④对于规模与集聚的概念是公正的。

⑤对于最终的结果给出明确的指示。

远藤慎也等人（Tomoya Mori 等）通过对产业集中化程度的地理分解性数据进行检验，发现在不同的产业之间集中化水平有很大差距，同时在大城市间产业组织分层结构的现象也十分明显。随后，他们为这个分层的结构提供了可选择的检测，运用日本两个不同时间段的区域数据证明，产业和人口的区域密度（location intensity）可以由简单的可持续的模型联系在一起，即使通过控制每个大城市的产业多样化水平和每个产业的集群数量，这种分层的结构仍然很明显地存在。

（2）本地市场效应

汉森和香（Hanson 和 Xiang）运用双重规范差异模型来检验本地市场效益的存在，通过对两个隶属于普通优惠性贸易区域的出口国产品的出口研究，发现本地市场效应的存在和影响都依赖于产品的运输成本，对于具有高运输成本的产业，本地市场效应较强；对于具有中等运输成本的产业，本地市场效应较弱。因此，高运输成本产业的产品倾向于集中在大国；而中等运输成本产业的产品主要集中在具有较强区域需求的邻近国家。贝伦斯等人（Behrens 等）通过对克鲁格曼模型的扩展，为跨国范围的本地市场效应创造了一种新的检验性框架，检验在多国范围内本地市场效应的存在性，研究发现国家的生产依赖于其本国市场的相对大小（吸引力）和与国外市场的相对距离（可达性）。同时，通过对欧盟国家与非欧盟国家的跨行业数据进行检验，分析结果强烈支持本地市场效应理论的存在。

（3）市场潜力

新经济地理理论的中心思想是，在贸易成本和规模报酬递增存在的情况下，市场的作用使得企业集聚在具有较高市场潜力的地方，以更加靠近消费者（需求或后向关联）和生产者（成本或前向关联）。克罗泽（Crozet）利用 5 个欧盟国家 20 世纪八九十年代的双边迁移数据来对新经济地理模型进行检验，结果显示迁移的人口跟随市场的潜力，支持经济活动的集聚产生。海德和迈尔（Head 和 Mayer）通过设计一个线性对数方程，研究日本分布在 9 个欧盟国家 57 个不同区域的 452 个驻外机构在 1984—1995 年的区位选择模式，运用估计参数构造了 18 个产业的市场潜力模型，分析发现市场潜力对区位选择的影响体现在：市场潜力每增长 10%，该区位被企业选择的概率会提高 3%～11%。奥特维埃诺和皮尼利（Ottaviano 和 Pinelli）通过芬兰 4 个区域 1977—2002 年的收入、人口和固定资产价值增长的数据来检验新经济地理模型，新经济地理模型所有的理论预测都被芬兰的数据检验所支持。

（4）累积过程与多重均衡

新经济地理模型的一个重要特征是在跨区域的经济活动分布中存在多重均衡，这些多重均衡的状态依赖于历史性的事件或预期。尽管在区域多重均衡的理论拓展方面存有较多的研究，但是目前仍缺乏系统的实证分析证明这种多重均衡在真实经济中是否也同样显著存在。戴维斯和温斯坦（Davis 和 Weinstein）首先对多重均衡理论提出质疑，通过研究第二次世界大战中美国轰炸日本事件的影响发现，虽然日本各个城市的损害程度有很大不同，但当第二次世界大战后重建完成后，该事件对各城市的人口集聚程度的影响并不大。因此，他们认为临时性的震动或变化并不能产生长期持续的影响，从而怀疑多重均衡模型是否具有普遍意义。罗德（Rhode）观察了由战争引起的美国太平洋沿岸的迅速发展情况发现，第二次世界大战后美国的西部地区和加利福尼亚均进入了一个更高水平的均衡，同时这种均衡是持续的。布雷克曼等人（Brakman 等）也发现联邦德国城市的人口迅速从第二次世界大战的毁坏中恢复。

2.2.6 复杂性理论

复杂性理论，一方面，从哲学的高度改变着人们对城市系统研究的思想观念；另一方面，复杂性理论的技术方法更为城市系统的研究提供了有力的探索工具。目前，系统动态学、混沌、突变、分形、神经网络、Agent（分布计算）、进化计算、免疫系统等复杂系统的分析研究方法被广泛地应用于城市系统的研究之中。

1. 复杂性理论产生的背景

系统运动的发展经历了三个流派。19 世纪末 20 世纪初机械还原学派基于经典物理学的研究观点，认为“世界是由外部机械定律控制的大机器”，这一思想框架没有为人们对于生命现象的研究提供合理的思路；活力学派认识到这一点，提出“整体的理解不能仅仅建立在对其部分的认识上，整体大于部分之和”；但活力学派受制于外在“实体”“物”“力”的思维，在回答为什么“整体大于部分之和”这个问题上走入了误区；有机生物学派提出了“整体大于部分之和”来源于部分之间的“组织”或者“组织关系”。

20 世纪六七十年代，基于对于涌现现象的研究，出现了耗散结构理论、协同学理论、超循环理论、自创生理论等自组织理论。这些理论直接导致复杂性科学的兴起与发展。关于复杂性理论的研究，国外有不少机构在进行着内容类似但名称不同的工作。美国的研究概括起来分为五个学派：系统动力学派（Systems Dynamics）、混沌理论学派（Chaos Theory）、自适应系统学派（Adaptive Systems Theory）、结构学派（Structure - based）、交叉学派（Interdiscipline or Cross - discipline Approaches）。其中最为前沿的阵地是美国新墨西哥州的圣菲研究所（the Santa Fe Institute，SFI）。国内 1991 年 1 月在中科院举行过一次“复杂性科学学术研讨会”，标志着国内复杂性理论科学研究的开端；1994 年 9 月举行的“开放的复杂巨系统方法论”学术会议——香山会议推动了国内复杂系统的研究；1997 年 1 月召开了学科跨度很大的“开放复杂巨系统理论与实践”的第 68 次香山科学会议，探讨了 21 世纪科学的发展；1998 年 3 月，召开了题为“复杂性科学”的第 112 次香山会议，促进了国内外已有的研究基础与成果的交流，沟通各领域科学家对复杂性科学的认识，剖析重要的科学前沿问题和关键技术及方法，探讨在我国开展复杂性科学研究的方向、重点及途径。

复杂系统目前还没有形成从微观到宏观的理论，没有从子系统相互作用出发，构筑出来的统计力学理论，这正是科学处于变革的前沿标志，普里戈金（I. Prigogine）在其著名著作《确定性的终结》指出：“我们确实处于一个新科学时代的开端。我们正在目睹一种科学的诞生，这种科学不再局限于理想化与简单化的情形，而是反映现实世界的复杂性”。复杂系统的技术方法更为城市系统等复杂系统的研究提供了有力的探索工具，所有这些复杂系统的研究方法，都遵循复杂性研究的基本原则，即系统的思维，“自下而上”的构模方式。复杂性科学被称为“21 世纪的科学”。

20 世纪 80 年代末 90 年代初，兰顿（C. Langton）、霍兰德（J. Holland）等学者对人工生命的研究直接促进和导致了复杂性科学的出现。在不到 20 年中，复杂性理论科学得到了飞速的发展，成为目前科学界瞩目的焦点领域，有人断言，如果说在以牛顿力学为代表的经典科学和以相对论和量子力学为代表的现代科学理论中，物理科学是皇帝的话，那么 21 世纪我们将迎来生命科学为皇帝的新科学体系。复杂性学科是一门崭新的学科，它是如此之新、如此之广，至今还没有一个统一的定义和明确的范畴，因此许多科学家倾向于称之为复杂性问题、复杂性理论，或统称为复杂系统理论。

尽管有的研究被指责“滥计算机化”，但近年来其基于适应性行为的复杂性研究却取得了重大的成果，尤其是其建立的“人工生命”学科已经构成了复杂性研究的主体，并且在社会经济活动的研究中比较成功，从“人工生命”的角度研究复杂系统问题，研究其在城市系统中的应用问题，不仅仅具有重要的应用价值，而且对复杂系统理论本身也具有非常重要的意义。

2. 复杂性理论在城市系统研究中的应用

随着以元胞自动机（CA）、遗传算法（GA）以及复杂适应系统（CAS）为代表的复杂性的人工生命研究方法的进一步深入，其在城市系统的应用也展开了许多探索性的工作，目前已经构成城市系统研究的前沿。研究主要集中在以下几个方面。

在复杂性理论描述模型方面，基于微观个体行为的动力学模型，如元胞自动机模型、DLA 模型、逾渗模型、多主体模型等离散动力学模型则代表了另外一种全新的思路。拜迪（M. Batty）在 1995 年《自然》杂志上发表了题为“研究城市的新方式”一文，指出自上而下的宏观城市模型正逐步被那些基于局部个体相互作用来模拟城市自组织宏观行为的模型所代替。拜迪（M. Batty）和朗利（P. Longley）利用凝聚扩散模型（DLA）成功地模拟了城市的生长过程。马克斯（Markse）等在 1995 年《自然》杂志上“模拟城市增长模式”的文章中，利用逾渗模型（Percolation）模拟了城市发展的形态模式，并对柏林市的城市增长进行了有效的试验模拟。

元胞自动机用于城市系统的研究在国内也取得了大量的成果，周成虎等在 1999 年出版了《地理元胞自动机》一书，对相关工作进行了介绍和总结，并提出了地理元胞自动机（GeoCA）的概念；黎夏等在对广东东莞土地利用变化系统研究的基础上，采用约束性 CA 模型对广东东莞的土地利用变化进行了成功模拟；张显峰等通过不同的转换规则来模拟城市扩展的规律，最后构建顾及土地可持续利用的城市动态演化模型，并对包头市的未来城市扩展进行了预测；何春阳等提出了基于约束性 CA 的大都市区城市扩展模型，较好地模拟了北京市 1975—1997 年的城市发展过程。

除了元胞自动机在城市系统研究中的广泛应用以外，在复杂性研究方法方面，遗传算法的出现为城市研究提供了新的思路。在城市空间配置模型研究中，遗传算法已经在城市土地功能配置规划、城市用地规划方面取得了应用以及与 GIS 相结合研究城市医院的选址问题；在遗传算法的基础上进一步发展，1996 年，霍兰（J. Holland）阐述了复杂适应系统（Complex Adaptive Systems）的概念。复杂适应系统（CAS）理论也在城市系统的研究中得到了重视，2003 年景方等人建立了城市发展的复杂适应性模型，揭示了城市发展中出现的空心化现象；另外，刘飞、孙明等人将粒子群优化算法（PSO）应用于布局优化的研究之中；人工免疫系统（AIS）与城市系统在识别入侵多样性方面具有一定的相似性，霍兰（J. Holland）将其类比应用到城市中心衰败以及艾滋病预防等问题的解释之中。2004 年王飞跃利用人工系统、计算实验、平行系统等新方法和理论，结合从定性到定量的综合集成方法和并行分布式高性能计算技术，寻求城市交通、物流和生态等城市化问题的有效解决方案，建立城市交通系统全面、协调、可持续发展的新型研究体系和方法。

尽管复杂性理论的研究方法在城市系统的研究中尚处于起步阶段，但不能否认，这类离散化的微观个体模型代表了当前城市系统研究的最新发展方向，而且日益受到地理学家的关注，该方法迫切需要进一步深化。

3 物流产业集群形成机理分析

物流产业集群是指在一个经济密切融合的地理区域内，一群以物流产业包括运输业、仓储业、装卸业、包装业、加工配送业、物流信息业等为主导的相关企业与单位，以交通运输枢纽设施如港口、机场、铁路货运站、公路枢纽等科研开发组织、管理部门为依托，以服务的制造业、流通业等联系密切的企业为重要组成部分，通过“竞争—合作—协调”的运行机制组织在一起，在一定区域内大量聚集，并在物流产业集群信息的引导下，企业之间形成完整的内部分工体系，统筹规划、相互配合、协调一致，共同完成任何单独物流实体不能完成或虽能完成但不经济的物流任务，从而实现总体效果优于单独运作效果的一种横向一体化的物流系统模式，为区域经济增长提供有力的支持和引导。

物流产业集群一方面是指依靠社会网络、物流网络及信息技术，以社会物流需求为指向，对零散的物流资源进行整合，使社会资源发挥最大效用的所有相关企业和机构在空间上的集聚现象；另一方面是在特定的区域范围内，依靠当地区位优势或产业优势，提供不同物流功能的物流企业在该区域范围内形成物流链并相互共生获取竞争优势的现象。

物流产业的集群以产业集群为基础，同时服务于产业集群，离不开生产和消费。因此，物流产业集群不仅具有产业集群的特征还具有其自身特征，主要包括空间集聚性、企业协同性等特征。

物流产业作为生产性服务业，其存在是以其他产业的发展为基础的，这是因为物流需求是一种引致需求，是在生产和交换中间接产生的，它与流通活动紧密相连，物流的这种特性决定了物流产业的发展与制造业、流通业相辅相成。因此物流产业集群往往与其他工业园区或产业相伴而生。物流产业集群是物流产业发展的趋势，物流园区是集群发展的有效载体，但并不是只要是物流园区就一定是产业集群，只有当物流园区具备了现代物流所有功能环节、企业之间分工合作清晰、联系紧密，存在管理部门与科研开发组织，并且呈现一定竞争优势时，物流园区才可以称得上是真正的物流产业集群。

物流产业集群是一种竞争与合作的组合。物流产业集群的成熟和可持续发展要依靠集群内部企业之间竞争与协作产生的集群效应，即众多企业彼此之间既相互独立，又配套协作；既存在专业化分工合作，又存在竞争，通过空间上集聚带来外部经济效应而使整体获得更大更优的绩效。物流产业的集群以产业集群为基础，同时服务于产业集群，离不开生产和消费。因此，物流产业集群不仅具有产业集群的特征还具有其自身特征，主要包括空间集聚性、企业协同性等特征。

1. 空间集聚性

物流产业集群的空间集聚性表现在两个方面：一方面是指物流资源向物流需求市场的集聚，物流活动是随着社会经济的发展从社会经济活动中分离出的产物，是连接着生产活动和消费活动的桥梁，由于物流需求的变化使得市场从卖方市场向买方市场转变，必然要求物流资源向需求市场集聚；另一方面是指物流资源向物流节点的集聚，物流产业的集群在特定的区域内依托该区域物流节点产业的物流资源整合与重组，特别是随着需求多样化发展后，物流活动对物流节点的依赖程度大大提高，物流节点发挥的作用也越来越重要。

2. 企业协同性

协同是系统各个构成部分之间经过互相协作，充分发挥部分的优势而抑制其不足，进而产生系统整体价值大于各独立部分之和的协同效应，是企业管理和利用其资源及能力的一种方式，这种方式使原本具有独立功能的不同战略经营单位共同利用企业的有形资源和无形资源，提升企业整体的竞争力，创造出比各独立部分效益简单加总更大的效益，一般表示为“1＋1＞2”。物流产业集群内各企业间通过资源、信息、技术的共享进行良好的协作，从而提高了整个物流市场的规模和服务水平，并对物流资源和物流功能进行了整合，以实现物流网络整体最优化。企业之间的关系是既竞争又合作的，在合作中存在竞争，竞争中又孕育着合作，通过复杂的竞争合作进而产生协同的整体效应。但两种战略强调的重点有所不同。产业集群更强调竞争的重要性，认为竞争是产业集群体保持活力的源泉，企业则更强调合作的重要性，企业整体的业务能够分担其中某种具体业务的成本，规模效益将使每个经营单元成本都低于其单独运作时所要承担的成本。通过伙伴企业之间的密切合作降低交易费用、减少社会成本，提高了企业的盈利能力，从而有利于提升其竞争地位。物流产业集群中也存在着竞争关系，竞争使集群保持活力，主要表现在提供相似服务的企业之间的竞争关系，在物流产业集群中，企业间的协作往往大于竞争，当竞争大于协作时，集群效益将逐渐消失。除了企业间的竞争以外，不同企业协作群体之间也表现出了竞争性。

3.1 基于专业化分工的空间集聚

3.1.1 专业化分工理论

专业化分工理论最早由亚当·斯密（Adam Smith）提出，并系统全面地阐述了劳动分工对提高劳动生产率和增进国民财富的巨大作用。新古典经济学以此为基石，解决了分工经济性与交易费用相悖的难题。根据经济学均衡分析，分工初期交易效率较低，分工带来的经济效益被交易费用的增加所抵消，随着分工的深化，交易效率得到很大的提高，分工带来的经济效益远大于交易费用的增加。

专业化分工过程可以表述为在社会经济发展初期由于技术落后、信息闭塞等原因导致生产效率十分低下，产出的产品或服务只能够自给自足，没有多余的产品或服务用于交易；随着社会经济的发展、技术的进步、劳动经验的积累，生产效率有所提高，此时生产的产品或服务不仅能够满足自身需求，还有部分剩余，人们将剩余的产品或服务用来进行交换，分工现象产生；随着社会经济的进一步发展，人们发展专业化的分工交易能够降低成本，带来更多的报酬，交易效率也得到了提高，因此更多地选择这种交易模式，从而推动了分工的发展，使得分工更加精细、更加专业化。

因此，物流分工过程可以分为两个阶段，第一阶段是随着社会分工的进行，物流活动逐渐从社会经济活动中分离出来，由专门的企业或个人提供物流服务，此时物流功能单一，提供物流服务的企业或个人之间不存在交易行为；第二阶段是随着社会经济的发展对物流提出了多样化的需求，物流功能逐渐多样化，企业或个人根据市场需求及自身发展战略提供部分物流功能服务，提供不同物流服务的企业或个人之间存在交易行为。物流功能的细分使得物流交易更加频繁、交易效率得到提高，从而获得更大的报酬，反过来又促进了物流分工的进行，使得物流分工更精细化、专业化。

3.1.2 物流产业空间集聚与物流分工的互动机制

随着专业化分工的进行，参与物流分工的企业向一定的空间范围内聚集，企业聚集后产生的效果有以下三个方面：

（1）提高了企业之间的相互信任程度，使得企业之间的合作更加频繁，从而节省了不必要的协商费用和时间。

（2）形成了区域网络组织，企业之间的合作更加紧密，降低了企业间的协调成本。

（3）提高了信息流动的频率和速度，降低了企业的运营成本。

这些效果都为企业带来了更大的经济效益，反过来又促进物流分工的细化，互动机制如图 3-1 所示。

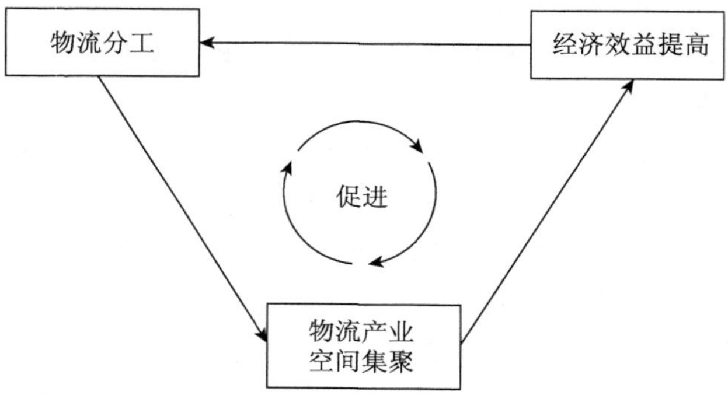

图 3-1　物流产业空间集聚与物流分工的互动机制

3.1.3 物流产业集群分工演化模型的构建与分析

1. 模型构建

假设共 m 个物流企业参与物流分工，共提供 n 种物流服务，其中包括交易服务 i 和非交易服务 j；并假设某物流企业的效用函数是固定替代弹性生产函数，约束条件包括交易服务和非交易服务的生产函数（柯布道格拉斯）、资源禀赋、交易约束、预算约束，则该企业实现效益最大化模型为：

$$\max: u=(1-cm)\left[p_i x_i^P+\sum_{r=1}^{n-1}(K p_i x_r^d))^P+\sum_{j=1}^{m-n} p_j x_j^P\right]^{I/P}$$

$$
\text{s. t.}\left\{\begin{array}{c} x_i + x_i^s = I_i^\alpha \\ x_j = l_j^\alpha \\ l_i + \sum_{j=1}^{m-n} I_j = 1 \\ K = [k/(n-1)]^{\alpha-1} \\ P_i X_i^s = \sum_{r=1}^{n-1} P_i x_r^d \end{array}\right. \tag{3-1}
$$

其中，

m ——物流企业的个数；

n —— m 个企业提供的物流服务数量；

i ——交易服务；

j ——非交易服务；

x_i^s ——物流服务动供给量；

x_r^d ——其他企业对物流服务动需求量；

p ——物流服务的价格；

l_i ，l_j ——产出服务 i ，j 所需要用到的劳动量；

K ——交易约束；

k ——交易效率；

$\alpha-1$——交易中存在报酬递增程度；

c ——消费多样性使得效用减少的比例。

2. 模型分析

首先，把约束条件代入目标函数，将目标函数表示为含有 x_i ，x_i^d ，x_i^s ，x_j ，l_i ，n ，m ，k 的函数，效用均等化和出清条件，得出 $u_1=u_2=\cdots=u_n$ ，利用经济学原理求目标函数的最优解，即令目标函数的一阶导数为 0，得出各参数的均衡值：

$$
x_{i=}(1-k)l_i^\alpha \tag{3-2}
$$

$$
x_i^d = \frac{x_i^s}{n-1} \tag{3-3}
$$

$$
x_i^s = k\, l_i^\alpha \tag{3-4}
$$

$$
l_i = \frac{n-1}{[n-1+k(m-n)]} \tag{3-5}
$$

$$
x_j = l_j^\alpha \tag{3-6}
$$

$$
n = 1 + k(1-k)^{\frac{P-1}{1-\alpha P}} \tag{3-7}
$$

$$m=\frac{1+\frac{1-\alpha P}{Pc}-(1-k)^{\frac{P(1-\alpha)}{1-\alpha P}}}{1+\frac{1-\alpha P}{P}} \quad (3-8)$$

接着，对均衡值 n，m 求 k，c 的二阶导数，对效用函数求 k，c 的一阶导数：

$$\frac{\mathrm{d}n}{\mathrm{d}k}>0,\ \frac{\mathrm{d}n}{\mathrm{d}c}=0 \quad (3-9)$$

$$\frac{\mathrm{d}m}{\mathrm{d}k}<0,\ \frac{\mathrm{d}m}{\mathrm{d}c}<0 \quad (3-10)$$

$$\frac{x_i^s}{\mathrm{d}k}>0,\ \frac{l_i}{\mathrm{d}k}>0 \quad (3-11)$$

$$\frac{\mathrm{d}u}{\mathrm{d}k}>0,\ \frac{\mathrm{d}u}{\mathrm{d}c}<0 \quad (3-12)$$

以上分析表明，随着交易效率的提高，均衡是物流企业间的交易品种和所消费的物流服务都增加；物流服务分工的增长快于消费多样性的增加，总的管理费用会增加；交易效率提高，能增加企业效益，增进物流企业之间的联络。并且随着交易效率的提高，n 趋近于 m，因此分工演化模型的最优均衡解为 $n=m$，即当参与分工的企业数量与提供的物流服务的数量相等时，企业能够获得最大效益。

根据以上分析绘制基于物流分工的物流企业空间集聚过程，用字母代表物流集群中的企业，带箭头的线条表示物流服务的流动方向，线条上标注的数字代表服务种类，如图 3－2 所示。

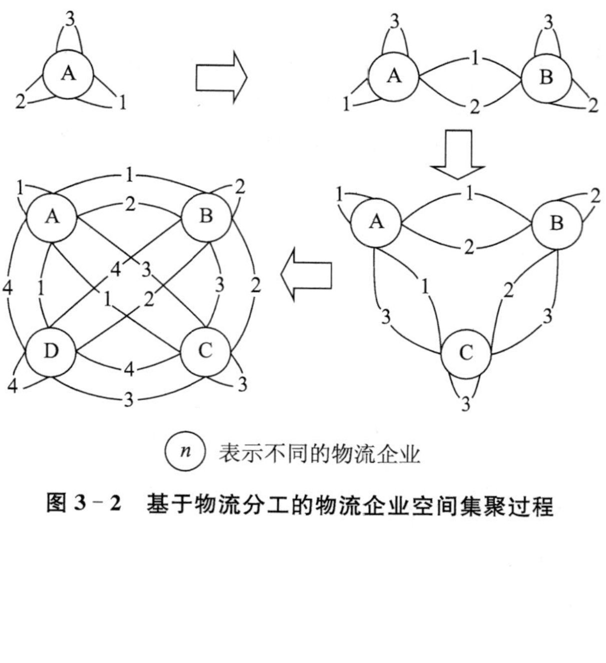

图 3－2　基于物流分工的物流企业空间集聚过程

图 3－2 描述了从自给自足的服务模式到半分工化服务模式再到完全分工的服务模式下的物流企业空间集聚的过程，并表现出专业分工程度越高，参与分工的企业数就越多，在某一空间集聚的企业也就越多，即物流产业集群程度越高。

3.2　基于企业协同的共生集聚

3.2.1　物流产业集群共生理论

“共生”一词是生物学概念，原指两生物体在同一环境中生活在一起的交互作用，互相依赖，共同生存。根据其概念，共生的要素包括共生单元、共生模式和共生环境三要素。共生关系是指在同一环境下共生单元之间交互作用，互相依赖，共同生存而形成的优于共生单元单独存在的关系模式，物流产业集群与共生具有许多相似的特点。因此，将共生引入物流产业集群进行研究。

现代物流集群的共生是指集群内企业与物流需求主体生产和消费及集群内的企业间、企业与组织机构间在一定的共生环境中以一定的共生模式形成的相互依存关系。现代物流是社会经济发展到一定程度的产物，物流提供方与物流需求方之间及物流提供方与物流提供方之间存在着复杂多样性的关系，因此物流产业集群的共生关系可分为产业间共生关系（即纵向）和产业内共生关系。产业间共生关系是指共生单元之间存在物质、信息、能量等资源的供需关系而形成的共生关系，即物流与生产消费之间的共生关系，根据共生单元之间的利益关系分为偏利共生、对称互惠共生和非对称互惠共生三种关系。产业内共生关系是指由不同物流功能物流服务提供商在物流链上协作而形成的共生关系，本书主要研究物流产业内共生关系。

3.2.2　企业协同经济性分析

企业加入共生体后，共生物流链延长，进而提高了服务能力，最终扩大了共生体的市场，带来了更大的经济效益，同时也吸引更多的企业进入该共生体，企业协同经济性如图 3－3 所示。经济效益增值主要来源于交易效率的提高、物流成本和时间的节约、服务的创新增值以及学习成本的降低等途径。

（1）交易效率的提高主要是指由于服务在共生体内进行了分工，使得交易规模扩大从而产生了规模效益，同时也使得交易频率降低从而降低了交易成本。

（2）物流成本和时间的节约主要是指物流服务提供商整合在一起，扩大了服务规模，使得物质、信息等物流资源充分共享并得到最优化配置，从而降低了物流服务的成本并可以节约物流服务的时间。

（3）服务的创新增值即是物流服务的集成和整合创新带来的竞争优势使得企业的收益水平得到增值。

（4）学习成本的降低是指集群信息共享加快了信息和知识的传播，促进了企业间的交流和学习，提高了学习效率并降低了学习成本。

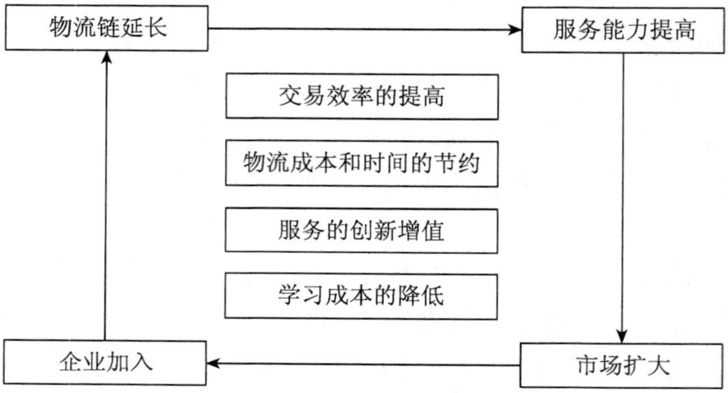

图 3-3　企业协同经济性分析

企业协同最直接的动力是经济效益增值，只有当企业加入共生体能够带来更多的经济效益时，企业才会加入共生体，否则企业将不加入，根据经济学原理，假设企业加入共生体前企业总收益为 p，总成本为 c，则企业加入共生体前获利的难易程度为 p/c；同理，假设企业加入共生体后企业总收益为 p'，总成本为 c'，则企业加入共生体后总边际收益为 p'/c'，则企业加入共生体的条件为 $p'/c'>p/c$。

3.2.3　物流链最优化模型的构建与分析

1. 模型构建

假设某物流链由 A 种连续的物流活动组成，并且每种物流活动由独立的企业提供，企业接收物流链上游企业的物流输入并输出到下游企业，每种物流活动需要投入多种资源，用 $i(i=1, 2, \cdots, n)$ 表示，如图 3-4 所示。

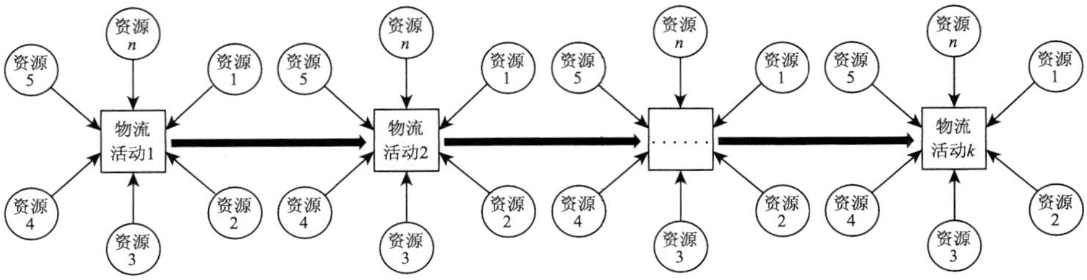

图 3－4　物流链示意

设共生关系产生前资源 i 的投入量用 X_i 表示，则共生关系发生后资源 i 投入量的变化量为 ΔX_i。由于共生形成的资源共享，使得共生关系产生后资源 i 的投入量小于共生关系产生前的投入量，则有：

$$\sum_{i=1}^{n}(X_i + \Delta X_i) \leqslant \sum_{i=1}^{n} X_i \tag{3-13}$$

物流链上的企业形成共生关系后的效果主要体现在物流链的价值上，假设共生前后共生企业之间的供需水平及技术水平未发生改变，且每个企业的生产规模也不会发生改变，则构造物流链的价值函数为：

$$v_0 = \sum_{j=1}^{k}\sum_{i=1}^{n} a\, x_i^{\alpha}\ ,\ x_i \geqslant 0,\ a > 0,\ \alpha > 0 \tag{3-14}$$

$$\Delta v = \begin{cases} -\sum_{j=1}^{k}\sum_{i=1}^{n} a\, x_i^{\alpha},\ x_i \geqslant 0,\ a > 0,\ \alpha > 0 \\ \sum_{j=1}^{k}\sum_{i=1}^{n} b\,|\Delta x_i|^{\beta},\ \Delta x_i \leqslant 0,\ b > 0,\ \beta > 0 \end{cases} \tag{3-15}$$

$$v = v_0 + \Delta v - c \tag{3-16}$$

其中，

v ——共生后物流链的价值；

v_0——物流链上的企业共生前价值总和；

Δv ——共生后价值增量；

x ——投资资源的数量；

i ——投资的资源（$i=1$，2，…，n）；

j ——物流链企业数量（$j=1$，2，…，k）；

c ——实现共生产生的相关费用；

a，b，α，β——常数。

共生是为了使得整个物流链价值最大化，由于 v_0 是不变的，所以可以认为是实现共生净增值 $\Delta v - c$ 的最大化，则共生最优化模型为：

$$\max\colon \Delta v - c \tag{3-17}$$

$$\text{s.t.}\begin{cases} \Delta v = \begin{cases} \sum_{j=1}^{k}\sum_{i=1}^{n} a\,\Delta x_i^{\alpha},\ \Delta x_i \geqslant 0,\ a > 0,\ \alpha > 0 \\ \sum_{j=1}^{k}\sum_{i=1}^{n} b\,|\Delta x_i|^{\beta},\ \Delta x_i \leqslant 0,\ b > 0,\ \beta > 0 \end{cases} \\ \sum_{i=1}^{n}(x_i + \Delta x_i) \leqslant \sum_{i=1}^{n} x_i \end{cases} \tag{3-18}$$

2. 模型分析

为了分析的方便，选取物流链上两个连续物流活动进行分析，假设两个物流活动分别由企业 X 和企业 Y 提供，设企业之间的协商交易价格为 p_1，交易量为 Q，交易单价为 c。并假设企业 Y 对企业 X 的物流需求与自身输出的物流量相同，且为线性函数 $Q=A-Bp$。则有企业 X 的整体净收益为（c_X 为购买物流服务所花费的成本）：

$$\pi_X = p_1(A - Bp) - c_X(A - Bp) \tag{3-19}$$

企业 Y 的整体净收益为（c_Y 为除购买服务外的其他成本）：

$$\pi_Y = p(A - Bp) - c_Y(A - Bp) - p_1(A - Bp) \tag{3-20}$$

共生后两企业的总成本的变化为 Δc，共生的整个净收益为：

$$\pi = \pi_X + \pi_Y - \Delta c \tag{3-21}$$

根据经济学原理，对上式求 p 的偏导数，则企业 Y 达到均衡的价格为：

$$p = \frac{B c_Y + A + B p_1}{2B} \tag{3-22}$$

将式（3-22）代入净收益函数，得：

$$\pi_X = \frac{(A - B c_Y - B p_1)(p_1 - c_X)}{2} \tag{3-23}$$

$$\pi_Y = \frac{(A - B c_Y - B p_1)^2}{4B} \tag{3-24}$$

$$\pi = \frac{(A - B c_Y - B p_1)(A - B c_Y + B p_1 - 2B c_X)}{4B} \tag{3-25}$$

根据经济学原理，对上式求 p_1 的偏导数，则企业 X 达到均衡的价格为：

$$p_1 = \frac{(A + B c_X + B c_Y)}{2B} \tag{3-26}$$

将式（3－26）代入净收益函数，得：

$$\pi_X = \frac{(A - B c_X - 3B c_Y)(A - B c_X + B c_Y)}{8B} \tag{3-27}$$

$$\pi_Y = \frac{(A - B c_Y - 3B c_Y)^2}{8B} \tag{3-28}$$

$$\pi = \frac{(A - B c_X - B c_Y - B\Delta c)^2}{4B} \tag{3-29}$$

则共生前后的净收益变化为：

$$\Delta \pi = \pi - \pi_X - \pi_Y = \frac{B(p_1 - B c_X)^2}{4} - \Delta c \tag{3-30}$$

企业正常运营情况下销售价格大于成本，则 $P_i > c_X$，并且由于共生后企业资源共享等原因使得企业成本得到节约，则 $\Delta c < 0$，所以可以得出 $\Delta\pi < 0$。根据算例分析可以看出共生集聚为企业带来了更大的经济效益。

4　长沙市物流企业空间结构格局分布

随着世界经济的快速发展和现代科学技术的进步，现代物流业作为现代经济的重要组成部分和工业化进程中一种经济合理的综合服务模式，正在全球范围内得以迅速发展。同时日益激烈的市场竞争迫使企业不断寻求物流规划模式的持续改进，以满足用户对产品在性能、款式、质量、价格、交货期及服务等方面的要求。物流系统规划以一定区域范围内的物流系统作为研究对象，研究物流系统内不同物流活动的空间布局与变化。在我国现代物流发展刚刚起步的今天，对物流系统进行先规划然后有步骤、有计划的发展说明我国在物流发展的认识上逐渐成熟起来。

4.1　研究数据获取与处理

4.1.1　数据获取

本书涉及的长沙物流业数据主要包括三种类型：注册企业数据、行业统计数据和实地调研数据，三种数据的获取途径各有差异。

（1）注册企业数据。主要是物流企业工商注册数据，由官方网站“天眼查”“风报”生成长沙市物流企业基本统计数据库，通过企业基本信息查询系统获取注册企业的相关属性数据，其中主要包括企业的地址、注册时间、注册资本、企业性质、经营范围等，根据查询的此类信息建立企业属性数据库。

（2）行业统计数据。相关的社会经济发展统计数据主要来自湖南省物流与采购联合会、湖南省统计局、长沙市统计局发布的相应年份的物流企业信息。

（3）实地调研数据。2017 年 7 月对长沙主要物流园区、港口码头、机场等物流基地进行了实地调研考察，对园区、港区管理层进行了深度访谈，获取了第一手的翔实数据资料。同时，对部分 A 级物流企业进行了实地调查，与企业管理者进行了深入交流，了解了相关物流企业的发展历史、现状及未来发展目标。

4.1.2 数据处理

数据处理任务主要包括建立多时段物流企业数据库、长沙市行政区划图的数字化和物流企业的分类三项工作，以达到建立长沙市物流企业多时段多类别空间数据库的目的。

建立多时段物流企业数据库。经筛选后总计整理出 1059 家物流企业记录，完整物流企业记录有 986 家，其中，2007 年及之前 208 家、2007—2010 年 125 家、2010—2013 年 199 家、2013—2016 年 454 家（部分企业在研究时段内注销或吊销，从注销或吊销日期起均不统计在内）。

长沙市行政区划图数字化。借助 ArcGIS10.0 和 10.1 的软件，对 2017 年 1∶180000 长沙市地图（中国地图出版社）进行配准，并实施数字化，建立行政区边界图层（面状）、道路网图层（线状）、物流企业空间分布图层（点状）。

物流企业分类。在本书中主要是依据功能、性质和规模三类标准对物流企业进行分类。第一，功能分类，本书在划分过程中主要依据企业“经营范围”将长沙市物流企业划分为五类：仓储型物流企业、运输型物流企业、货代信息物流企业、现代综合型物流企业、城市配送型物流企业。经营业务单一的物流企业划分到相应的类别属性，对同时具备 3 种及以上物流功能的现代化物流企业归类为现代综合型物流企业。第二，规模分类，以 100 万元、500 万元为基准将物流企业划分为三类：大型物流企业（注册资本量≥500 万元）、中型物流企业（100 万元＜注册资本量＜500 万元）、小微型物流企业（注册资本量≤100 万元）（外币注册资本以当年外币兑人民币平均汇率折算成人民币）。

建立物流企业空间数据库。首先，对已建立的物流企业数据库中的各物流企业按顺序编号，各物流企业与相应的编号一一对应。其次，依据物流企业的注册地址，运用水经注万能地图获取企业的精确经纬度坐标，并将其导入物流企业空间分布图层。最后，根据物流企业编号，将企业的属性数据连接到企业空间数据库，从而建立长沙市物流企业多时段多类别空间数据库。

4.2 研究方法

4.2.1 区位商（Location Quotient）

区位商是衡量产业发展专业化水平的最常用指标，即 LQ（Location Quotient），其可用来测度特定区域内产业的相对集中程度和专业化水平。在研究产业空间分布过程中，区位商可衡量地区产业分布的比较优势。其公式为：

$$LQ_{ij} = (E_{ij} / E_j) / (E_{ir} / E_r) \tag{4-1}$$

式（4－1）中：LQ_{ij} 为 j 区域内 i 部门的区位商，E_{ij} 代表所研究 j 区域 i 部门的企业数量，E_j 代表研究区域 j 的所有部门的企业数量之和，E_{ir} 为 j 区域所在大区域 r 内 i 部门的企业数量，E_r 为大区域 r 内所有研究部门的企业数量总和。LQ_{ij} 值大于 1，表示该部门企业在该区域的分布相对比较集中，专业化水平高于平均水平；LQ_{ij} 值越大，表示该部门在该区域专业化程度越高；LQ_{ij} 值小于 1，则相反；LQ_{ij} 值等于 1，表示该部门企业在该区域的分布状况接近总体水平。

在对长沙市的物流企业进行研究时，在圈层分析的结果基础上，运用区位商的方法对每个不同研究范围的物流企业分布进行分析，可以得出从研究中心开始到逐渐扩大的每个等距的范围内的不同物流企业在分布的圈层内在所有同类型的企业中所占的比例，分析从中心到近郊及远郊地区不同类型企业大量分布的环境。

4.2.2 圈层分析（Circle Analysis）

为探讨长沙市物流企业的圈层分布特征，选择以长沙市五一广场中心（地理坐标为 E112.970，N28.199）为核心，以从中心出发的每 10km 为等距范围作为一个圈层，分为 0～10km、10～20km、20～30km、30～40km、40～50km 以及 50km 以外 6 个圈层，根据企业所在圈层位置进行“投射”，建立圈层缓冲区；在每个圈层的分析基础上，将圈层中包含的企业点数据要素转换成每个圈层内的物流企业数据表，统计出在不同的分析时间点时不同类型企业在该圈层中的分布数量和在所有物流企业中的占比，了解不同的企业在市域中分布的集中地带，分析其分布的特性。

4.2.3 热点分析（Hot Spot Analysis）

Getis—Ord G_i^* ，即局部空间自相关，是局部层面的广义 G 统计量，又称热点分析，是计算所关注区域单元的值与周边以距离 d 定义的相邻单元值之间的关联性。在空间聚集分析中，较高值的局部聚集称为热点（hot spot），而较低值彼此靠近所形成的局部聚集则称为冷点（cold spot），局部 G 统计量能够识别特定区域内存在的这两种不同的空间集聚模式。

本书利用此方法可识别特定时间范围内不同空间位置上物流企业分布数量的高值簇（H—H 模式）与低值簇（L—L 模式）、数量增量的热点与冷点区域。将企业的注册资本作为评价的基本空间单元；借鉴已有研究成果，以企业集聚强度指数为统计变量，研究企业在市域范围内的空间分布趋向。Getis—Ord G_i^* 定义为：

$$G_i^*(d)=\frac{\sum_j^n \omega_{ij}(d)x_j}{\sum_j^n x_j} \tag{4-2}$$

对 $G_i^*(d)$ 进行标准化处理后，式（4-2）转化为：

$$Z(G_i^*(d))=\frac{G_i^*(d)-E(G_i^*(d))}{\sqrt{Var(G_i^*(d))}} \tag{4-3}$$

式（4-3）中：$E[G_i^*(d)]$ 和 $Var[G_i^*(d)]$ 分别是 $G_i^*(d)$ 的统计量的期望值和方差。得出的标准化 Z 值为正显著时，表明位置 Z 及其周围地区在该时间段内企业数量增多，集聚强度强，是企业倾向布局的热点区域；反之，Z 值为负显著时，表明位置 i 及其周围地区在该时间段内企业数量负增长，集聚强度弱，是企业回避或逃离的冷点布局区域。W_{ij} 代表空间权重矩阵，x_j 代表 j 区域的空间变量值，文中的意义是区域内的企业数量。

本书利用此方法可识别特定时间范围内不同空间位置上、数量增量的热点与冷点区域，研究企业在市域范围内的空间分布趋向。以长沙市不同时间段内增加的物流企业为依据，表达出每个时间段内不同类型的物流企业在长沙市增加时的位置分布，分析从前一个时间段到后一个时间段内不同物流企业在分布上的选择，分析其位置选择的主要环境并得到不同类型物流企业主要倾向的地区。

4.2.4 核密度估计法（Kernel Density Estimation）

核密度估计法适合于点分布模式的可视化表达，分析出物流企业分布数量的高值簇与低值簇，以待计算格网中心 p 进行圆形区域搜索，进而计算每个格网的密度值，随着离中心点距离的增大被赋予的权重逐渐降低。其公式为：

$$\hat{\lambda}_n(p)=\sum_{i=1}^{n}\frac{1}{h^2}k(\frac{p-p_i}{h}) \tag{4-4}$$

式（4－4）中：凡 $\hat{\lambda}_n(p)$ 为 p 点密度值，k 为权重函数，$(p-p_i)$ 代表需要密度估值的点 p 与 p_i 之间的距离，h 为带宽即搜索半径，其值的选择会影响密度估计的平滑程度。本书利用核密度估计法揭示不同功能、注册性质和规模等级物流企业密度分布的时空变化。

本书利用核密度估计法揭示不同功能、注册性质和规模等级物流企业密度分布的时空变化。以核密度估计法表现出长沙市物流企业在 2007 年、2010 年、2013 年及 2016 年四个时间节点时期存在的主要集聚地区和不同类型的物流企业随着时间的推移在市域内不断变化的主要集聚地区，从而分析出不同类型的物流企业在变动的环境和市场经济下选址区域的倾向，并根据企业分布的倾向分析其适合分布的环境。

4.2.5 区域重心（Region Center）

区域重心是借助力学原理，通过赋予空间对象几何坐标的不同权重来衡量区域发展方向与空间均衡性。其优点在于将空间对象（区域）的其他属性如人口、经济发展指标等加以考虑，将不同属性信息作为权重，从而实现对其加权平均中心进行比较体现区域差异。其缺点在于研究一个较大的行政区域（如一个国家、一个省），计算其区域重心时，通常将次区域的中心坐标选为次级行政区域单元（省、市）的首府坐标，随着研究尺度的增大，其准确性大大降低。在运用此方法开展的相关研究中，属性值多为人口、经济发展指标（如 GDP）等，但较少将其运用于企业空间布局的演变研究。基于以上存在的缺陷，本书在研究市域范围内物流企业空间布局演变时引入区域重心概念，以企业注册资本为权重，以企业为属性数据，构建物流企业空间分布的重心。以企业为研究对象，企业注册资本为属性“重量”的区域重心坐标为：

$$\bar{x}=\sum_{i=1}^{n}M_i X_i/\sum_{i=1}^{n}M_i \tag{4-5}$$

$$\bar{y}=\sum_{i=1}^{n}M_i Y_i/\sum_{i=1}^{n}M_i$$

式（4-5）中：$\bar{x}$，$\bar{y}$ 分别是单元属性重心坐标的经度和纬度，X_i、Y_i 为 i 年的几何经度和纬度，M_i 为 i 年的属性值（物流企业注册资本）。通过区域重心在时间维度上的变化，表现企业空间布局的演变轨迹与动态。

本书在研究市域范围内物流企业空间布局演变时引入区域重心概念，以企业注册资本为权重，构建物流企业空间分布的重心。通过区域重心在时间维度上的变化，表现企业空间布局的演变轨迹与动态。以注册资本作为衡量的指标，通过长沙市物流企业在不同时间点的区域重心的分布位置，判断物流企业在长沙市区域分布的主要趋向。

4.3 长沙市物流企业总体空间分布格局

为形象而科学地分析长沙市物流企业整体空间分布特征与演化趋势，本书选取 2007 年、2010 年、2013 年、2016 年为研究的时间节点，2007 年我国提出建设“两型社会”，因此确定为我们研究的时间起点，2013 年提出与开展“一带一路”的倡议，2016 年提出“十三五规划”，对我国的经济发展进一步提出了详细的要求和目标，一共 10 年研究时间，分为 3 个研究时间段（2007—2010 年、2010—2013 年、2013—2016 年）。本书分别采用圈层分析法、区位法、核密度估计法、热点分析和区域重心法分别揭示物流企业在市域范围内的圈层分布状况、主要的集聚地区、各时段倾向布局的冷热点区、企业布局数量的重心移动轨迹等特征与规律。长沙市物流企业数据详见附件一。

4.3.1 物流企业空间分布演化的圈层分析

物流业作为现代服务业的一个重要组成部分，其发展水平也极大地影响着制造业的效率和效益，在生产地特别是城市制造业区位发生变化的大背景下，物流业在市域范围内的空间布局发生了一定程度的演变。为了了解从市中心到近郊以及远郊地区物流企业的分布情况，探究物流企业在长沙市分布的趋势，确保每种类型企业都在相同中心下向外扩大范围的研究过程准确性，拟定位于长沙市中心的五一广场（地理坐标为 E112.971，N28.199）为核心，由内向外以 10km 为递增半径将研究区域划分为 6 个圈层，分析长沙市城市物流企业在圈层距离上的空间分布特征，2007—2016 年长沙市物流企业圈层分布如表 4-1 所示。

表 4-1　　　2007—2016 年长沙市物流企业圈层分布

位置	圈层距离(km)	企业数量/家(占比/%)			
		2007 年	2010 年	2013 年	2016 年
中心城区	0～10	128(61.84%)	206(61.86%)↑	331(61.99%)↑	568(57.78%)↓
近郊区	10～20	68(32.85%)	105(31.53%)↓	167(31.27%)↓	344(34.99%)↑
远郊区	20～30	5(2.42%)	11(3.30%)↑	17(3.18%)↓	40(4.07%)↑
	30～40	2(0.97%)	3(0.90%)↓	5(1.50%)↑	8(0.81%)↓
	40～50	1(0.48%)	3(0.90%)↑	5(1.50%)↑	16(1.63%)↑
	>50	3(1.45%)	5(1.50%)↑	5(0.94%)↑	7(0.71%)↓

注："↑"表示企业数量占比上升；"↓"表示企业数量占比下降。

2007—2016 年，0～20km 范围内的长沙市中心城区和近郊区集中了全市物流企业的绝大多数，2007 年占比达 94.69%，之后占比总体呈现下降趋势，至 2016 年占比下降至 92.77%。0～10km 范围内集中了较大比例的物流企业，2007 年其占比达 61.84%，该圈层的物流企业增长速度缓慢，占比总体呈现下滑态势，2016 年占比跌至 57.78%；10～20km 范围的近郊区，从研究的起始年份 2007 年开始区域内的物流企业数量占比一直仅次于 0～10km 范围，2007—2016 年，与 0～10km 圈层物流企业数量占比总体呈下降趋势形成鲜明对比的是该圈层不仅物流企业数量获得较大幅度的增长，且数量占比有较大提升，至 2016 年，该圈层集中了全市物流企业占比的 34.99%；20～30km 圈层企业数量持续增长，2007—2016 年该圈层企业数量总体处于上升状态；30～40km 中企业的数量在上升，占比呈现出波动的状态；40～50km 的圈层区域内，物流企业数量有明显的增长，数量占比稳步增加，到 2016 年，总体企业数量占比超过 30～40km 的圈层，达到 1.63%；在研究时段内，企业数量在距中心 50km 以内的各个圈层都呈现上升状态；在超过 50km 的远郊区，企业数量和占比有下降的趋势。2007—2013 年，企业数量和占比得到了显著提升，且从内圈层到外圈层，其增长速度呈现递增态势。近 10 年来长沙市内物流企业在中心城区的数量和占比相对下降、20～40km 圈层内企业数量和占比持续增长，根据长沙市物流企业分布的位置，到 2016 年，以近郊区的开福区青竹湖地区的金霞经济开发区的区域占比最大、范围最广，以及远郊地区企业数量和占比的波动变化趋势，中心城区和外部郊区企业在数量和占比的数值差距上不断缩小，表明在研究后期物流企业的空间分布格局在以郊区化的形式进行拓展。

4.3.2 物流企业空间分布演化的核密度分析

物流业作为一个新兴行业，在市域范围内的空间布局是否存在空间集聚的现象，本书拟采用 ArcGIS 软件空间分析模块中的核密度估计方法验证长沙市市域范围内的物流企业空间集聚状况。以企业的注册资本为属性数据，对于得到的密度值按自然裂点法并以密度值最大的年份为依据划分为 10 个等级，实现不同时间节点上物流企业空间密度分布的纵向比较。

总体而言，物流企业集聚模式呈现出由中心转移的特征（见图 4-1）。在 2007 年，物流企业在雨花区和芙蓉区围绕着长沙鑫和物流有限公司和湖南中远国际货运有限公司为核心形成两个集聚核，随着时间的推移，在 2007—2013 年，位于雨花区的高桥经济开发区高桥物流园和芙蓉区的企业集聚强度和辐射范围逐渐增强和扩大，到 2014 年以后，集聚强度开始逐渐减弱。同时，以开福区新港镇湖南省杏林物流有限公司为核心的集聚点在 2007 年之后不断发展。到 2016 年开福区青竹湖地区的发展更加鲜明，尤其是以金霞经济开发区的金霞物流园为主，形成重要的集聚核，并且集聚点以青竹湖的中湘嘉德外贸服务有限公司为核心的集聚范围进一步扩大，集聚强度逐渐增强，同时，周边地区的企业集聚也呈现出增强的趋势。

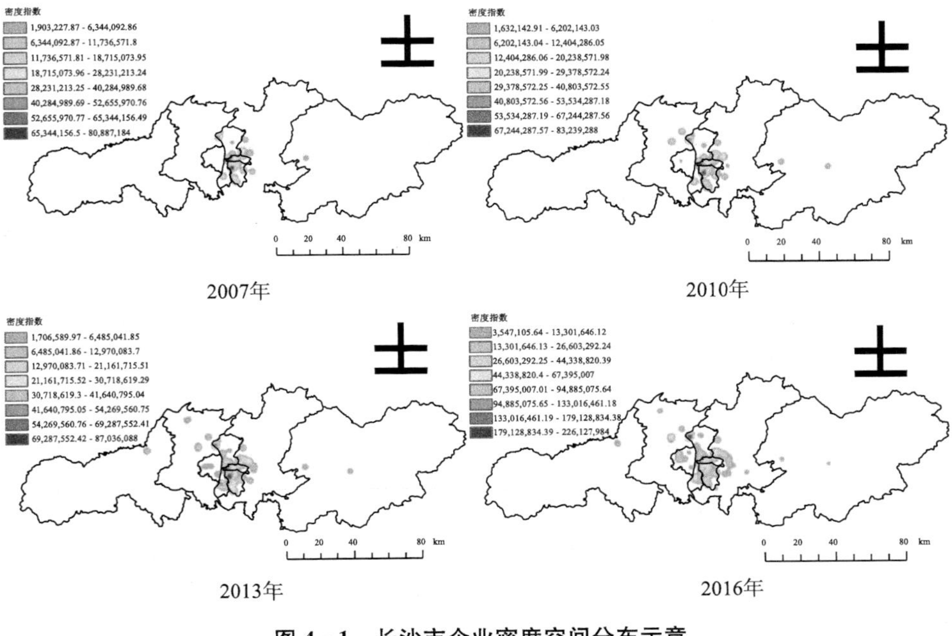

图 4-1　长沙市企业密度空间分布示意

物流企业空间布局的核密度演变表明，物流企业在市域范围内的主要分布地区是：①金霞经济开发区，作为长沙市物流产业唯一核心园区，该开发区成为湖南省人民政府批准的十大重点省级开发区之一，拥有良好的区位条件；②围绕高桥物流园区的长沙运鑫物流有限公司和长沙鑫和物流有限公司为核心形成的核中心。

4.3.3 物流企业空间分布演化的热点分析

核密度分析揭示了物流企业在市域范围内的空间分布与集聚状况，为进一步识别物流企业在不同空间位置上布局的热点区和冷点区，本章采用ArcGIS软件中HotSpot分析工具（即Getis - Ord G_i^* ），以每个企业的注册资本为评价要素，物流企业的集聚强度以注册资本的纵向梯度变化为评价变量，分别计算2007—2016年分成的3个时段内各物流企业集聚的热点指数。

图4-2显示的是3个时间段内长沙市物流企业空间分布热点演化。2007—2016年，物流企业分布的热点地区以近郊区和中心城区向外围扩散的集聚形式演变，2007—2010年，近郊区和中心城区以综合型的长沙鹤群物流有限公司和招商局物流集团湖南有限公司为核心形成了重要的集聚点。另外，望城区丁字湾的湖南湾田实业有限公司和湖南五六联盟电商物流有限公司组成的集聚核均是按高注册资本集聚的地区，在外郊的浏阳市东郊的关口街道形成主要的温点区，万家丽中路、长沙县长沙经济开发区、泉塘街道、望城区金星大道都有企业分布的温点；2010—2013年，相对于2007—2010年的企业分布，企业集聚的热点主要在天心区、雨花区和宁乡县，以天心区华菱集团旗下的湖南欣港物流有限公司为主的热点区域范围较前几年有所扩大，热点辐射面积增加，热度指数趋于增强，宁乡县以宁乡经济开发区的进一步发展成为物流企业分布的次热点，同时，雨花区万家丽中路的物流企业逐渐增强，向热点区域靠近，长沙市域的南部热点趋于增多增强，主要温点在以湖南鸿源物流有限公司为核心的开福区，其周围温点范围较小；2013—2016年，热点区域北上至开福区的青竹湖金霞物流园，并且集聚核不断扩大，往北上方向延伸，形成热点带，岳麓区的高新开发区转为温点区，原有的雨花区万家丽中路呈现出冷点，开福区金霞物流园处于距中心点10～20km的圈层范围内，属于近郊区的范围，中心城区总体呈现出冷点的态势，表明中心城区开始成为物流企业规避的空间分布地带；而近郊区的开福区青竹湖成为企业倾向集聚分布的重要地区，青竹湖金霞物流园区作为一个全省唯一“国家级

示范物流园区”，地理位置优越：近有全省首个智能公路港——长沙传化公路港、内有长沙铁路货运新北站和长沙新港、金霞保税物流中心的平台优势、“五纵七横”的路网骨架让青竹湖金霞物流园区更加具有竞争力，其对企业的吸引力也进一步增强，企业集聚的热点向开福区青竹湖转移。

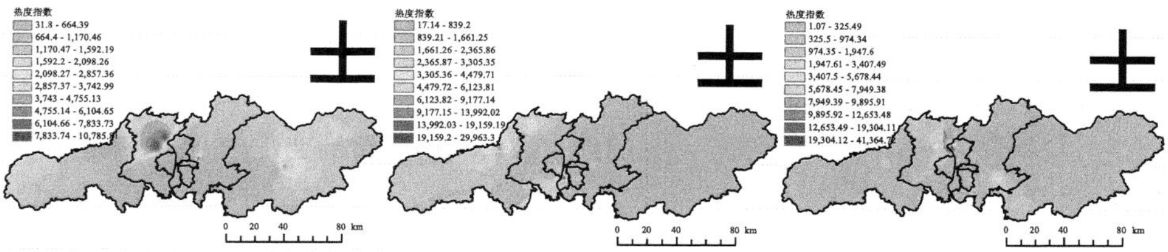

2007—2010年　　2010—2013年　　2013—2016年

图 4－2　长沙市物流企业空间分布的热点演化示意

长沙市是全国典型的商业化城市，但工业经济在全市经济中也占有重要地位。在“沪港渝大三角经济圈”的版图上，长沙市处于大三角区域中心和长江经济带中腰位置，是连接沪港渝三地的交通枢纽，集中了大量的中小微型物流企业，截至 2007 年年末，长沙市共有各类中小企业 37221 家，从业人员 231 万人，占全市就业人员总数的 58%。并且在 2008—2012 年，工业经济增加速度保持高速发展，平均增长 21.1%，五年内工业经济增加速度分别为 23.0%、19.8%、24.0%、22.0%和 16.8%。2011 年，长沙市物流企业实现增加值 617.9687 亿元，占全市 GDP 的 10.99%，占服务业增加值的 27.78%，中小企业对物流企业的贡献巨大。2006 年，为了达到吸引外资和疏散内环线内工业企业的目的，长沙市城市土地利用迈入市场经济轨道，一批地处城市中心的地段的工厂企业通过用地调整，对企业用地进行置换，让位于第三产业。至 2006 年年底，经国家审核认可保留的省级以上开发区有 9 个园区，使长沙市初具产业集群的雏形。长沙国家级高新技术产业开发区、金霞经济开发区，对物流企业的落户产生了较强的引导作用，在推拉力的共同作用下，2013—2016 年城市中心区不再是物流企业青睐的布局地点，市郊区特别是望城区、星沙地带成为物流企业的重要集聚地。

4.3.4　物流企业空间分布演化的区域重心分析

运用区域重心方法，属性值 M_i，选定为每个企业的注册资本，X_i、Y_i 分别设定为企业中心的经纬度坐标，得出 2007—2016 年每年物流企业分布的重心坐标，通过近10年物流企业分布重心的演变轨迹，可从空间意义上整体把握长沙市物流企业空间布局的演变特征与趋势。

通过物流企业分布的重心演变轨迹，可发现其变化阶段大致分为4个阶段（见图4－3），2007—2008年，物流企业分布重心总的演变趋势是向东略偏北方向发展，且2007—2008年主要以东西向的演变为主，南北方向上的变化较小；2008—2013年，物流企业分布重心总的演变特征是向西南方向推进，其中2011—2012年物流企业的分布以往南发展为主，2012—2013年以往西推进为主；2013—2014年，物流企业的空间分布在经历前期的大幅向西发展阶段后呈现出较为明显的向东发展态势，以东北北向的变化为主；2014—2016年物流企业分布重心总的演变特征是向西北方向推进，其中2014—2015年中心变化不大。

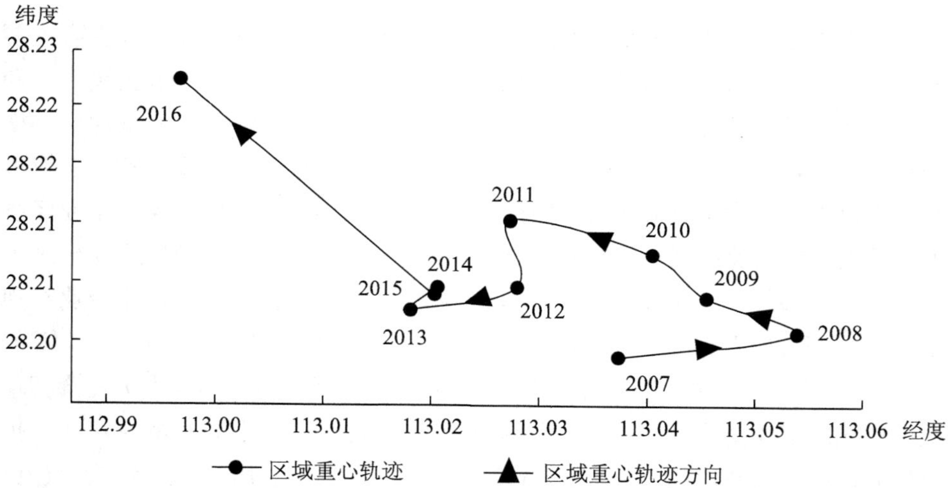

图4－3　长沙市物流企业区域重心轨迹

数据来源：长沙市企业总表。

物流企业分布重心演变趋向的转变与城市发展战略及方向调整密切相关。2007—2008年，芙蓉区发挥其位于市中心的地理优势发展迅速，2008年完成地区生产总值434.82亿元，同比增长9.6%，经济总量居中部地区第一，依靠铁路、公路枢纽优势，以及毗邻黄花机场，另外国家级隆平高科技园的经济发展取得重要飞跃，隆平高科技园承接了大量的工业企业，工业企业在芙蓉区的集聚布局带动了物流企业的东向发展。2008—2013年，开福区发挥与市中心毗邻的优势，为了充分体现对国际现代物流业的转移承接能力和产业集聚集群效应，2013 年签约重大项目 24 个，涵盖新型工业、现代物流、金融商贸、高端商务等行业，一批符合产业发展导向的优质企业入驻开福区，为该区域现代物流业的发展注入了活力，同时对物流企业产生了重要吸引力，也是对物流企业重心的空间演化方向转变的重要驱动力。2013—2016 年，金霞经济开发区在“十二五”期间，借助“一带一路”倡议，发力长沙打造东部开放型经济走廊，在这 5 年，金霞经济开发区已走出“物流仓库”“低端服务”的功能局限，悄然完成了华丽转身。

4.4 长沙市不同类别物流企业空间格局

对物流企业总体空间格局演化的研究利于从中宏观层面把握物流企业在市域范围内的空间布局过程、特征与趋向，但不同功能、规模的物流企业的空间布局存在较大差异性，同时，企业空间分布的变化也影响着 A 级企业的出现和空间演变。本书拟从功能、规模与星级三个层面对全市物流企业进行划分，研究各类别物流企业的布局特征，对于从更深层次揭示物流企业的分布规律有重要的启示意义。

4.4.1 不同功能物流企业空间格局

根据物流企业承担的主要物流职能，将长沙市物流企业划分为仓储、运输、货代信息、现代综合型物流、城市配送型物流 5 类。本书首先拟运用圈层区位商揭示不同职能物流企业在圈层距离上空间布局的相对比较优势及其变化，从整体上对比分析不同职能物流企业的空间布局特征。其次，逐一开展对各职能物流企业空间分布格局的形成与演化过程的分析探究。

2007—2016 年不同功能物流企业的圈层区位商如表 4－2 所示。

表 4－2　2007—2016 年不同功能物流企业园区区位商

圈层距离（km）	2007 年					2010 年				
	仓储	运输	货代信息	现代综合型物流	城市配送型物流	仓储	运输	货代信息	现代综合型物流	城市配送型物流
0～10	1.08	1.00	0.97	0.77	0.98	1.02	0.96	1.01	0.91	1.11
10～20	0.90	0.98	1.04	1.59	1.09	0.97	1.05	1.02	1.28	0.82
20～30	0.45	0.67	1.77	0	0	0.77	0.71	1.10	0.47	1.04

续 表

圈层距离（km）	2007年					2010年				
	仓储	运输	货代信息	现代综合型物流	城市配送型物流	仓储	运输	货代信息	现代综合型物流	城市配送型物流
30～40	2.27	1.67	0	0	3.70	2.11	1.56	0.81	1.73	1.91
40～50	0	1.67	0	0	0	0.70	1.56	0	0	0
＞50	0	1.11	0.99	0	0	0.85	1.25	0.48	0	0
圈层距离（km）	2013年					2016年				
	仓储	运输	货代信息	现代综合型物流	城市配送型物流	仓储	运输	货代信息	现代综合型物流	城市配送型物流
0～10	0.95	0.95	1.01	0.89	1.06	0.93	0.93	0.96	0.85	1.15
10～20	1.10	1.08	1.02	1.23	0.94	1.11	1.08	1.07	1.23	0.86
20～30	0.94	0.91	0.96	0.93	0.56	1.09	0.98	0.92	1.02	0.73
30～40	2.00	1.54	1.23	2.38	0.95	1.37	1.40	0.92	1.45	0.61
40～50	0.80	1.23	0.41	0.79	0.95	0.80	1.14	1.03	1.09	0.31
＞50	0.80	1.23	0.41	0	0	0.46	1.23	0.69	0	0

（1）对于仓储企业而言，随着与城市中心区距离的增大，仓储企业的区位商一直处于波动的状态，主要的空间布局在0～20km和30～40km的圈层范围，在这些范围内的区位商处于峰值状态，0～20km的范围内，区位商的值一直在1的上下波动，比较稳定，主要的驱动原因在于企业的物流服务水平，在仓储企业选择地址时，考虑到客户在任何时候提出的需求都能及时送达，对固定货物也能及时的增加或者减少，服务水平的高低也影响了企业的效益，因此在仓储企业选址时会选择中心城区附近的地区；30～40km的范围内，在2013年及之前的区位商值都较大，说明在此圈层范围内的仓储企业占有较大的比例，但在2016年中统计到的数据有所减少，而20～30km范围内的仓储企业区位商数值趋于增加，20～40km的圈层属于近郊区的范围，仓储企业在选址时不仅考虑到服务水平和及时性的服务，也会注意到用地面积和租金的情况，在满足企业正常运营的情况下，适当远离中心区，减少地价对企业选址的影响力度，充分利用土地，处于近郊的地区，仓储企业在用地和

成本的消耗上都有明显优势，因此有大量布局。

（2）运输企业的区位商呈现两种不同的区域比较优势，在0～20km的圈层和远郊的区域优势比较明显，其原因可以归纳为：中心城区的运输企业市场指向性优势明显，大量的客户运输订单，由于地租的关系，办公面积较小，对地租的敏感性较弱，自身运输车辆较少，或货运站场布局在远郊地区，出现办公区和生产服务区相分离的情况。而分布在远郊的运输企业大多具有大量的货运车，占地面积较大，对地租的敏感性较强，也适宜远郊和远途的货物运输。

（3）货代信息企业的市场指向性显著，主要在0～20km的圈层内区位商较为稳定，保持较高的优势，专注于货代信息的企业大多投资规模较小，但经营比较灵活，在市域内的布局也较为灵活，但在20km以外的圈层区域，在各圈层上的区位商变化幅度较大，如30～40km、40～50km由极少数的企业组成增加区位商为0.92、1.03，其比较优势就突显出来。

（4）现代综合型物流企业作为新兴的产业部门，其出现的时间较晚，与其他类型的物流企业相比，整体上的优势并不明显，在中心城区和10～20km的近郊圈层区位商都表现出先增后减或持续减少的趋势，但在后期的发展中，远郊的综合型企业也有所提升，由于综合型企业的经营范围较广，对企业的要求也比较高，所以在市中心的区域内地租的关系，办公用地的面积又不能过大，在远郊的区域虽然占地面积扩大，但客户资源不足，大量的服务设备无用武之地，因此，综合型企业的发展起伏比较明显。

（5）城市配送型物流企业作为连接远距离城市间运输与城市内部物资流通的中介者，其在中心城区和近郊区的优势比较明显，随着城市的外扩，城市配送型物流企业的选址大多分布在40km内的中心城市和近郊内侧，便于货物的配送。

就各圈层而言：中心城区的比较优势物流功能类型企业为运输企业、货代信息企业和城市配送型物流企业；运输业与仓储业是近郊区的比较优势物流产业；仓储企业与城市配送型物流企业倾向于在20～30km的圈层范围内布局，30～40km圈层范围为货代信息企业与现代综合型物流企业比较优势布局区域，大于40km的圈层距离以运输企业布局为主。

4.4.1.1　仓储企业空间格局

仓储企业是以从事仓储业务为主，为客户提供货物的储存、保管、中转等业务，具备一定的规模，大型的仓储企业还可以为客户提供配送以及商品经销、流通加工等其他业务；企业需要配备一定规模的仓储设施、设备，自有或租用必要的货运车辆。长沙市仓储物流企业在市域内的分布如图 4－4 所示。

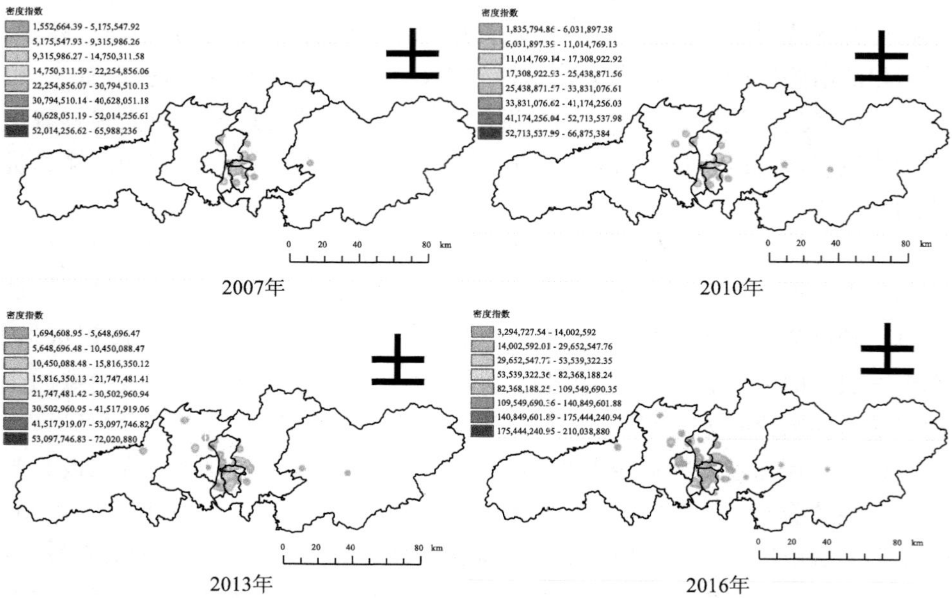

图 4－4　长沙市仓储企业密度空间分布示意

图 4－4 显示的是 2007—2016 年长沙市仓储企业密度空间分布演化，其总体分布过程大体为增加速度先上升后下降。2007 年，仓储企业的集聚形式以“单核”集聚为主，集聚核主要位于长沙高桥大市场。同时，仓储企业布局主要位于长沙市内中心。2007—2013 年，仓储企业由“单核”集聚向“双核”集聚演变，位于长沙高桥大市场集聚核集聚能力进一步增强，并向周围拓展，在金霞经济开发区形成次热点。在主要分布地区的外围，长沙县地区物流企业的布局密度明显增大，此外望城区、岳麓区等地区的仓储企业数量有所增加。2013—2016 年，仓储企业空间布局变化明显，位于金霞经济开发区的集聚极核进一步扩张并实现相连，形成了新的仓储企业集聚带。在此期间，与 2010—2013 年相比，长沙市内仓储企业分布增量速度减弱，并与东、南方向的近郊区集聚地相连。2007—2010 年，仓储业中创新增值服务业占据主导地位，约占整个仓储业的 57%。另外，由于 2008 年全球经济危机的影响，2009 年我国货币供应量同比持续增长，较为宽松的货币政策缓解了如仓储企业等资金密集型行业资金紧张的局面，对仓储业的发展有一定的发展。2012 年

1 月 20 日，财政部、国家税务总局发布财税〔2012〕13 号《关于物流企业大宗商品仓储设施用地城镇土地使用税政策的通知》，对大宗商品仓储设施用地土地使用税实行减半征收。因此在 2010—2013 年，长沙市仓储企业进一步增加。2013—2016 年，由于第三方物流企业的进一步发展，在当今竞争日趋激化和社会分工日益细化的大背景下，第三方物流企业的价值越来越明显，在这一阶段，长沙市仓储企业密度明显下降，同时，高桥大市场也在这一时期内密度明显下降。而长沙市金霞经济开发区仓储企业仍保持着高密度。

图 4 - 5 显示的是 3 个时间段的仓储企业分布热点。2007—2010 年，仓储企业的主要布局热点区位于以金霞经济开发区为核心的区域，次热点区则位于以浏阳市福安路附近的普洛斯长沙浏阳物流园为中心向周围辐射的区域，城市中心区在此阶段为冷点区，这说明在此时间段仓储企业具有向城市中心区外围集聚的态势。2010—2013 年，该时期的物流企业的空间布局热点区有明显的变化，进一步向宁乡方向推进，金霞经济开发区的热点区范围与强度明显下降为冷点区，另外，浏阳市普洛斯长沙浏阳物流园有温点区也下降为冷点。在长沙市内天心区的一力物流园区形成了新的热点，但范围与强度较小。2013—2016 年，除金霞经济开发区形成新的热点区外，其他地区都几乎为仓储企业的冷点区域。从总体来看，中心城区成为了仓储物流企业主要的布局冷点地区，说明城市中心区开始成为该型物流企业逃离的地区，向近郊区布局的倾向性进一步显现。2013—2016 年，冷点指数趋于增大，热度指数趋于下降，主要原因在于仓储业处于现代物流产业发展“微笑曲线”的底端，利润率较低，在现代物流业快速发展的背景下，从事单一仓储功能的企业的数量趋于减少。另外，长沙市仓库总量特别是立体仓库供应不足，而市场需求特别是电子商务的物流需求增长较快，仓库租金普遍增长，导致仓储企业的数量下降。湖南高星物流园区以东 2km 建有湘江千吨级码头，对仓储企业的聚集产生了极大的影响。另外，仓储企业在金霞经济开发区的聚集较少，在 2007—2016 年均为冷点区呈现。

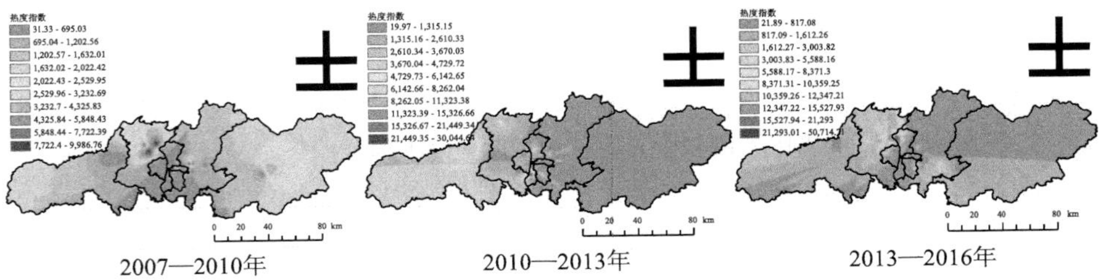

2007—2010年　2010—2013年　2013—2016年

图 4 - 5　长沙市仓储企业空间分布的热点演化示意

仓储企业空间布局的热点区演化具有以下特征：

（1）中心城区不是该型物流企业倾向布局的热点地区，该型企业主要倾向布局于近郊区或对内联系的交通枢纽地区。

（2）在该阶段金霞经济开发区的热点区域。

4.4.1.2 运输企业空间格局

运输物流企业以从事货物运输业务为主，包括货物快递服务或运输代理服务，具有一定的规模，根据客户的要求可以提供相应的“门对门、门到站、站到站”的运输服务和其他的物流服务，企业需要具有一定数量的运输设备，具有网络化的信息服务功能可以对货物运输的状态进行查询和监控，长沙市运输企业在市域内的分布情况如图 4－6 所示。

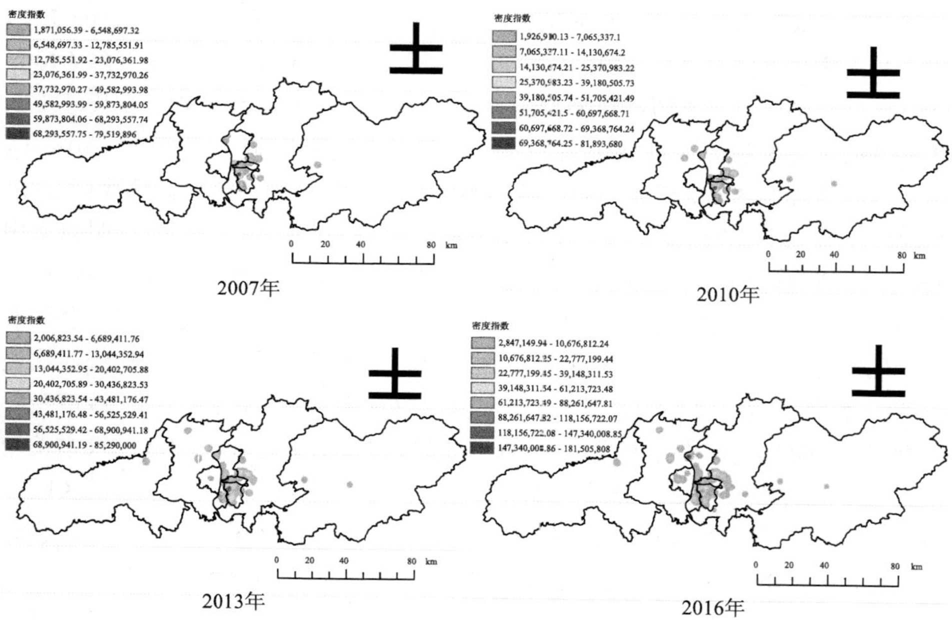

图 4－6 长沙市运输企业密度空间分布示意

图 4－6 显示的是 2007—2016 年运输企业的分布密度演化，其空间分布格局的演变趋势呈现出由“单核”模式向“单核多中心”模式演变的特征。

2007 年，运输企业主要集中布局在长沙市芙蓉区和雨花区，以雨花区高桥物流园区和芙蓉区的中心城区韭菜园为中心，运输企业聚集范围向外扩大，在早期的长沙市物流基础设施不足，缺乏标准化、专业化的物流网络体系支撑，运输企业对物流技术和设备的敏感性较强，设备的不足导致运输企业的发展得不到满足，企业的密度和集聚程度范围较小，随着长沙市高桥大市场的日益扩大，万家丽路货运市场对周围的交通并未造成大的影响，货运市场也进一步发展，成为全国第三大市场，带动其周围的运输企业的发展，形成企业集聚密度较为集中的集聚点。

2007—2010 年，根据国务院发布的《国务院关于加快发展服务业的若干意见》，2007 年结合湖南省的实际情况，《中共湖南省委、湖南省人民政府关于促进生产性服务业加快发展的指导意见》中提出加快发展生产性服务业，提高服务能力和水平，是积极应对服务业转型升级、加快推进经济结构调整和经济增长方式转变的重要战略举措，高桥大市场距火车站仅 1000m，离铁路货站仅 500m，四周公路交织成网，是商品集散的黄金码头，公路交通便利，成为众多以公路运输为主的企业产生集聚，高桥货运市场和韭菜园物流企业集聚范围进一步扩大。

2010—2013 年，位于长沙南部黎托乡花侯路的高铁高效率高流动性的运行，高铁站成为运输物流企业选址的重要影响因素，带动了雨花区运输企业的发展，黎托乡的物流企业扩大集聚范围，随着规划期为 2009—2011 年的《国务院关于印发物流业调整和振兴规划的通知》的提出，长沙市为提高物流企业的办事效率出台了《商贸物流项目建设审批程序》，2010 年 10 月 29 日，长沙市委、市政府发布《商贸物流重点项目建设调度会》等政策文件，雨花区南部和天心区以湖南欣港集团有限公司为中心相继开始发展，成为企业布局的主要地区，地处长沙县安沙镇毛塘铺，位于长沙市北三环线、京珠高速、107 国道的交会处，紧临万家丽北路的恒广国际物流园依据其优越的地理条件进行发展，成为运输企业的集聚点。

2013—2016 年，占湖南省近 40%的零担运输货运市场——高桥物流大市场，大量的货运车辆的进出严重影响了周边的交通，各货运公司占据人行道经营，破坏绿化严重，也影响着其周边的物流运输企业的发展。在此阶段，长沙市传化公路港的开始建设，吸引了大量的以陆路交通为主，海运、空运等其他交通方式为辅的运输企业进驻到开福区西北部地区，长沙市货运北站的转移、内河最大的现代化港口之一的长沙新港在青竹湖街道的发展运行，湘欧快线在 2014 年的试运行，直到现在回程货物装载的实现，金霞园区聚集大量的政策和地理交通优势，迅猛发展，已跻身国内物流园区 TOP（顶尖）榜第一梯队中物流园区之一，运输企业布局以金霞经济开发区为主要集聚地点，带动其周围的开福区青竹湖、伍家岭等运输企业的发展，疏散了中心城区的企业集聚。

运输企业的密度空间演化空间布局具有以下特征：

（1）中心城区是其重要的分布地区，但在后期的发展中有所减弱。

（2）重要的交通枢纽和交通线，如临近飞机场、长沙新港港口、智能公路港和货运北站的金霞经济开发区等青竹湖地区的企业集聚。

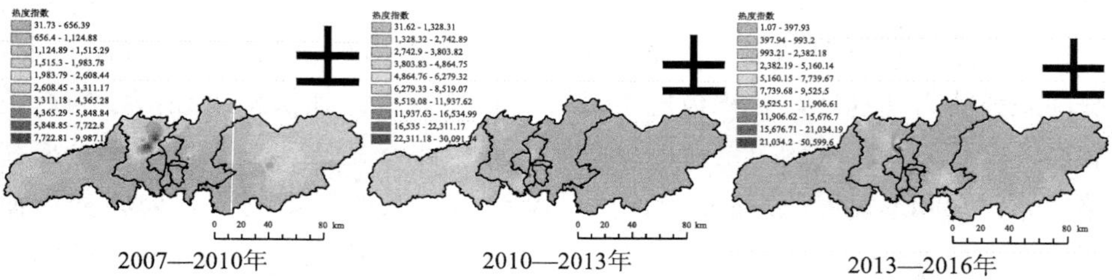

图 4－7　长沙市运输企业空间分布的热点演化示意

图 4－7 显示的是 3 个时间段内运输企业空间分布的热点演化。

2007—2010 年，运输企业主要集聚在四个地区：望城区东北部丁字湾、长沙县的星沙物流园区、浏阳市关口街道、长沙市经济开发区泉塘街道。温点区是天心区和岳麓区交界处和雨花区东部长沙黄兴海吉星国际农产品物流园和开福区恒广国际物流园等地。总体而言，该阶段运输型企业的布局主要是在近郊区和区中心的地区，外围的次中心也有较多的企业布局。

2010—2013 年，运输企业的布局热点区位置发生了较大幅度转变，中心城区的发展更加显著，西北部的热点区转为温点区，热点区主要在天心区的一力物流园、雨花区长沙格西物流园和长沙县星沙汇隆物流园。

2013—2016 年，中心城区的热点区转为温点区，榔梨填黎江智能物流园成为中心城区的主要温点区，位于近郊的金霞物流园区成为运输企业布局的热点区域，并且热点区域向北部方向延伸，成为热点带，运输企业的热点布局转向开福区的青竹湖街道。

运输企业空间布局的热点区演化具有以下特征：

（1）中心城区逐渐由热点区向冷点区转化，近郊区的热点趋势更加明显，且中心城区在后期成为运输企业逃离的布局热点地区。

（2）随着城市产业政策和空间布局的调整，其向重要交通基础设施集中布局的倾向性增强。

（3）随着企业对运输业务的集中程度、业务的盈利和投入资本的变化，市域内的空间布局下降，热度指数也呈下降趋势。

4.4.1.3　货代信息企业空间格局

货代信息企业是根据客户的要求或指示，为客户的利益提供货物的服务，也可从事与运送活动有关的活动，根据客户要求的具体信息提供相应的货物运转活动。长沙市货代信息企业2007—2016年在市内的分布情况如图4－8所示。

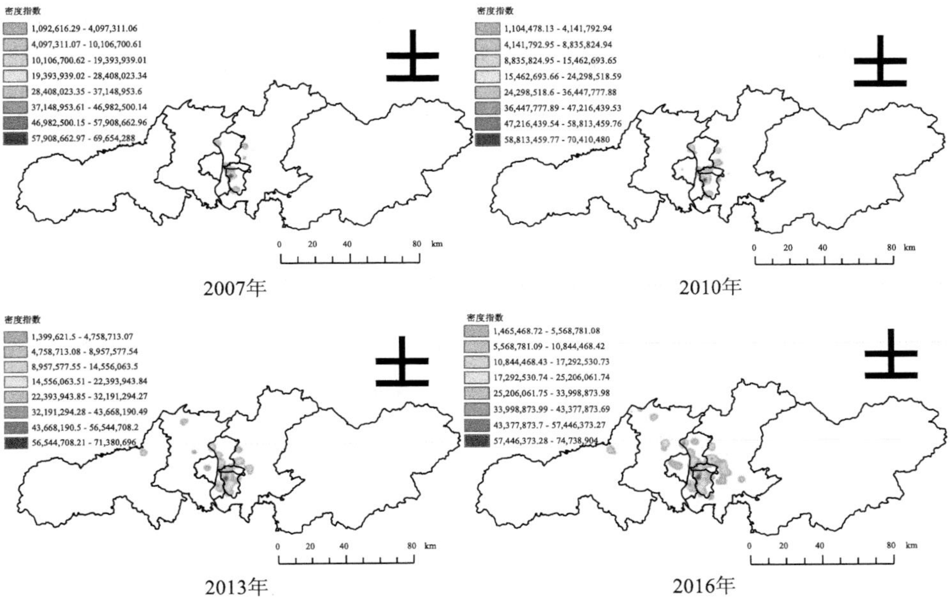

图4－8　长沙市货代信息企业密度空间分布示意

图4－8显示的是2007—2016年货代信息企业密度分布，其空间分布格局的演变趋势呈现出由“单核”模式向“多核”模式演变的特征。

2007年，货代信息企业空间布局呈现单核集聚模式，集聚核心位于市内雨花区高桥大市场，企业布局数量沿集聚核心向外围梯度递减。中心城区以外地区分布数量相对较少。

2007—2010年，中心城区企业集聚核趋于壮大，对周边地区的辐射带动明显，企业布局逐步向中心城区北侧延伸，如长沙市与星沙市的交界处。金霞经济开发区在这一阶段密度明显变大。位于星沙的星沙国际物流园密度明显变大并成为向市内拓展的重要集聚地，逐步演化为集聚中心。

2010—2013 年，中心城区集聚核的集聚能力进一步增强，并向周围进一步辐射延伸。在天心区的一力物流园区形成了一个新的集聚中心，星沙国际物流园密度进一步增加，形成集聚中心并与中心城区集聚核相连。随着此阶段长沙高速公路约 16 条建成通车，其也开始吸引货代信息企业的入驻。

2013—2016 年，企业在长沙市的布局密度进一步提升，位于芙蓉区的隆平高科技园区的布局密度明显上升，并与长沙高桥大市场集聚中心相连。同时，长沙市金霞经济开发区密度也有明显增长，并形成新的集聚中心。同期，企业布局有从中心向近郊方向延伸的趋势，但市内仍是该型企业的密度中心。

为便于在物流信息集中的地区承揽物流业务，货代信息企业多在城市中心区布局，从而形成企业布局的集聚核，同时，海关、港口以及门户地区也是货代信息企业的集中布局地区。

图 4－9 显示的是 3 个时间段内货代信息企业空间分布的热点演化。

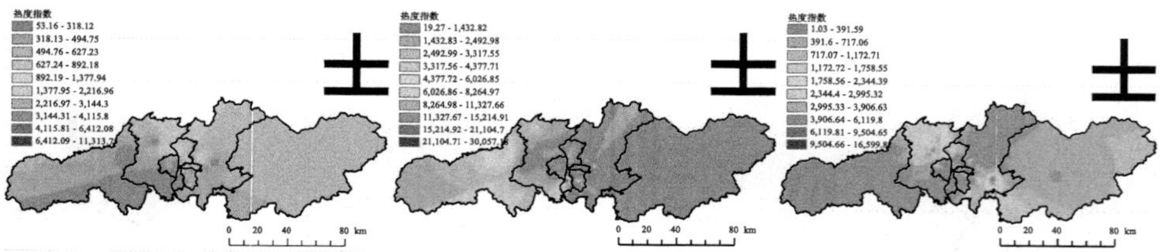

2007—2010年　　2010—2013年　　2013—2016年

图 4－9　长沙市货代信息企业空间分布的热点演化示意

2007—2010 年，货代信息企业布局的热点区主要位于长沙市内，中心城区热点区主要位于开福区东北部，且由热点区向外围逐步过渡为冷点区。金霞经济开发区等地则为布局的温点区。此阶段，虽在近郊区与远郊区存在企业布局的大部分的温点区，但总体而言，企业在中心城区的布局倾向性较高。

2010—2013 年，货代信息企业布局的热点区发生明显变化，主要的热点区仍停留在中心城区，但转移到天心区的一力物流园附近，且热点区范围与热点强度趋于增大。温点区则主要分布在宁乡市的宁乡三和物流、宁乡飓风物流等地区。此阶段，货代信息企业倾向布局的地区主要位于中心城区，而冷点区主要位于近郊区与远郊区，如星沙市、浏阳市等大部分地区，说明货代信息企业在此阶段主要向中心城区集聚。

2013—2016 年，前期向中心城区集中化的趋势发生了明显转变，企业布局的热点区数量明显增多，除中心城区以外的市域北部地区与星沙市南部地区均出现了货代信息企业布局的热点区。中心城区则是热点区与冷点区相间分布，表明该类型企业在中心城区的空间布局处于深度调整期；同期，金霞经济开发区形成了新的热点区，并且在这一阶段热点区范围明显增大。

货代信息企业空间布局的热点区演化过程具有以下特征：

（1）货代信息企业前期呈现微弱的郊区化倾向，中期向中心城区集聚的趋势明显，后期随着远郊区开发力度的增大以及重要交通基础设施的完善，呈现出明显的郊区化倾向。

（2）中心城区始终是热点区域，说明市场指向性是其布局的重要影响因素。

（3）其在郊区的布局主要位于金霞经济开发区和湖南物流总部物流园区域。

4.4.1.4 现代综合型物流企业空间格局

现代综合型物流企业一般具备较为完备的物流功能，能够为企业提供物流各阶段的综合性服务。长沙市现代综合型物流企业在市域内的分布如图 4-10 所示。

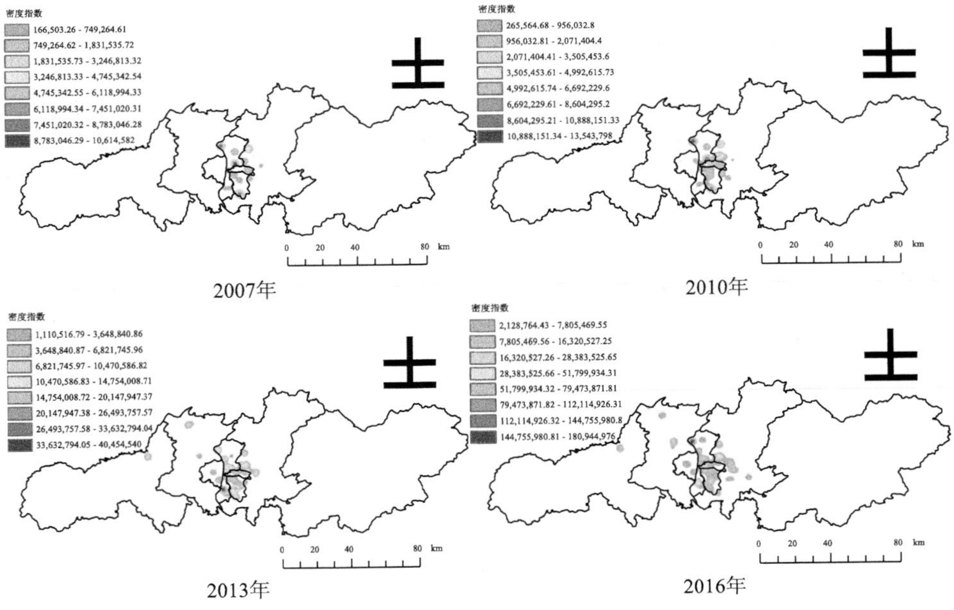

图 4-10 长沙市现代综合型物流企业密度空间分布示意

图 4-10 显示的是 2007—2016 年现代综合型物流企业的密度分布演化，其空间分布格局的演变趋势呈现出由“多核”模式向“单核多中心”模式演

变的特征。具有多种物流功能或物流组织功能的现代综合型物流企业在内地出现的时间较晚，随着对境外资本投资物流业限制的逐步放开，境外物流企业的进入催生了本土现代物流企业发展。

在 2007 年，物流企业不多，但出现了三个主要的聚集中心：金霞经济开发区、长沙火车站附近、全洲医药食品物流配送有限责任公司附近。

2007—2010 年，现代综合型物流企业开始明显增多，除金霞经济开发区聚集中心密度进一步增加外，首先，长沙火车站附近和全洲医药食品物流配送有限责任公司附近密度下降。其次，在星沙临近长沙市内的星沙国际物流园有聚集的趋势。

2010—2013 年，中心城区布局范围趋于扩大，并向东北与北部方向延伸。原有的三个聚集中心密度明显下降。此外，位于天心区的一力物流园也开始成为该类型企业布局地区，布局密度明显增加。

2013—2016 年，企业集聚密度中心发生明显变化，金霞经济开发区发展成为综合型物流企业的分布集聚核。中心城区的集聚强度进一步增强，出现了多个密度较小的集聚中心，如天心区的一力物流园、长沙火车站附近、星沙国际物流园等。

由于对物流信息的依赖性，物流信息集中的地区也是现代综合型物流企业区位选择的考虑地区，如城市中心区、区县级经济中心、保税区等。

图 4－11 显示的是 3 个时间段内现代综合型物流企业分布的热点演化。

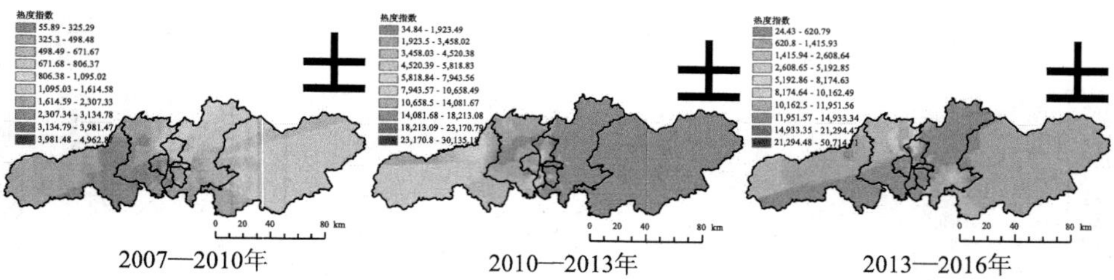

图 4－11　长沙市现代综合型物流企业空间分布的热点演化示意

2007—2010 年，其布局的热点区数量较少，主要位于全洲医药食品物流配送有限责任公司附近，温点区则位于长沙市以北。此阶段，该型物流企业在远郊区布局的倾向性较弱。

2010—2013 年，全洲医药食品物流配送有限责任公司附近热点区范围快速下降，而主要的热点区则移至天心区一力物流园，温点区主要在宁乡市。

此外，郊区的温点区数量与强度均有所增加。

2013—2016 年，该型物流企业空间布局的热点区发生明显变化，全洲医药食品物流配送有限责任公司附近地区由热点区降为冷点区。热点区数量增加，主要在金霞经济开发区。此外，此阶段远郊区基本为冷点区域。

现代综合型物流企业空间布局的热点区演化具有以下特征：

（1）2007—2010 年现代综合型物流企业近郊区倾向性明显，2010—2013 年则转向中心城区，2013—2016 年集聚程度较为明显。

（2）中心城区与近郊区在 2007—2016 年内总体而言是现代综合型物流企业倾向布局的地区，只是不同时期倾向强度有所不同。

（3）现代综合型物流企业倾向布局的地区有物流信息集中的中心城区（或区县级经济中心区）与保税区（金霞经济开发区）、交通枢纽地区等地。

4.4.1.5　城市配送型物流企业空间格局

城市配送是指服务于城区以及近郊区的货物配送活动，在经济合理的区域内，根据客户的要求对物品进行加工、包装、分割、组配等作业，并按时送达指定地点的物流活动。长沙市城市配送型物流企业在市域内的分布情况如图 4－12 所示。

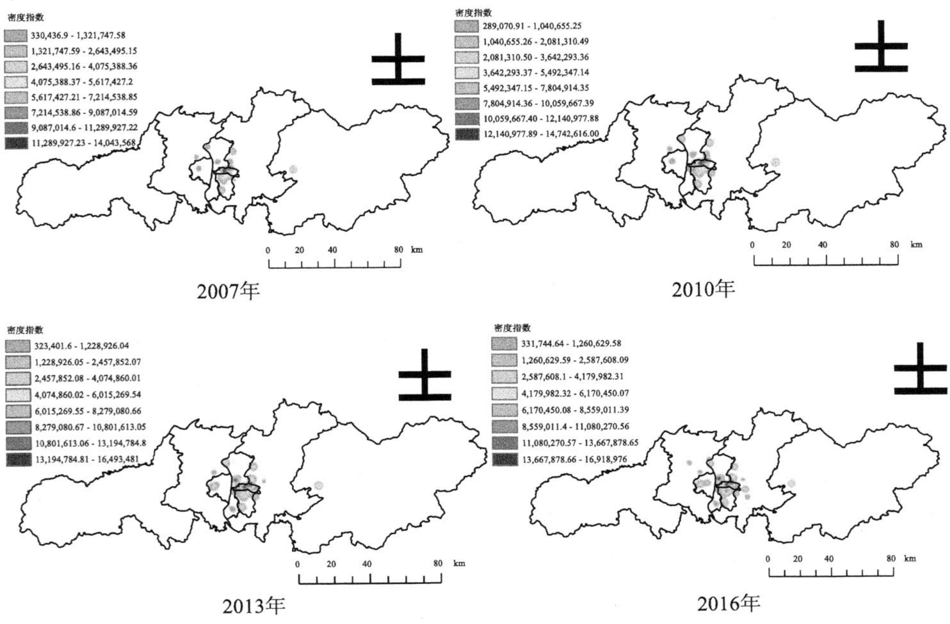

图 4－12　长沙市城市配送型物流企业密度空间分布示意

图 4-12 显示的是 2007—2016 年长沙市配送型物流企业的密度空间分布，其空间分布格局的演变趋势呈现出由“双核”模式向“多核多中心”模式演变的特征。城市配送型物流，是在城市范围内实施的以配送为特有组织方式、实现发货方到收货方的一系列物流活动的总称。其主要的类型包括：一是与国际、国内航空运输相衔接的快件货运；二是以城市配送为主要内容的商业配送，如第三方配送物流、商贸系统内的自行配送、零售和批发企业，以及个人车辆挂靠企业的“散户”配送、货运出租运输等。

在 2007 年，城市中心区商业快速发展，释放出强大的城市配送物流市场需求，催生了一批以文件、国际包裹、金融单据、外贸单据等业务为主要内容的快递企业的崛起。此外中心城区以三产和居住为主，商业商务活动集中，内环以内的中心城区商业设施和商务楼宇集聚，服务业比重高达 95%，为以超市、商场、门店、各类企业总部、机关以及居民家庭等为服务对象的城市配送物流提供了广阔市场空间。所以，在 2007 年城市中心区是城市配送型物流企业主要集中布局在长沙市内，包括隆平高科技园和长沙火车站附近。在望城区、星沙、浏阳等地有少量分布，在金霞经济开发区有少量聚集。

2007—2010 年，城市中心区该型物流企业的集聚强度提升较为明显，发展成为市域范围内的最大集聚区域。主要的布局地区仍位于长沙市中心的芙蓉区，如隆平高科技园和长沙火车站附近地区两大聚集核，两大聚集核进一步向周围辐射，主要集聚中心区有：浏阳市的洞阳镇、长沙市雨花区的高桥大市场、开福区的金霞经济开发区、望城火车站、开福区湖南新码头农贸冷链物流附近。

2010—2013 年，该型物流企业的空间布局有向近郊区发展的趋势，随着物流市场的逐步开放和经济全球化的发展，外资物流企业进入、国有物流企业转型、民营物流企业崛起等，长沙市城市配送物流实现了从传统物流向现代物流的转变，集聚核进一步向周围辐射，位于芙蓉区的隆平高科技园和长沙火车站 2 个集聚核的集聚仍保持高强度，开福区湖南新码头农贸冷链物流附近形成了新的集聚点。集聚密度的主要增长地区位于芙蓉区，如合丰物流园等。主要原因在于，芙蓉区是长沙市的东部窗口，湖南省与长沙市首脑机关汇集于区内，人流、物流、资金流、信息流高度密集，因此其承担了市域范围内关乎民生的日常消费品的配送功能，吸引了众多城市配送企业的落地。

2013—2016 年，随着长沙市城市化的全面推进、城市框架的向外拓展、产业结构和产业布局的调整，该型企业在这一时期近郊区企业数量增长明显，但原三个集聚核密度仍保持高强度，并进一步向周围辐射。与中心城区共同形成该型物流企业的团状空间布局形态，企业布局的密度自集聚核向两侧递减，同时向两侧辐射的范围逐步增大。位于市域其他地区的该型企业布局情况变化不甚明显。金霞经济开发区由于地理位置原因，在 2007—2016 年有企业增加的变化，但变化不明显。

长沙市城市配送物流企业的区位选择具有以下特点：

（1）多数选址在城市近郊区，近郊区交通比较发达，基础设施建设较为完善，同时离中心城区较近。

（2）多数选址在对外通道的连接口，如高速公路匝道口附近、城市主干道交叉路口等。

（3）中心城区是主要的城市配送物流活动集聚地区，城市配送物流企业在该地域的布局有一定数量。

图 4 - 13 显示的是 3 个时间段内长沙市城市配送型物流企业分布热点。

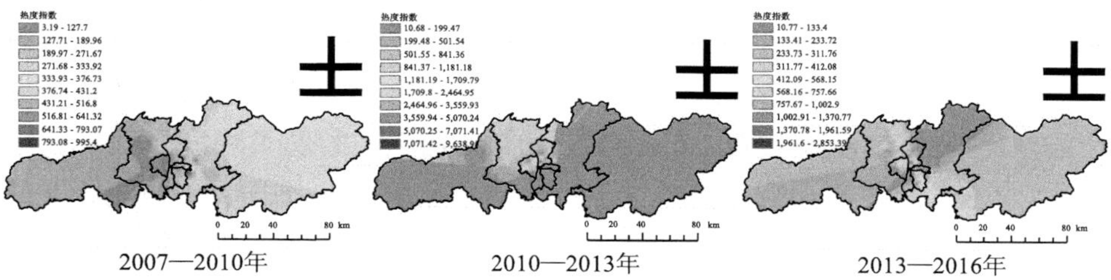

图 4 - 13　长沙市城市配送型物流企业空间分布热点示意

2007—2010 年，该型物流企业的布局热点区主要位于城市中心区、长沙县，温点地区则主要位于近郊区与远郊区，如长沙县、浏阳市、金霞经济开发区等地。此阶段，该型企业布局的温热点区主要位于市域东北方向。

2010—2013 年，原有的主要热点区已经转变为冷点区，如中心城区与长沙县。此阶段的热点区主要转移至市域西北方向，如开福区湖南新码头农贸冷链物流附近等地，温点区主要位于金霞经济开发区附近。

2013—2016 年，热点主要向近郊发展，市域西北部与东南部地区则是主要的热点集聚区。

城市配送企业空间布局的热点区演化具有以下特征：

（1）整体来看，企业郊区化趋势明显呈现。

（2）主要倾向布局的地区包括各级经济中心区、重要交通枢纽地区两类。

4.4.2 不同规模物流企业空间格局

为实现对不同规模物流企业空间布局的比较研究，本书依据100万元、500万元为基准将物流企业划分为三类：大型物流企业（注册资本≥500万元）、中型物流企业（100万元＜注册资本＜500万元）、小微型物流企业（注册资本≤100万元），忽略了汇率以及价格变动对企业注册资本量纵向比较的影响。不同规模物流企业因其企业品牌影响、企业空间组织、市场客户的稳定性、经营战略与功能的不同，在区位选择偏好与空间拓展模式上均存在较大的差异。本书拟采用与研究不同性质物流企业的同样方法探究不同规模物流企业的空间格局形成与演化过程。

现代物流业在长沙的发展直到21世纪初才进入快速发展阶段，受计划经济的影响，改革开放初期，物流业以传统运输和仓储类物流为主，且公有制集体和国有物流企业在企业总量中占有较大比重，企业规模较大，多属大中型物流企业，物流企业陆续发展，在2007年，大型物流企业占有较大的比重，达到48.77%（见表4-3）。此后，物流企业经过国家政策和湖南省政府的物流企业规划政策得到进一步的发展，实现了物流企业的整合优化；在2010年，大型、中型、小微型的企业都有增加，中型物流企业的占有比例增加，大型物流企业的增加有下降的趋势；2013年，物流服务业全面提升，城区的发展让小微型的企业更具有栖身之地，城中心小微型的办公区域和近郊占地较大的服务区形成相分离的态势，大多的大型物流企业也开始对自身的运输和仓储的业务进行分离，这种分离的程度更适于小微型物流企业在市中心的选择倾向，相比大型的企业，中型、小微型的企业更具有发展空间；到2016年，市内物流企业的发展逐渐成熟，产业的效益逐渐提高，大多数的企业开始进驻长沙市，在投资规模和占地规模的因素上，小微型物流企业得到快速发展，企业数量几乎以两倍的速度增长，占比已达37.51%，大型物流企业的占比逐渐下降，但是对综合性的物流企业来说，在信息处理、运输、仓储、货代、配送等方面，大型的综合型企业还是占有较大的比重。

表 4-3　　2007—2016 年长沙市不同规模物流企业数量变化

年份	企业数量（个）（占比%）		
	大型	中型	小微型
2007	99（48.77%）	41（20.20%）	63（31.03%）
2010	148（45.12%）	76（23.17%）	104（31.71%）
2013	213（40.42%）	117（22.20%）	197（37.38%）
2016	378（38.53%）	235（23.96%）	368（37.51%）

2007—2016 年长沙市不同规模物流企业的圈层区位商如表 4-4 所示。

表 4-4　　2007—2016 年长沙市不同规模物流企业的圈层区位商

圈层距离（km）	2007 年			2010 年		
	大型	中型	小微型	大型	中型	小微型
0～10	0.98	1.03	1.03	0.97	0.93	1.10
10～20	1.14	0.97	0.77	1.15	1.04	0.70
20～30	0	0.42	2.63	0.41	1.19	1.74
30～40	2.09	0	0	1.50	0	1.06
40～50	0	0	3.29	0	2.91	1.06
＞50	0	1.68	2.19	0.45	1.75	1.28
圈层距离（km）	2013 年			2016 年		
	大型	中型	小微型	大型	中型	小微型
0～10	0.96	0.93	1.09	0.92	0.96	1.11
10～20	1.12	1.03	0.84	1.09	1.04	0.88
20～30	0.73	1.60	0.95	1.04	1.26	0.80
30～40	1.99	0	0.54	1.96	0	0.67
40～50	0.50	1.82	1.08	1.14	1.31	0.67
＞50	0.50	1.82	1.08	0.65	1.58	1.00

2007 年，受计划经济的影响，市场机制在企业空间布局中的主导驱动力难以有效发挥，开始，以运输、仓储为主要功能的物流企业早期主要集中布局在城市中心区和近郊区，改革开放之后，市场的因素逐渐占据了企业区位

选择的主要方面，大型的企业由于其投资规模较大，企业区位的选择相对于中型、小微型物流企业而言较为稳定，所以，在2007—2013年中大型物流企业在0～20km的圈层的优势比较明显，2013年以后，大型物流企业布局的范围比较广，在10～50km的圈层都比较平均，区位选择往郊区的方向发展。

2007—2010年，中型物流企业的区位商在中心城区内由1.03降为0.93，小微型物流企业由1.03上升至1.10，大型物流企业的区位选择变化不明显，城市中心圈层的物流信息量最大，同时中心城区是会议、办公等商务活动集中开展的地区，便于企业开展面对面的沟通和交流；各区中心区也是行政机构办公所在地，企业在中心区的布局有利于与政府机构开展流通，掌握最新的有关政府政策，小微型物流企业的灵活性需要更加深入地对政府物流政策进行了解。

2010—2013年，各类交通的发展对整个市域内的物流企业起到重要的作用，市场的因素也逐渐成为企业空间布局需要考虑的方面，城市中心区内各类的经济互动影响着空间的集聚，地租的价格上涨，中型物流企业的承租能力也趋于下降，大型物流企业由于其承租能力略高于中型物流企业，除了中心城区的布局外，还是更多的选择在近郊或远郊的圈层布局，小微型物流企业在市中心和近郊区的布局较为稳定，由于中心城区的物流需求量大，物流信息较多，小微型物流企业在市中心布局的倾向性增强，在近郊区的区位选择略有上升，中型物流企业的布局优势介于大型物流企业和小微型物流企业之间，布局的比较优势地区体现在20～30km的圈层内。

4.4.2.1 大型物流企业空间格局

大型物流企业主要优势在于规模、资金和声誉，由于注册资本实力雄厚，企业的发展资金多，竞争力强，大型物流企业的服务范围广，大量的客户来源也形成了较大的发展优势，大型物流企业物流网络设施完善，对货物的跟踪能力较强，能实现更好的货物周转，长沙市大型物流企业密度分布情况如图4-14所示。

图4-14显示的是2007—2016年长沙市大型物流企业密度分布，大型物流企业空间分布格局的演变趋势呈现出由“多核”模式向“单核多中心”模式演变的特征。

2007年，大型物流企业空间分布的集聚核主要位于长沙市内，主要囊括长沙火车站附近、长沙高桥大市场、长沙市金霞经济开发区地区，并主要向东北方向扩散。

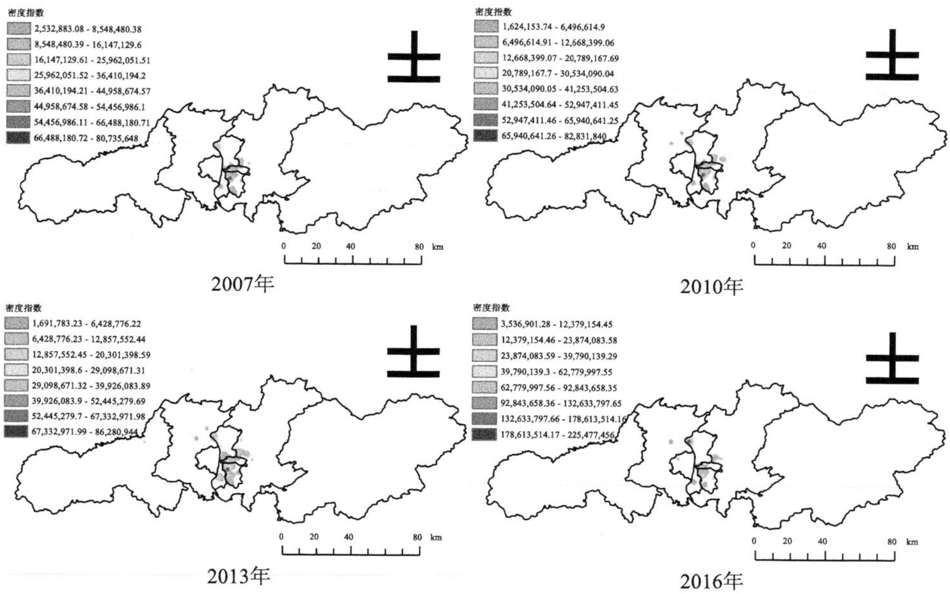

图 4-14 长沙市大型物流企业密度分布示意

2007—2010 年，原有的集聚核集聚强度进一步向周围扩散。在集聚核的北东侧形成了多个连接的企业集聚中心，包括隆平高科技园等地区，表明大型物流企业在原有区位集聚分布的同时，向城市中心区东北部拓展的趋势明显。另外，金霞经济开发区由中等集聚核发展为高等集聚核，并向周围辐射。在此阶段，开发了恩瑞国际物流城在金霞经济开发区项目，恩瑞国际物流中心是至今为止国内加工功能最全、加工规模最大的加工中心。

2010—2013 年，集聚核及周边集聚中心的集聚强度仍然处于上升状态，主要的分布区域仍位于长沙市内，在原有空间布局基础上继续扩展。在集聚核与集聚中心集聚强度增强的同时，大型物流企业向东南方向布局的数量增多，主要是芙蓉区隆平高科技园附近。同时，在长沙市天心区的一力物流园附近的密度明显上升，发展成为集聚核。

2013—2016 年，大型物流企业空间扩散的模式发生了变化，分布的范围逐渐增大的同时，原有的长沙火车站、长沙高桥市场、一力物流园三个集聚核密度明显下降，成为集聚中心。但金霞经济开发区在原有密度基础上进一步发展，成为主要的集聚核。

图 4-15 显示的是 3 个时间段的大型物流企业分布热点。

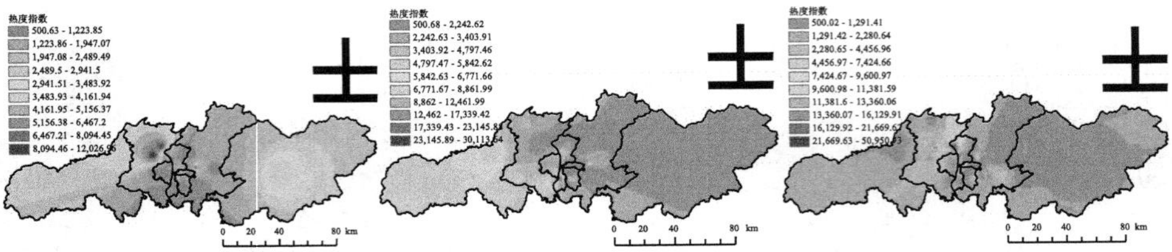

2007—2010年　　　2010—2013年　　　2013—2016年

图 4-15　长沙市大型物流企业空间分布的热点演化示意

2007—2010 年，大型物流企业空间布局的热点区主要位于金霞经济开发区与望城区交会地区，且位于长沙市西北方向，而长沙市内分布着零星的热点。该类型物流企业布局的次热点区主要位于浏阳市的中心地区。

2010—2013 年，企业布局的热点区与温点区有向中心城区集聚的趋势，热点区发生了明显变化，原长沙市内长沙火车站附近热点地区发展成为冷点，而天心区一力物流园附近变化明显，成为新的热点区域。宁乡北部地区由温点区转为次热点区，浏阳市中心则由次热点区转变为冷点区。此阶段的冷点区主要位于长沙东部，同时，此阶段大型物流企业在远郊区布局的倾向性仍然不甚明显。

2013—2016 年，大型物流企业布局的整个格局发生了明显变化，热点区域较为集中。企业布局热点区为金霞经济开发区，与原有位置相比发生了明显程度的北移。同时，温点区数量明显减少，主要分布在金霞经济开发区以北区域。冷点区主要存在于城市中心区外围的远郊区。

大型物流企业空间布局的热点区演化具有以下特征：

（1）大型物流企业布局的热点区在研究的 3 个时期内均位于城市中心区。

（2）2007—2010 年，企业布局的倾向性较为分散，后期其聚集程度较为明显。

（3）大型物流企业布局的冷点区位置由近郊区向中心城区外围的远郊区转移趋势明显。

4.4.2.2　中型物流企业空间格局

中型物流企业发展资金比大型物流企业要弱，市场能力不成熟，企业运作模式受“大而全、小而全”思想影响，发展进程始终较为缓慢，需要加大对人才技术的投入，加强基础设施建设，长沙市中型物流企业在市域内的分布情况如图 4-16 所示。

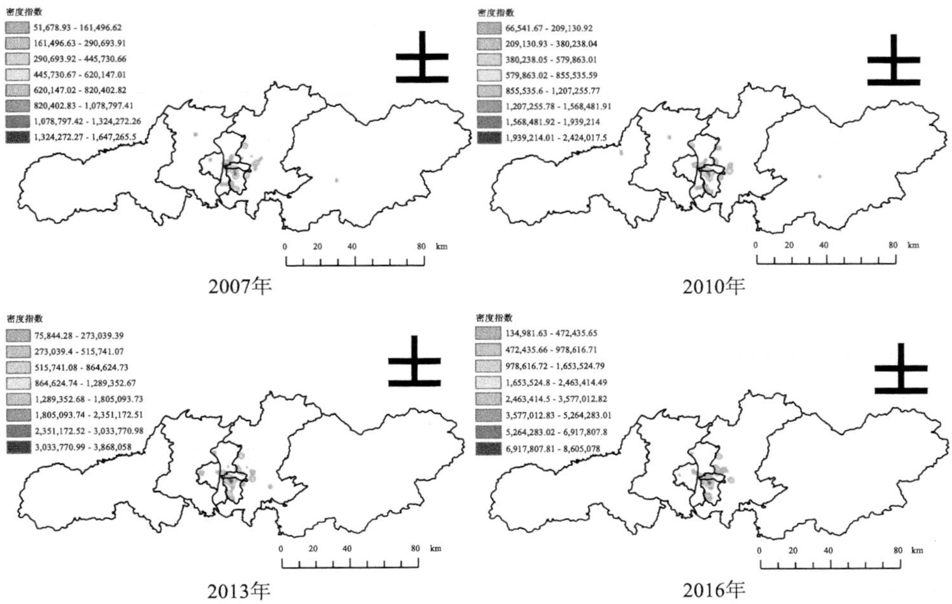

图 4-16　长沙市中型物流企业密度分布示意

图 4-16 显示的是长沙市 2007—2016 年中型物流企业的密度分布演化，中型物流企业空间分布格局的演变趋势呈现出由“双核”模式向“单核多中心”模式演变的特征。

2007 年，中型物流企业的空间分布表现出与大型物流企业的相似性，相对于大型物流企业的分布范围更广，集聚程度更高，在中心城区高等级集聚核，向北延伸至岳麓区东与开福区交界处，向南延伸至雨花区南部黎托仓储中心，在雨花区的分布范围大于大型物流企业的分布。

2010 年，中型物流企业在中心区的集聚范围进一步扩大，主要的集聚中心在芙蓉区的榔梨填黎江智能物流园、长沙火车站附近、雨花区湖南省长沙市雨花区黎托乡的合丰物流园，在芙蓉区东部的隆平高科技园也有中型物流企业的集聚，雨花区南部的中型物流企业产生南部的集聚中心，同时，在开福区的西北部青竹湖金霞物流园开始发展中型物流企业集聚中心。

2013 年，以开福区南部为中心的集聚中心的集聚范围和集聚程度减小，其周围的湖南省长沙市开福区楚家湖路东 50 米的长燃智慧物流园出现程度较强的集聚点，芙蓉区东部的隆平高科技园的集聚点持续发展，雨花区南部的湖南省长沙市雨花区环保科技园长沙同超桃阳物流园发展成为中型物流企业在雨花区的集聚点，在集聚点增加，集聚范围扩大的同时，中型物流企业在各物流园区的拓展趋势显现，在远郊区，长沙县长沙经济开发区的集聚中心等开始发展。

2016 年，中型物流企业的集聚强度主要是在雨花区中港物流园和黎托乡的合丰物流园，向北拓展的芙蓉区西部地区等形成集聚核，其他的集聚点以开福区的恒广国际物流园、雨花区的长沙同超桃阳物流园和芙蓉区的隆平高科技园为次要的中型物流企业集聚点，中型物流企业的集聚范围在市中心扩大，金霞物流园区的发展也带动了中型物流企业在开福区北部集聚，中型物流企业在中心城区及近郊区的集聚核较为稳定，主要是四个集聚点，雨花区北部的集聚强度略有上升，集聚中心的增加，集聚范围更广，开福区以及雨花区南部和芙蓉区北部的次要集聚点稳定发展，形成重要的集聚核。同时，长沙新港、长沙新北站位置的改变和长沙传化公路港的建设等带动了中型物流企业在后期的布局选择。

相比大型物流企业，中型物流企业在特定地点的集聚强度明显更高，但其在近郊区及远郊区的布局强度要低于大型物流企业，且呈现出的郊区化时间要晚于大型物流企业。

图 4 - 17 显示的是 3 个时间段内中型物流企业分布的热点演化。

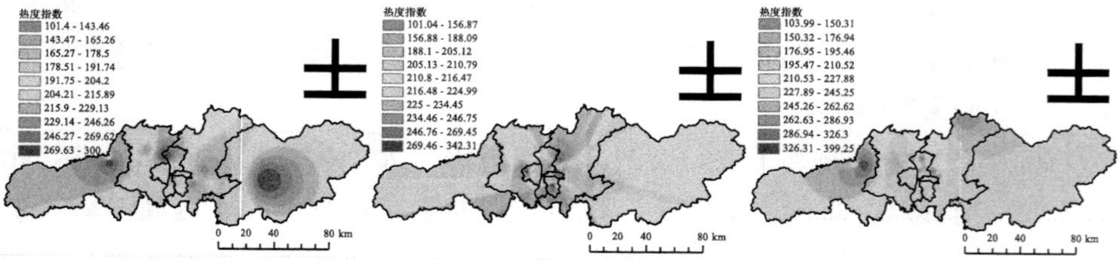

图 4 - 17　长沙市中型物流企业空间分布的热点演化示意

2007—2010 年，相对于大型物流企业的分布热点，中型物流企业不同的是在早期的热点布局比较分散，中型物流企业热点区主要在以长沙佳奇物流有限公司为中心的宁乡县、以金霞物流园为中心开福区北部的青竹湖地区和望城区东北部、以湖南省湘粤华物流有限公司为中心的浏阳城区、在市中心主要是以长沙火车站为中心的热点分布，同时，近郊区都为温点区分布的范围，在热点范围的集中上，中型物流企业要明显广于大型物流企业。

2010—2013 年，中型物流企业的热点主要分布在中心和近郊的区域，远郊的宁乡县和浏阳县转为冷点区，主要热点是望城区的高星物流园、开福区东北部的恒广国际物流园、芙蓉区的隆平高科技园和雨花区的湖南物流总部物流园，主要温点区是长沙南部和长沙县以北的地区。

2013—2016 年，最主要的表现是热点的分布更加集中，主要是以北为金霞物流园、以南为芙蓉区东部的隆平高科技园形成热点带，远郊热点主要是以湖南锦润物流有限公司为中心的宁乡经济开发区，说明在此阶段中型物流企业的近郊化倾向性较为明显。

中型物流企业空间布局的热点区演化具有以下特征：

（1）中型物流企业布局热点区变动较为明显，稳定性偏弱，2007—2010 年布局热点位于远郊区与城市中心区，后期逐步转向近郊区，直至城市中心区转变为温点区域，近郊区成为热点区域。

（2）与大型物流企业相比，2010—2016 年的郊区化布局倾向较为明显。

4.4.2.3　小微型物流企业空间格局

小微型物流企业的经营模式具有针对性，在客户订单方面的灵活性强，对企业需要的次要技术大多与专业公司进行合作，在发展的过程中，需要提高服务的精细程度，扩大自己的服务范围，提高自己的竞争优势，长沙市小微型物流企业在市域内的分布情况如图 4－18 所示。

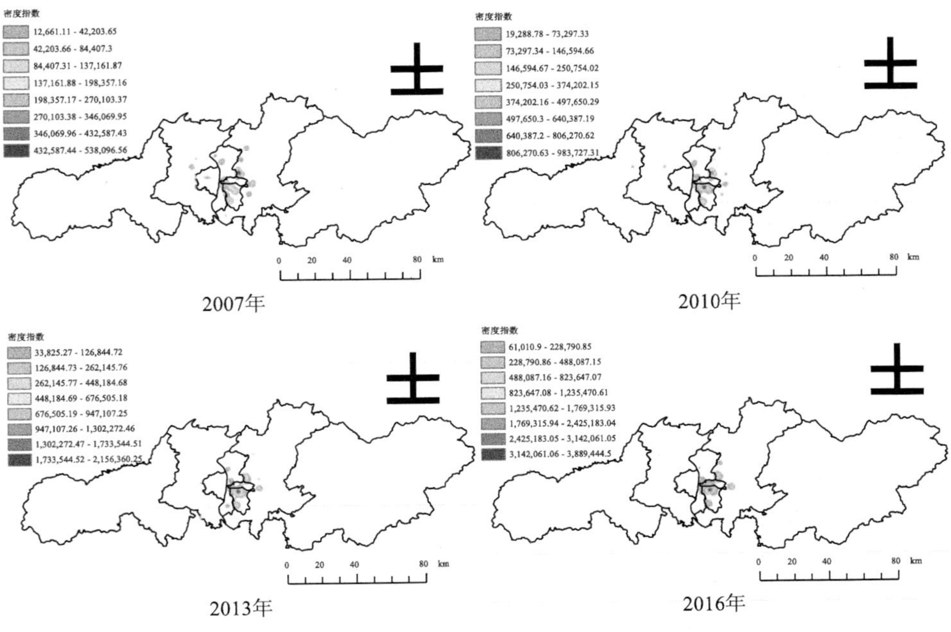

图 4－18　长沙市小微型物流企业密度分布示意

图 4 - 18 显示的是 2007—2016 年小微型物流企业的密度分布演化，其空间分布格局的演变趋势与中型物流企业相比在市中心的布局上有所改变，2007—2016 年，密度分布的模式呈现出由“多核多中心”向“单核”演变的特征。

2007 年，在市中心的企业集聚相对于大型、中型物流企业分布范围明显减少，市中心的集聚点是以火车站为中心的企业集聚，呈现由集聚核向东南方向的芙蓉区呈带状显现出集聚带，近郊的集聚点主要是开福区的星沙物流园和雨花区南部的环保科技园，次热点是芙蓉区东部的隆平高科技园。

2010 年，小微型物流企业的主要集聚点往东南方向转移，雨花区的合丰物流园成为主要的集聚核，星沙物流园的企业集聚较为稳定，原主要的集聚点长沙火车站和雨花区环保科技园的企业集聚强度减弱，相对于 2007 年，企业集聚的分布范围扩大，市中心集聚范围扩大的速度明显。

2010—2013 年，以雨花区合丰物流园为核心的集聚范围扩大，形成主要的小微型物流企业集聚点，雨花区高桥货运市场和合丰物流园的客户需求总量大，物流市场广阔，如附近的五一广场、火车站、芙蓉区的韭菜园等都是企业集聚的地区，客户信息量大。主要的物流园：中港物流园、飞豹物流园、长沙格西物流园和望龙村物流园等周围物流园区的竞争，通过与市场的客户群体长期的战略合作达到物流园区的长期发展。主要交通枢纽优势地区：京广高速、武广高速、公路的交错，交通区位优势明显，市中心的集聚点向外拓展扩大集聚范围。

2013—2016 年和 2010—2013 年相比，总体的集聚点变化平稳，市中心雨花区合丰物流园的集聚点缩小，集聚范围向外增大，其周围的小微型物流企业集聚点增多，在近郊区，由于开福区金霞地区物流园的发展，小微型物流企业的集聚向北拓展，小微型物流企业在空间分布上拓展迅速，主要是以市中心向外部延伸，且企业分布密度的梯度递减。

图 4 - 19 显示的是 3 个时间段内小微型物流企业分布的热点演化。

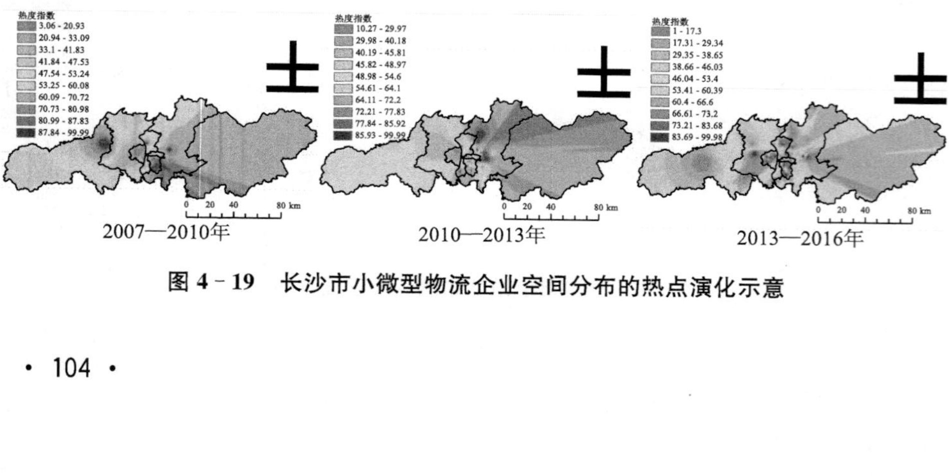

图 4 - 19　长沙市小微型物流企业空间分布的热点演化示意

2007—2010年，小微型物流企业布局的主要热点区位于宁乡市、芙蓉区及经济开发区。次热点区则包括金霞经济开发区、长沙县北部、浏阳市。说明此阶段小微型物流企业布局的倾向性已在近郊区与远郊区显现。

2010—2013年，热点区主要分布在长沙县中心及北部、浏阳市北部及南部；次热点区在浏阳市中心，布局的冷点区主要显现在长沙西部。金霞经济开发区处于温点区。此阶段，企业布局的冷点区主要位于宁乡市北部、望城区中部等地，并且冷热区域分区明显。

2013—2016年，与前期的空间布局热点区格局相比发生了较大改变，城市中心区大部分已经演化为小微型物流企业布局的热点区，中心城区以外地区的企业布局从热点区向次热点区变化，说明此阶段，小微型物流企业开始向长沙市内移动，并以长沙市为中心向外辐射。宁乡市仍是该型企业规避的区域。与宁乡的冷点区形成鲜明对比的是，位于望城区南部、长沙市西部、长沙县北部、浏阳市则形成企业布局的热点区与温点区。

小微型物流企业空间布局的热点区演化具有以下特点：

(1) 小微型物流企业在整个研究阶段有向中心城区移动的趋势，其逐步由冷点区向热点区转变。

(2) 小微型物流企业倾向布局的区域偏向于近郊区与远郊区，特别是在研究后期，小微型企业在远郊区布局的倾向性更为明显。

(3) 小微型企业倾向布局的强度要明显高于大中型物流企业，表现出长沙小微型企业数量较多。

4.4.3 A级物流企业空间格局

近年来，长沙现代物流业发展迅速，2016年长沙市实现社会物流总额3.67万亿元，同比增长12%；实现物流业增加值670亿元，同比增长6.5%。全市年物流收入超过10亿元的企业达到9家，超过1亿元的企业36家。全市标准仓储规模达380万平方米，5星级仓储物流企业15家，初步形成了布局合理、功能配套的仓储物流发展格局。A级企业数据详见附件二。

图4-20显示的是3个时间段的A级物流企业空间分布的热点演化。

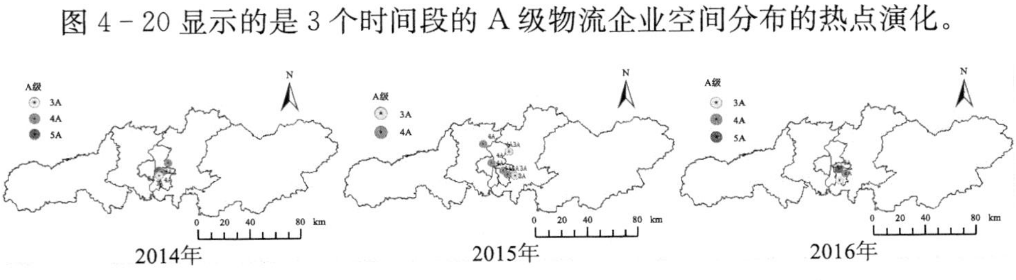

图4-20 长沙市A级物流企业空间分布的热点演化示意

在2014年，被评为A级的企业主要分布在芙蓉区和雨花区，共有4家企业。其中，湖南中庆物流有限公司被评为3A级企业；长沙长远物流有限公司、湖南恒邦物流有限公司被评为4A级企业；物产中拓股份有限公司被评为5A级企业。

在2015年，A级企业主要分布在长沙县、雨花区、开福区，共有9家企业。其中，湖南科风速运有限公司、长沙建庄物流有限公司、长沙晨辉物流有限公司、长沙市富香物流有限公司被评为3A级企业；长沙恒广物流有限公司、湖南中飞物流有限公司、湖南龙骧洪鑫物流集团有限责任公司、湖南湾田实业有限公司、湖南省通信产业服务有限公司物流分公司被评为4A级企业。湖南湾田实业有限公司位于金霞经济开发区。

在2016年，被评为A级的企业主要分布在雨花区，共3家企业。其中，长沙诚安物流有限公司被评为3A级企业；湖南省行行行仓储经营管理有限公司被评为4A级企业；湖南省首邦物流有限公司被评为5A级企业。

总结2014—2016年星级企业分布情况。其特点如下：

（1）2015年被评为A级企业数量较多。

（2）主要分布在长沙市内，包括雨花区、开福区等。

4.5 长沙市物流企业在金霞经济开发区集聚情况

在上述内容中对位于长沙市的物流企业进行了分类来分析金霞经济开发区在长沙市的集聚情况，首先将物流企业根据不同的功能分为5类企业，包括仓储企业、运输企业、货代信息企业、现代综合型企业、城市配送型企业；其次将物流企业根据不同规模分为3类企业，包括大型、中型、小微型物流企业。关于各类企业2016年在金霞经济开发区的数量总体情况如表4-5所示。

表4-5 2016年长沙各类企业在金霞经济开发区的数量

	仓储	运输	货代信息	现代综合型物流	城市配送型物流	大型物流	中型物流	小微型物流
数量（个）	32	39	32	26	10	33	6	17
百分比（%）	5.93	5.56	5.97	7.72	4.98	8.73	2.56	4.62

金霞经济开发区在5大类不同功能的企业中，现代综合型物流企业数量为26家，且占百分比达到了7.72%；仓储、运输、货代信息企业数量分别为32、39、32家，并且所占百分比近似，分别为5.93%、5.56%、5.97%；由于地理位置离市中心较远等原因，城市配送物流企业较少，数量为26家，所占百分比为4.98%。

按规模大小来划分长沙市物流企业时，金霞经济开发区占比最大的是大型物流企业，数量达到了33家，所占百分比为8.73%；中型物流企业共有6家，所占百分比比大型物流企业减少了3/4，为2.56%；小微型物流企业为17家，占4.62%。

以上数据表明金霞经济开发区对大型物流企业和现代综合型物流企业有较大的吸引力。金霞经济开发区唯一集水运、公路、铁路、航空和管道五元化网络交通运输优势于一体的物流园区，为该两类型企业提供了良好的发展空间。

5 金霞经济开发区物流节点时空演化

与洞庭湖城陵矶遥相呼应，长沙市北城正崛起一个大进大出的物流平台——金霞经济开发区。金霞经济开发区与霞凝港、黄花国际机场协调配合，优势互补，以国际多式联运为依托，以国际进出口货物和专业产品仓储、运输、加工等为主，并具有海关、检验检疫、信息、咨询、综合服务等功能，形成国际物流集散中转中心。本章将分别从港口、空港、铁路和园区产业四个方面阐释金霞经济开发区物流节点的空间布局特征与演化过程。

5.1 港口物流节点空间布局特征与演化过程

长沙霞凝新港是目前湘江流域最深的内河港口之一，位于我国中部地区最大的物流园区——金霞物流园区内。

5.1.1 长沙新港规模布局的四个发展阶段

长沙霞凝新港（简称长沙新港）是湖南省与长江流域及海外市场加强经济合作、开展物资交流的重要基础，已成为我国中部地区重要的水陆交通枢纽，是国家交通部确定的全国28个内河港口主枢纽工程之一。作为金霞经济开发区重要物流节点之一的长沙新港，它的演化过程对“金霞物流谷”的建设起着尤为重要的作用。随着科学技术的迅猛发展，对造船业、交通运输业和物流业空间组织带来了深刻变革，伴随长沙市建设国际航运中心步伐的加快，为适应国际远洋运输的发展需求和城市内部功能置换，其港口码头的规模布局也逐步经历了四个发展阶段。

5.1.1.1 “十五”期间（2001—2005年）

霞凝港区一期工程于2001年8月21日开始动工建设，2004年8月工程全部竣工交付使用，共建成4个1000吨级泊位，其中集装箱泊位2个，重件兼集装箱泊位2个。长沙新港自2003年7月底实现试投产以来，克服了湘江

2002年四季度长时间枯水位的影响与拆迁腾地的影响，2003年5个月试投产期间，长沙新港共完成国际集装箱2.56万标箱，其他散杂货24万吨，为2002年同期的180%。按照目前的发展趋势，长沙新港国际集装箱吞吐量突破5万标箱，其他散杂货吞吐量达到50万吨。

5.1.1.2 “十一五”期间（2006—2010年）

霞凝港区二期工程于2005年1月动工兴建，在二期工程中建设港区用地732亩。至此，长沙新港成为拥有8个千吨级泊位、货物吞吐能力达1100多万吨（其中，集装箱36万标箱）的现代化港口。长沙霞凝二期的建成投产，使得长沙新港的物流能力有了质的飞跃，港口货物吞吐能力不断提高，吞吐量每年以30%幅度增长，2006年港口货物吞吐量达260万吨，国际集装箱达8.3万标箱。

长沙新港各项业务运营正常，2009年8月10日，位于长沙新港东的长沙市金霞保税物流中心正式封关运行并在中部地区率先推出“区港联动”监管模式，对进出金霞保税物流中心的货物实行“一次报关、一次查验、一次放行”的直通式作业流程，实现保税物流中心与长沙新港、机场空港以及铁路、公路口岸、沿海港口的联动发展，将关区港口功能延伸至保税物流中心，实现区港之间的无缝对接和货物的快捷流转，从而有效降低通关成本，提高监管效能，优化监管服务。该港2009年尽管受全球金融危机及遭遇湘江罕见枯水影响，仍突破10万标箱，占全省水运集装箱吞吐量的70%。湘江通航能力提升，港口发展潜在优势。集装箱年吞吐量创历史最高纪录，迈上内河支线港口领先地位。

5.1.1.3 “十二五”期间（2011—2015年）

霞凝港区三期工程属交通部“十二五”规划项目，湖南省、长沙市重点工程。建设规模在霞凝港区现有工程上游新建2000吨级（兼顾3000吨级）多用途泊位2个、滚装泊位1个。在现有工程的下游新建2000吨级（兼顾3000吨级）件杂货泊位3个。三期工程建成后，港区内铁路专一用线2.64km，港外联络线3.1km。并配套建设相应的库场、道路和生产生活辅助设施。三期工程建成后将与快速完善的公路、航空等交通运输方式相互呼应，形成立足长沙、影响湖南、辐射全国的铁路、公路、水运立体交通运输网络体系，使长沙尽享长江黄金水道的便利，凭借长沙至上海港的这条“黄金水道”，货物从长沙新港装船启运上海，然后转海运到世界各地，进出口“一条龙”。

2006 年以来长沙新港吞吐量保持了增长的态势，从 2006 年的 260 万吨增长至 2013 年的 350 万吨，期间虽受 2008 年全球金融危机影响，吞吐量有所波动并增速缓慢，但总体还是呈增长趋势，如图 5－1 所示。2011 年 12 月 27 日，长沙新港水运口岸正式通过验收并开放，长沙至上海国际集装箱运输“五定班轮”正式开通，对推进长江中游航运的发展，打造内陆出海口，满足水路集装箱运输量的增长，具有极其重要的意义。随着长沙新港建设步伐的加速与基础设施的不断完善，自 2012 年后，长沙新港的吞吐量一直保持迅猛增速。长沙新港是国家二类水运口岸，长沙新港货物通过湘江入长江经上海港中转运往世界各基本港，形成了“通江达海，物流全球”的水路网络体系。

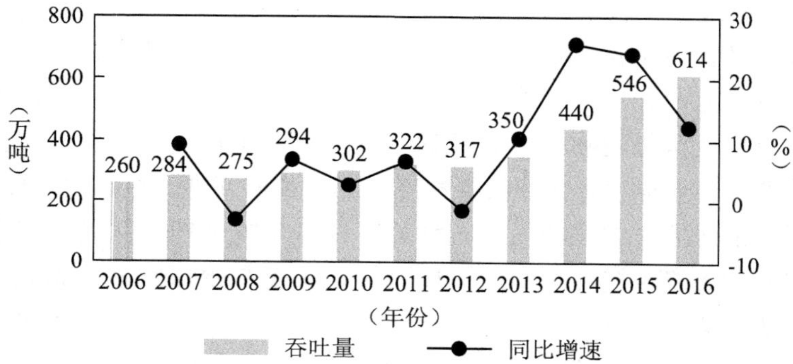

图 5－1　长沙新港吞吐量增长趋势

数据来源：调研数据。

5.1.1.4　“十三五”期间（2016—2020 年）

2017 年 3 月，《长沙市“十三五”现代服务业发展规划》（简称《规划》）正式出炉。根据规划，长沙市将构建以长沙新港、黄花国际机场为依托，公路、铁路和内河航运为主体的多式联运物流网络，打造我国中部地区的物流大通道。同时，根据产业发展需求，会大力推进专业码头和集装箱码头建设，把长沙港打造成为专业化运输核心港区和全国内河主枢纽港口。这对长沙新港提升国家级枢纽口岸功能，建设内河水运口岸有极大的推进作用。

5.1.2　长沙新港的发展演化过程

在新搭建的长沙新港物流系统中，借助临港地区的金霞现代物流园（包含第三方物流公司、保税中心、在建的出口加工区和信息中心等）、长沙铁路新北站和长沙捷安航运有限责任公司等物流资源，将各方物流资源高度整合，并且明确各方在长沙新港物流系统中的作用，组成了现代横跨生产、运输、配送、销售等多个行业的“大物流”，这是未来港口物流发展的一个大趋势。在新的物流系统中，各组成部分相辅相成，有机互动，共同搭建起海陆相连的长沙新港现代港口物流系统，必将对湖南区域经济发展带来全新的发展机遇。长沙新港物流系统各主要成员单位及系统分工如表 5-1 所示。

表 5-1　长沙新港物流系统各主要成员单位及系统分工

主要成员单位	系统分工
临港工商业	港口主要进出口货物生产加工场所
金霞保税物流中心	仓储配送服务
物流人才培养	培养输出专业物流管理和技术人员
金霞现代物流园	公路运输（中外运、联运）、信息服务（物流信息中心）
长沙铁路货运新北站	铁路运输
长沙捷安航运有限公司	水上运输
金融、保险机构等	金融、保险服务
海关、检验检疫部门等	进出口安全检查

虽然长沙市既不沿边，又不沿海，但改革开放以来，地处中部的长沙市成为“内陆的前沿、沿海的后方”，具有辐射内陆、承接沿海的双向开放优势。随着我国沿海经济向内地辐射以及西部大开发战略的实施，长沙市将成为支撑沿海开放地区的后方基地和促进西部大开发的先导城市，作为湖南省最具活力和竞争力的长沙新港在长沙市经济中的作用和战略地位日益凸显。充分发挥长沙新港通江达海和公铁水联运的优势，依托金霞保税物流中心，金霞经济开发区呈现出蓬勃的发展态势。

5.2 空港物流节点空间分布与演化

随着经济全球化进程的逐步加快，企业国际分工合作空间日益广阔，远距离运输需求不断增长。空港运输作为最为快捷、高效的长距离运输方式，在全球经济化的生活中发挥着越来越重要的作用。机场建设带动相关临空产业的兴起和发展，推动航空货运量的攀升，从而使机场及其周边区域日益演化为一个物流活动高度集聚的区域，推动空港物流业与区域经济的融合发展。

5.2.1 长沙黄花国际机场的发展现状

改扩建长沙黄花国际机场已经被列入空港发展的“十三五”规划中。随着黄花国际机场建设发展，它将进一步提升、完善其对内和周边的网络联系，将使其辐射经济带动力得到充分发挥，主要服务于机场周边的临空经济区。而金霞物流区距长沙黄花国际机场车程仅20分钟，与国内外大城市的联系十分便利。随着黄花国际机场这个物流节点的不断演化，它将成为我国中部地区区域性枢纽机场，对金霞经济开发区的辐射和带动优势也会更加明显。

长沙向“航空城”的目标迈进，货运需求总量在增长的同时，便捷、高效、远距离的货邮运输需求也急剧增长，对航空货运的发展提出了新的要求。长沙黄花国际机场的发展，推动了长沙市域内物流业的东向发展进程。而原本受益于其中的金霞经济开发区受机场的辐射带动作用将会更强、交通区位优势将会更加明显。依托独特的物流优势，更将助力于打造具有国内、国际影响力的“中国金霞物流谷”。

5.2.2 长沙黄花国际机场的发展演化过程

长沙市金霞经济开发区区位布局合理，平台通道良好，空港交通运输区位优势也特别明显，与长沙黄花国际机场接壤，在大力发展空港货运物流上取得了巨大成就。长沙黄花国际机场是湖南省长沙市长沙县黄花镇的一个商用国际机场，位于长沙市城东，有长沙机场高速公路和长永高速公路直达，是全球百强机场之一。长沙黄花国际机场始建于1986年按4D级规模动工兴建，于1989年启用，至今已多次扩建。目前飞行区等级已由4D升为4E，是国内主要干线机场之一，是湖南省规模最大的航空港。长沙黄花国际机场自1989年通航后，已经发展成为中部地区最繁忙的空港枢纽之一，1990—1998年，货邮行发运量平均以23.5%的速率递增。特别是国家提出“中部崛起”后，湖南省新型工业化进程加快、招商力度加大，黄花国际机场在世界航空货运网络中的节点地位得以提升，成为城市产业转型和区域经济发展的重要引擎。

货运量的增长离不开运力的增强。黄花国际机场开通了直航台北、新加坡、高雄的航线，截至2011年，黄花国际机场有8条国际定期航线。2016年以来，随着湖南与世界的交流合作日益频繁，长沙航空口岸发展迅猛，机场可直航境内 75 个主要城市和中国香港、曼谷、首尔、釜山、大阪等国内和国外城市。截至 2017 年 6 月，长沙航空口岸共开通涉及亚洲、美洲、欧洲 20 个国家（地区）48 条航线。其中，有 12 个国家（地区）21 条定期航线航班，有 10 个国家（地区）20 条航线包机航班，还有 7 条代码共享航线航班，分别是长沙始发经上海到法兰克福、巴黎、伦敦、洛杉矶等欧美航班。具体年份航班定期航线见附件三、附件四。

2007 年以来长沙黄花国际机场货邮吞吐量保持了快速增长的态势。从 2007 的 6.87 万吨增长至 13.03 万吨，期间虽受 2008 年全球金融危机影响，货运量有所减少，但总体增长趋势明显（如图 5 - 2 所示），其中黄花国际机场的 2010 年货邮吞吐量已位居全国前列，排名 21。在未来，长沙市包括金霞经济开发区的经济发展方向将对其航空物流业产生越来越大的需求。长沙黄花国际机场的货运量将在未来 10 年内达到 80 万吨，远期规划货邮吞吐量为 180 万吨。随着黄花国际机场基础设施的不断完善与建设进程的加快，为金霞经济开发区的发展提供了极大的机遇与挑战。

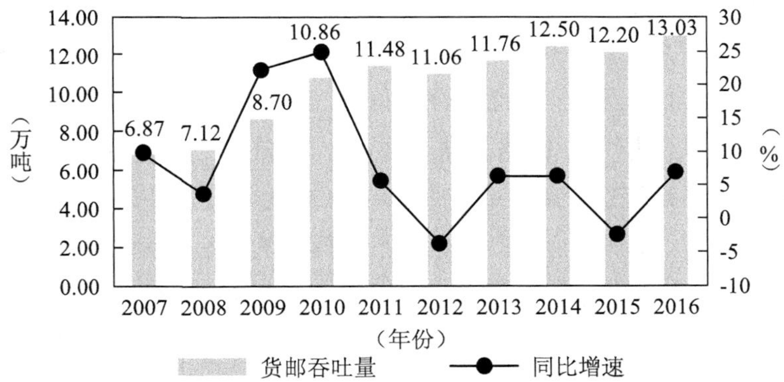

图 5 - 2　2007—2016 年长沙黄花国际机场货邮吞吐量

5.3　铁路物流节点空间分布演化

目前，铁路运输是最有效的已知陆上交通方式。本节从长沙货运北站、长沙市金霞经济开发区五定班列、湘欧快线发展现状方面，分析金霞经济开发区铁路物流节点空间分布演化。

5.3.1 长沙市铁路枢纽发展现状

长沙市铁路枢纽依靠完善的场站、发达的线路以及繁忙的物流、车流，形成了功能强大的铁路枢纽体系，是我国重要的铁路客运枢纽，凭借密集的铁路网络而成为重要的铁路货运枢纽。长沙市的铁路站点有长沙火车站、长沙南站、长沙北站，主要的铁路线路有贯穿城区南北的京广铁路，连接东西的沪昆铁路，京广高速铁路与沪昆高速铁路在长沙火车南站交会，此外，长石铁路、武广高速铁路穿境而过。

长沙站位于芙蓉区车站中路与五一大道交会处以东、京广线客车外绕线上。京广铁路、石长铁路及长株潭城际铁路在本站交会。长沙南站位于雨花区黎托乡花侯路以东，是连接京广高铁与沪昆高铁的重要枢纽，中南地区的区域性铁路客运中心。根据规划，未来渝长厦铁路也将横穿长沙。届时，长沙将成为中部地区最大的高铁枢纽之一，并形成“12345”的快速交通网，即1小时到武汉，2小时到广州，3小时到重庆、杭州、深圳，4小时到上海、成都、昆明，5小时到北京。现在株洲、湘潭到长沙都只有40km，株潭两市距离更近，只有20km，再过10年三市就完全融城了，所以长沙铁路枢纽是三市组合成为的特大型金三角铁路枢纽，长沙火车站是京广铁路和石长铁路交会的丁字型铁路枢纽。铁路枢纽与主要经济开发区相互联结、共同发展，如金霞经济开发区园区，京广铁路贯穿园区南北，石长铁路连接东西，京珠高速、长常高速、107国道、319国道交会于金霞经济开发区。长沙北站，现为京广线上主要货运站之一，成为下辖长沙北站、长沙东站、黑石铺站、新开铺站、丝茅冲站、捞刀河站和霞凝站的综合性货运站，是广州铁路（集团）公司的最主要直管站段之一，也是长沙地区最重要的货物集散地之一。

长沙市铁路枢纽依靠完善的场站、发达的线路以及繁忙的物流车流，形成了功能强大的铁路枢纽体系，并与长株潭境内公路、水路、航空运输一起成为中南地区经济发展畅通的“血管”和强劲的“传送带”。

由这些铁路线路构成的铁路网络覆盖了几乎整个长沙市，连接了主要的工业园区和大型港口设施，在承担市域范围的物流集疏运功能以及构筑多式联运的物流运输网络方面发挥着重要作用。因此，对站点的空间布局研究是探究长沙市区物流节点空间分布的重要切入点。

5.3.2 长沙铁路枢纽的发展演化过程

5.3.2.1 长沙市金霞经济开发区货运北站的发展演化过程

长沙北站位于霞凝乡，所以又叫霞凝站。20世纪90年代初，货外线断道后，成为尽头式车站，南端为北货外线终端，北端经2km长联络线与京广铁路丝茅冲站衔接，现为京广铁路上主要货运站之一。2004年年底因站段调整，长沙东站、长沙北站、长沙南站（于2007年拆除）合并成立新的长沙北站，2007年将原株洲车务段管辖的黑石铺站纳入长沙车务段管内。2012年随着长沙新港货场投入使用，位于该地区的长沙铁路新北站正式开通运营。长沙新北站是长沙铁路南北站迁建项目的重要组成部分，包括捞刀河站改建工程和霞凝站新建货场工程两大部分。霞凝站新建货场年运量按2000万吨规模规划，年吞吐能力将达到原火车南、北货站的4倍。

长沙老北站位于长沙市芙蓉中路一段。芙蓉路是长沙主干道之一，目前总长达到50km左右，未来芙蓉路将继续南筑，并连通至湘潭市，总长度将超过60km，被称为“中华第一路”，芙蓉路中段两侧区域聚集了70多家支行以上的银行机构、200多处金融网点和大量的证券、保险公司，金融机构数量占全市近50%，初步形成了金融服务聚集区。人民银行长沙中心支行以及中国银行、农业银行、工商银行、建设银行的省级分行均落户。另外，交通银行、招商银行、兴业银行等各家商业银行均有网点布局在这条街上，平安保险、新华人寿保险等也早已完成了这里的抢滩登陆，芙蓉路实际上已经成为长沙人心中的“金融一条街”，但位于芙蓉中路一段的长沙老北站的发展较为沉寂，随着长沙市城市的拓展，原处于城市外围的火车北货运站现已是繁华的中心区域，给城市建设、交通安全、人居环境、安全生产带来诸多问题，阻碍了城市规划的实施和铁路自身的发展，其站场及专线一直是制约城北经济发展和城市建设的瓶颈。近百岁的老北站成为城市价值洼地，该区域大部分为棚户区，居民深受噪声之苦，使旧城区改造受到制约。长沙老北站吊机货场上堆满了货物，大大影响了城市景观。东风路从体育馆路口往北2km没有道路与芙蓉北路相通，使主次干道布局受到影响，旧有的铁路货运北站像一道屏障，把从伍家岭到松桂园的黄金地段分割成两半，铁路两侧几乎无法按城市标准规划建设。

为了酝酿建设长沙“金融城”，政府大力推动长沙货运北站的搬迁和片区棚改，发布一系列改革措施：2006年长沙市第十一次党代会上，长沙市委就决定把长沙打造成区域金融中心；2007年市人民政府决定成立长沙市芙蓉中路金融城领导小组，大力推进金融城项目建设；2008年9月举行的长沙金融创新暨金融新产品合作洽谈会上，长沙市政府对外披露了“芙蓉路金融街策划方案”，并首次提出将在此基础上启动总规划面积1600亩的“金融城”。为使芙蓉路北段发展起来，火车货运北站的搬迁势在必行。

到2012年年底，长沙北站全部搬出城区，该区域因铁路阻隔的所有主次干道都被拉通。

长沙铁路货运新北站于2012年建成，是国家一类铁路口岸，现已正式投入运营，规划用地2km^2，总投资38.6亿元，年货物吞吐能力近期达500万吨/年，远期将达2000万吨/年，现已正式投入运营，月吞吐量达25万吨，最高装载能力可达50节车厢，已成为国内最重要的货运枢纽站之一和国内商贸流通的重要载体。2016年霞凝货场完成营业收入8084.1万元，同比增长32.37%，完成货物吞吐量257.5万吨，同比增长25.3%，其中发送货物9918车，约19.2万吨，到达货场53495车，约238.3万吨。图5－3显示的是2012年前后长沙货运站老北站和新北站位置的演化。由于城市发展历史较早，发展水平较高，对许多内陆地区的经济辐射明显，基于经济紧密联系的铁路建设时间也较早，1998年之前，石长铁路已建通车，京广线的武广段（武汉—广州）2009年建成，沪昆线的长昆段（长沙—昆明）2010年建成通车，长株潭城际铁路2017年建成通车。1998—2017年，铁路线路及货运站点主要位于长沙市中心五个区，其中开福区、芙蓉区铁路网线更密集，主要原因在于：铁路运输承担的主要是陆上运输阶段，长沙市位于东经112°58′，北纬28°11′，湖南省的东部偏北，湘江下游与长浏盆地的西缘。东侧与江西省宜春地区和萍乡市相邻，西面与娄底、益阳两市相连接，南面与株洲、湘潭两市相连接，北面与岳阳、益阳两市相连接，与广大内陆地区在经济联系过程中的货物运输主要可通过铁路运输完成。

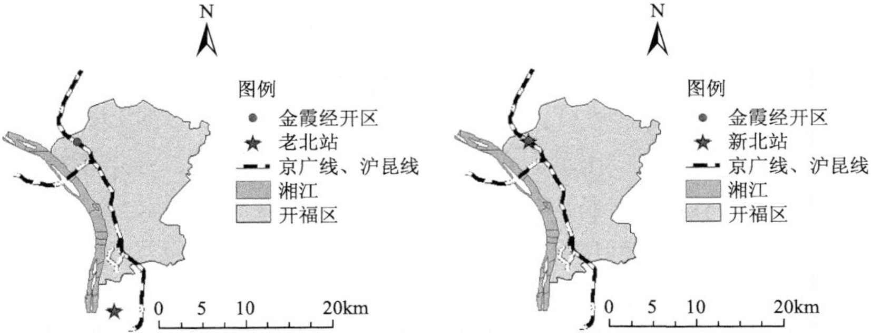

图 5－3　2012 年前后长沙货运站老北站和新北站位置的演化

5.3.2.2　长沙市金霞经济开发区五定班列的发展演化过程

2012 年 1 月新北站开通了长沙至广州、深圳的“五定班列”（见图 5－4），即定点——地点、定线——运行线、定车次、定时——到发时间、定价——价格，全程 854km，被交通运输部和原铁道部定为铁水联运示范线之一，现已成为广铁集团和湖南省的知名品牌。2012 年 7 月，长沙至深圳集装箱铁水联运示范项目暨湖南内陆港——长沙无水港（指在内陆地区建立的具有报关、报验、签发提单等港口服务功能的物流中心。内陆的进出口商可以当地完成订舱、报关、报验等手续。将货物交给货代或船舶公司）正式运营，进出口货物将实现在长沙“一次报关、一次查检、一次放行”，使深圳港口功能在内陆长沙得以延伸，可将“湖南制造”的重型机械、电子、汽车及零部件、新材料等产品搭乘长沙—深圳班列跨洋出海，出口到全球，实现了长沙市铁路运输和国际海洋运输的无缝对接，打造内陆地区海铁联运新模式。

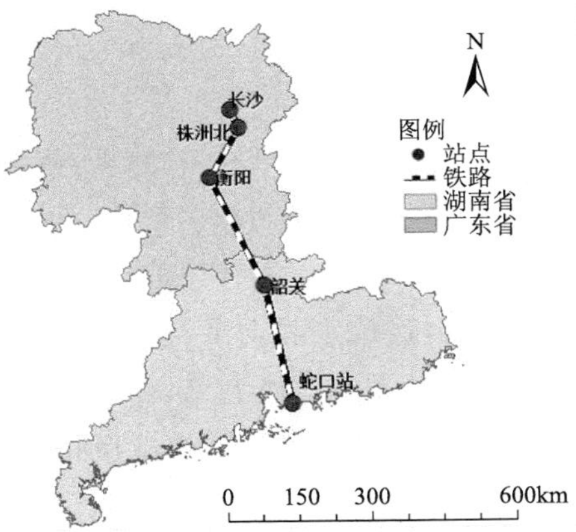

图 5－4　五定班列路线

5.3.2.3 长沙市金霞经济开发区湘欧班列的发展演化过程

2014年正式开通直达欧洲的国际铁路货运专列"湘欧班列"，从长沙火车新北站（霞凝站）始发，运行路线为"一主两辅"。"一主"为长沙—德国杜伊斯堡，通过新疆阿拉山口出境，途经哈萨克斯坦、俄罗斯、白俄罗斯、波兰、德国，全程11808km，运行时间18天。"两辅"一条是经新疆霍尔果斯出境，最终抵达乌兹别克斯坦的塔什干，全程6146km，运行时间11天；另一条是经二连浩特（或满洲里）出境后，到达俄罗斯莫斯科，全程8047km（或10090km），运行时间13天（或15天）。进入常态化后，初步计划2015年起每10天开行一趟（每月开行主线班列1趟，辅线班列2趟）。"湘欧班列"沿途经过6个国家，历经2次转关、2次换轨。

2014年，"湘欧班列"正式开通，结束了湖南和欧洲进出口货物单纯依赖海运的历史。

2014年10月，试运行首发长沙—杜伊斯堡、长沙—莫斯科、长沙—塔什干。

2015年4月，欧洲回城班列试运行首发杜伊斯堡（汉堡）—华沙—长沙。

2016年12月，开通白俄罗斯明斯克班列。

2017年5月，开通长沙—布达佩斯班列。

2017—2018年，预开通湘粤专线班列、宁波—长沙专线班列、长沙—越南班列。

班列路线：

欧洲班列（去程）：长沙—二连/满洲里—马拉/汉堡/杜伊斯堡
长沙—二连/满洲里—基辅/布达佩斯
长沙—二连/满洲里—明斯克

欧洲班列（回程）：汉堡/杜伊斯堡—阿拉山口—长沙

中亚班列：长沙—阿拉山口—塔什干/阿拉木图/阿斯塔纳

东南亚班列：长沙—凭祥—河内—胡志明市

国内支线：广东东莞石龙—长沙　浙江宁波—长沙

与海运相比，尽管铁路运输成本相对要高，但极具速度优势，"湘欧班列"正成为越来越多高附加值产品出口的首选。

在走向市场化的过程中，铁路运输对于长沙市物流业发展贡献率的显著性明显提升。相关铁路货运站点对于周边地区工业企业、物流企业的吸引力增强，使其在物流网络中的重要性更加突出。

5.4 园区产业空间分布与演化

园区产业是指由利益相互联系的、具有不同分工的、由各个相关行业所组成的业态总称，尽管它们的经营方式、经营形态、企业模式和流通环节有所不同，但是，它们的经营对象和经营范围是围绕着共同产品而展开的，并且可以在构成业态的各个行业内部完成各自的循环。

5.4.1 园区产业现状

长沙市金霞经济开发区经过20多年发展，相继获评“国家级示范物流园区”“中国物流示范基地”“中国物流学会产学研示范基地”“国家电子商务示范基地”“国家新型工业化产业示范基地（工业物流）”、湖南省人民政府首批“省级示范物流园区”和“两型示范园区”等荣誉。园区主动融入国家“一带一路”倡议和长江经济带战略，切实响应国家加快现代物流业发展号召，率先实施传统产业转型升级战略，全力推进“建设大城北，进位国家级”战略目标，打造具有国内、国际影响力的“中国金霞物流谷”。

长沙市金霞经济开发区辖金霞、沙坪、鹅秀、高岭、青竹湖五个组团（见表5-2），四至范围为：南起捞刀河，北至北横线，西临湘江，东至规划中的长青路。

表5-2 五大组团介绍

组团名称	形成时间	规划面积（km^2）	主要功能	规划
沙坪组团	2012年	17.27	加工贸易与都市工业	先进制造园（重点发展基础物流、城市配送、物流专业服务等现代物流产业）
鹅秀组团	1992年	14.31	滨江高端房地产业	生态宜居园（发展物流装备制造、出口加工业、工程机械和汽车零配件生产、新材料和节能环保产品等两型产业）
高岭组团	1992年	23.43	第五代商贸物流市场群	物流商贸园（以生态居住、商贸、商务及休闲旅游等为主的综合服务型组团）

续　表

组团名称	形成时间	规划面积（km^2）	主要功能	规划
金霞组团	1992 年	12.07	现代物流业	保税物流园（定位为国际物流商贸中心，是城北物流次中心，主要发展基础物流、仓储运输和特色商贸）
青竹湖组团	2012 年至今	16.88	服务外包和文化创意产业	生态小镇、创业基地、两型新城

数据来源：金霞经济开发区官网。

长沙市金霞经济开发区拥有独特的交通优势，京广铁路贯穿南北，石长铁路连接东西，京珠高速、长常高速、107 国道、319 国道交会于此，“1 小时经济圈”涵盖湖南省“3＋5”城市群中的 5 个地市，长沙黄花国际机场距此仅 20 分钟车程。1992—2020 年金霞经济开发区空间分布如图 5－5 所示。1992—2020 年金霞经济开发区发展规划如图 5－6 所示。

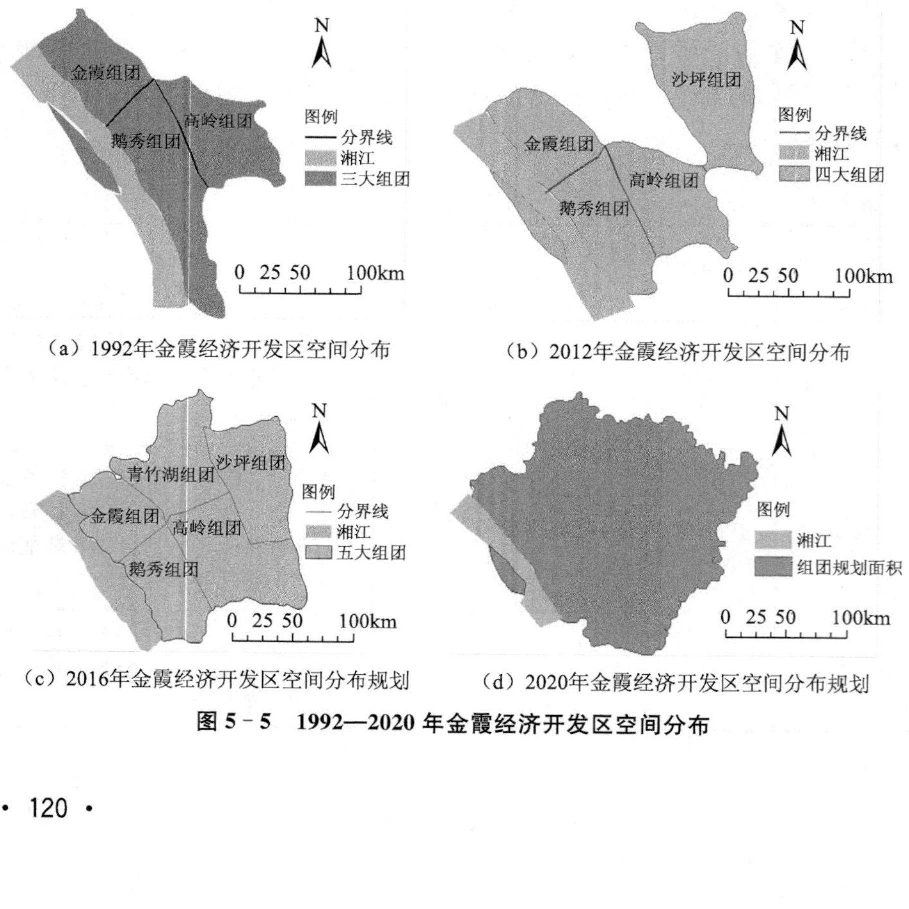

（a）1992年金霞经济开发区空间分布

（b）2012年金霞经济开发区空间分布

（c）2016年金霞经济开发区空间分布规划

（d）2020年金霞经济开发区空间分布规划

图 5－5　1992—2020 年金霞经济开发区空间分布

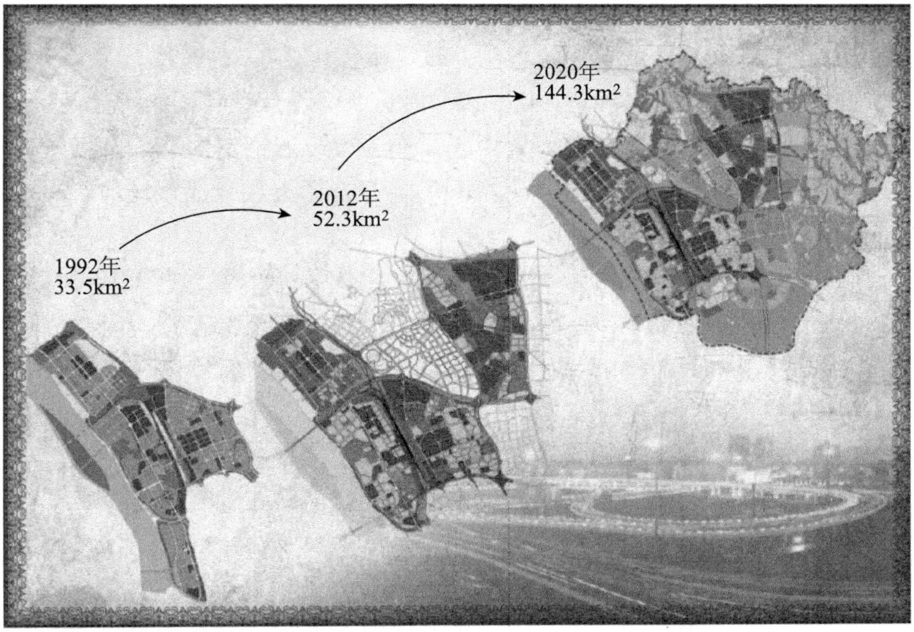

图 5-6 1992—2020 年金霞经济开发区发展规划

5.4.2 园区组团空间布局的三个阶段

1992 年至今，随着经济的迅猛发展，对金霞经济开发区产业空间分布带来了深刻变革，为适应园区的发展需求和调节内部功能，其园区组团的空间布局经历了从三组团到五组团发展的历程。依据其布局特征大致可划分为三个阶段。

阶段一：1992 年之前，形成金霞组团、鹅秀组团、高岭组团，总规划面积 33.5km^2。

金霞组团位于开发区核心地段，定位为湖南省现代综合物流中心，重点发展“互联网＋现代物流”，重点发展基础物流、城市配送、物流专业服务等现代物流产业，引领片区发展主题，用地性质主要为物流仓储用地及工业用地，是金霞物流中心的主体核心区，分为现代物流区、物流服务区、保税区、港口区、铁路站场区和样品展示区六大功能区。

鹅秀组团在整个区域拥有良好的自然生态环境，定位为区域生活服务中心，以生态居住、商贸、商务及休闲旅游等为主的综合服务型组团，用地性质主要为居住用地。根据用地特性，规划功能定位和路网格局，形成“一带二心三区五片”。“一带”即湘江风光带，“二心”即鹅羊山和秀峰山两颗“绿心”，“三区”即规划功能定位的居住、商贸和公共服务，“五片”即主干道为分隔而形成的鹅羊片区、湘粤片区、荷竹片区、兴联片区和戴家河片区。

高岭组团定位为区域物流商贸中心，作为市政府指定的老旧市场提质外迁承接地，主要发展“互联网＋商贸 4.0”、打造第五代专业市场群，用地性质主要为仓储用地和居住用地。

阶段二：1992—2012 年，形成沙坪组团，总规划面积达到 52.3km^2。

沙坪组团总规划面积 52.3km^2，西起中青路，东至长青路，南起绕城高速，北至北横线，是长沙市政府“兴工强市”“建设大城北”“三区三带”发展战略中的两点。

沙坪工业基地主要依托长沙市金霞经济开发区核心产业园——金霞现代物流园的物流优势，重点发展装备制造业、现代能源工业、食品工业、建筑建材加工工业等大运量工业；依托长沙市金霞保税物流中心、长沙出口加工区两大外向型经济平台和口岸优势，发展以 IT 产业、电子信息为主体的出口加工业，定位为“高、精、清”的都市工业园，大力发展符合两型要求的食品工业、建筑工业化等产业。

沙坪工业基地是开福区委、区政府实施“巩固一方阵、建设大城北”战略，搭建新型工业化平台、延伸产业链条、实现“建设拓城与产业拓城”同步推进的重要载体，是长沙市金霞经济开发区优化产业结构，集中发展核心工业的重要基地。

定位为两型特色工业园，主要发展物流装备制造、出口加工业、工程机械和汽车零配件生产、新材料和节能环保产品等两型产业，用地性质主要为工业用地。

阶段三：2012 年至今，形成青竹湖组团，总规划面积达到 144.3km^2。

青竹湖组团：规划面积 144.3km^2，定位为生态小镇、创业基地、两型新城组团，重点打造生态宜居居住区，重点发展服务外包、教育培训、信息服务、商务会展、文化创意、工业设计、休闲娱乐等产业。

5.4.3 园区在空间布局和演化上呈现的主要特征

“十二五”时期，园区克服宏观经济下行的不利形势，立足产业，狠抓项目，集中突破，实现了经济社会持续快速健康发展。但是在资源配置、产业培育、经营发展、配套服务等方面仍然存在一些问题和不足，其中“产业不强”是当中症结所在。

目前，园区处于产业起步阶段。产业项目数量不少，但质量不是很高，特别是作为主导产业的物流产业，传统物流业占比大，现代物流业占比小。龙头型企业不够多，入园的中型、小微型企业居多，财税贡献不强。近几年引进的龙头型企业大多还处于在建和待建阶段，龙头型企业的带动效应不明显，影响力不大，产业集群度不高，物流、商贸、都市工业等产业链还不够完整。

5.4.4 园区内产业5大产业群发展情况

根据金霞经济开发区2016年产业发展情况，按照产业集群、企业集聚的发展思路，着力优化产业结构、整合区域资源，合理布局园区产业，开展产业链招商，把园区内产业分为5大特色产业群：能源产业、医药产业、粮食产业、住宅工业化产业和现代物流产业。一共36家企业，详见附件五。

1. 能源产业发展情况

2016年，园区能源产业完成成品油销量额130.94亿元，同比下降5.11%。受油价持续下跌影响，2016年出现成品油销量上升而销售额下降的情况。主要包括中国石化销售有限公司湖南长沙石油分公司、湖南铭伦石油化工有限公司、中国石化销售有限公司湖南石油高速分公司3家企业。

2. 医药产业发展情况

2016年，园区医药产业完成销售额113.57亿元，同比增长30.79%，主要包括国药控股湖南有限公司、国药控股长沙有限公司、湖南国中医药有限公司、湖南一先药业有限公司、湖南天劲医药有限公司、湖南金谷医药有限公司、湖南和舟医药有限公司、长沙福民医疗器械有限公司、湖南六谷大药房连锁有限公司、湖南慧明医药有限公司、湖南恒昌医药有限公司、湖南同仁医药有限公司、湖南和瑞医药有限公司13家企业。

3. 粮食产业发展情况

2016年，园区粮食完成销售额91.33亿元，同比增长23.25%。主要包括湖南粮食集团有限责任公司、湖南省金梅粮油有限责任公司2家企业。

4. 住宅工业化产业发展情况

2016年，园区住宅工业化产业完成规模工业总产值24.98亿元，同比增长50.84%。主要包括中民筑友有限公司、三新房屋制造股份有限公司、湖南明湘科技发展有限公司、湖南恒盛瑞通新型建材有限公司、湖南金鼎交通构件有限公司5家企业。

5. 现代物流产业发展情况

2016 年，园区物流产业完成营业收入 10.83 亿元，同比下降 4.52%。主要包括湖南省新源石油股份有限公司、长沙市德邦物流有限公司、湖南品骏物流有限公司、湖南大地国际货运有限公司、湖南畅通物流有限公司、湖南长沙新港有限责任公司、长沙集星集装箱码头有限公司、湖南畅达物流有限公司、长沙联运物流有限公司、湖南鸿胜物流有限公司、湖南省康程物流有限公司、湖南汇峰国际货运代理有限公司、湖南省杏林有限公司 13 家企业。

园区五大主要产业 36 家企业总体的空间布局，一方面，具有中心城区指向性，多数产业企业集中分布在中心城区，近郊区分布数量次之，在范围较大的远郊区则分布数量较少，且主要集中在区级经济中心；另一方面，开福区的金霞经济开发区和中心城区五一广场的分布数量明显高于其他地区。不同产业企业由于产业类型、辐射范围的不同，其表现出的空间布局特征有所差异。园区五大产业空间分布如图 5－7 所示。

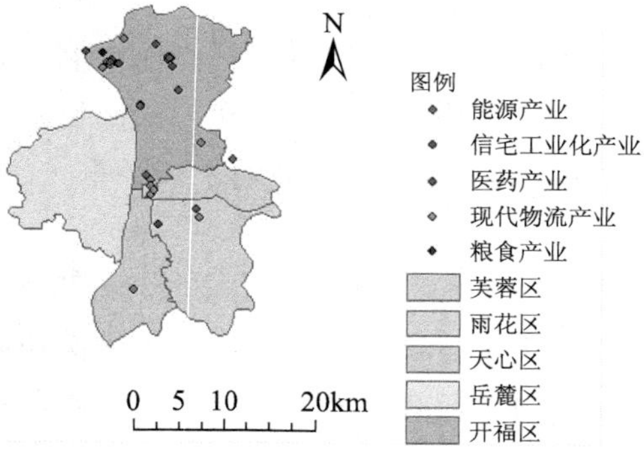

（a）能源产业空间分布

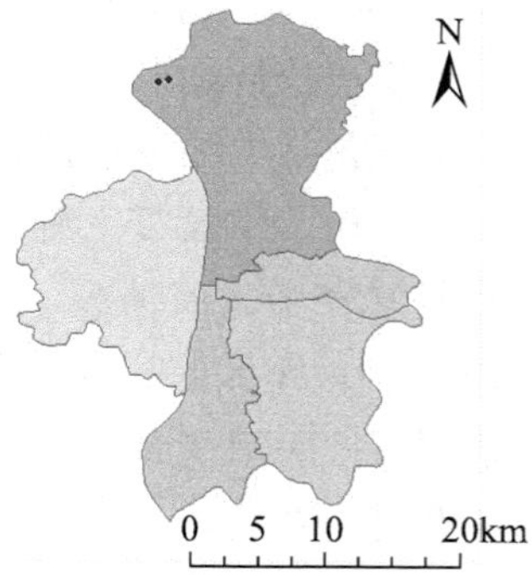

（b）粮食产业空间分布

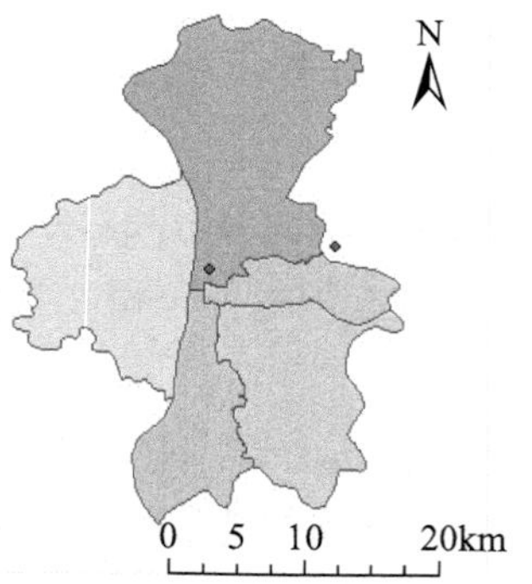

（c）能源产业空间分布

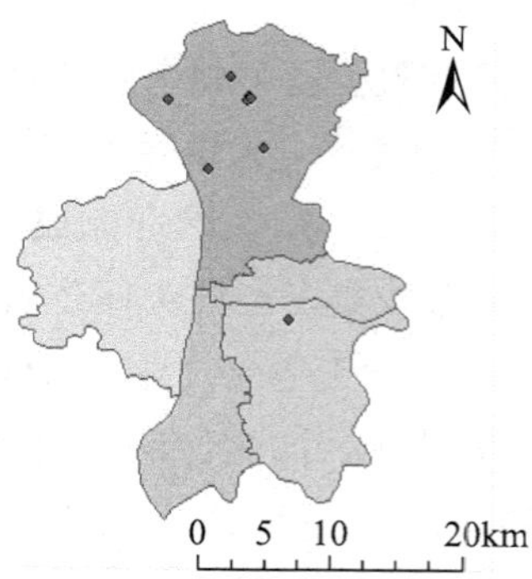

（d）医药产业空间分布

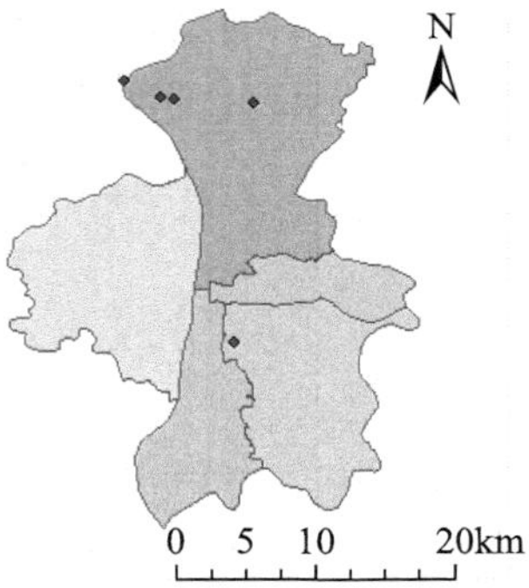

（e）住宅工业化产业空间分布

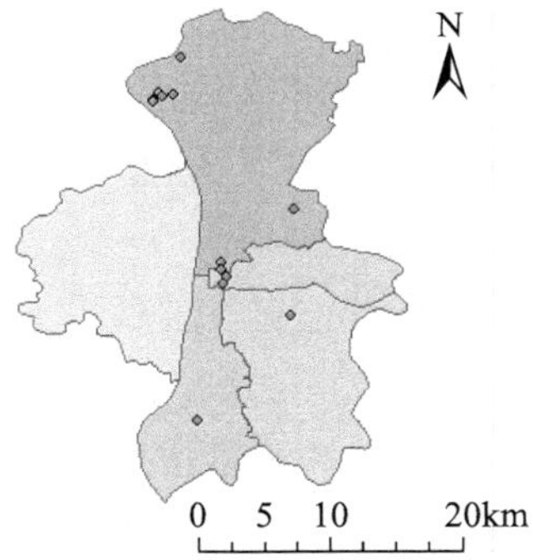

（f）现代物流产业空间分布

图 5－7 园区五大产业空间分布

5.4.5 区内产业 5 大产业群空间分布与演化分析

1. 物流产业空间分布与演化分析

现代物流产业的中心城区指向性最为明显，其空间布局特征表现绝大多数企业分布在金霞经济开发区与中心城区范围内，除在中心城区集聚分布外，在近郊区及远郊区的经济中心区有少量分布。主要原因在于三个方面。

（1）金霞经济开发区内京广铁路贯穿南北，石长铁路连接东西，京港澳高速、长常高速、107 国道、319 国道在此交会，长沙黄花国际机场距此仅 20 分钟车程，具有优越的交通条件，中石化输油管道贯通岳阳和长株潭，长沙新港、长沙市金霞海关保税物流中心、长沙铁路货运新北站、长沙联运物流公路一级口岸等核心物流平台在此汇聚。特别是长沙市金霞海关保税物流中心，作为中部首批、湖南唯一的 B 型保税物流中心，2014 年主营业务大幅增长，全年报关 7394 票、总货值 36.7 亿美元，其中保税货值 17.3 亿元，分别增长 48.2％、36.74％和 83.3％，步入了快速发展轨道。多种平台优势叠加放大，园区成为湖南省唯一集水运、公路、铁路、航空、管道五元化运输网络优势于一体的综合物流园区。依托物流核心优势，园区高起点规划了金霞、沙坪、鹅秀、高岭、青竹湖五个特色功能组团。其中，金霞组团定位为现代物流中心，重点发展仓储、配送、多式联运、第三方物流、信息服务、供应链服务、电子商务等现代物流产业。物流企业有 5A 级 10 家、4A 级 6 家，全省物流行业前十强有 7 家在园区落户，2014 年实现社会物流总额 755 亿元，增长 20.08％，物流主营业务收入 330 亿元，增长 22.39%，主要经济指标的总量和增幅居全市省级园区前列，区域经济显示出强劲发展动力。金霞经济开发区的物流、交通网络等硬件建设，以及天然环境、人才等软件源源不断吸引现代物流企业入驻。

（2）物流产业竞争激烈，为了降低库房的租赁成本，在市区与郊区的库房租赁成本相差在 25%左右。

（3）五一广场既是市级商业中心，又是交通枢纽。历史上这里商贾云集，人流集中，是经商置业的黄金地段。就交通可达性来讲，它处于城市干道五一路与传统商业街黄兴路的交叉路段，五一路又是河东与河西最便捷的联系纽带，随着城市化进程的加快，大量人流、物流与信息流在此聚集，在区位上构成了长沙市的商业重心地位，对现代物流企业吸引力巨大。

2. 住宅工业化产业空间分布与演化分析

医药产业、住宅工业化产业的产业指向性显著，围绕金霞经济开发区，少量分布在五一广场周围。主要原因有以下三个方面。

（1）长沙医药健康产业园位于长沙市金霞经济开发区，是经湖南省立项审批、湖南首家主题医药健康产业园区，是湖南首家医药健康行业全方位一站式供应链服务平台，湖南最大医药健康企业总部及医药集散中心。园区区位优势明显，地处长沙现代大物流集散中心金霞开发区沙坪组团，独有的区位物流优势，集水运、公路、铁路、航空于一体的运输网络，距离长沙港 10 分钟路程、火车货运北站 10 分钟路程、机场 20 分钟路程、京珠高速 5 分钟路程。

（2）医药产业需依托医药物流技术，医药物流依托一定的物流设备、技术和物流管理信息系统，整合营销渠道上下游资源，优化药品供销配运环节中的验收、存储、分拣、配送等作业过程，提高订单处理能力，降低货物分拣差错，缩短库存及配送时间，减少物流成本，提高服务水平和资金使用效益，实现自动化、信息化和效益化。长沙医药健康产业园拥有先进的现代物流平台、14 万平方米医药专用仓储用房等专业的软硬件设施，给医药产业的发展以强有力的支撑。

（3）金霞经济开发区鹅秀组团主要功能是滨江高端房地产业，组团规划发展生态宜居园（发展物流装备制造、出口加工业、工程机械和汽车零配件生产、新材料和节能环保产品等两型产业）。

3. 能源产业、粮食产业空间分布与演化分析

能源产业、粮食产业在空间布局上较为均匀，虽表现出一定的中心城区指向性，但尚没有呈现出明显的空间集聚特征。主要原因可有以下几点。

（1）能源产业环境污染状况较为严重，如产生的空气污染等，使其不宜在中心城区过多密集布局。

（2）长沙市大多数粮食企业资源分散，产业结构单一，粮食加工处于初级阶段，产品品种多但科技含量不高，粮食产业链条仍局限于简单的生产、加工、销售3个环节。

6 金霞经济开发区物流空间结构演化机制

从时空发展的角度来看，城市内部物流空间结构伴随着社会经济活动的发展而处于不断变化之中。经济的发展模式、产业布局、技术水平的发展都在很大程度上影响着城市内部物流空间格局的变化。本章结合前文对金霞经济开发区物流空间形成演化的分析，归纳总结出金霞经济开发区物流空间影响因子及演化机制，并提出金霞经济开发区物流产业发展建议。

6.1 影响因子分析

金霞经济开发区物流空间结构演化机制的影响因子根据物流空间的区位指向，大致可分为自然地理条件及区域影响、政策影响、地租影响、交通网络影响、产业空间影响、信息化新因素影响等类型。

6.1.1 自然地理条件及区域影响

长沙市区域经济发展的竞争越发激烈，西有国家级湘江新区，作为中部地区首个国家级新区，已在国家层面明确了战略定位、空间布局，覆盖了长沙高新技术产业开发区、宁乡经济技术开发区和望城经济技术开发区3个国家级园区，发展势头强劲。此外，南有省府新区，东有高铁新城、空港新城。金霞经济开发区想要实现领跑长沙市，打造中国“金霞物流谷”，就必须要明确在湖南“一带一路”的定位和“创新引领 开放崛起”战略中把握机遇。

从整个湖南省来看，目前已确定8家省级示范物流园区，按照《湖南省现代物流业发展三年行动计划》的要求，2017年年底前还将续建、新建19个物流园区工程，物流园区的数量日益增多，金霞已不是省内唯一的物流园区；区县各园区之间同质竞争激烈。从长沙市来看，“五区九园”的发展格局已经形成，在新一轮提质计划和长沙市物流发展三年计划内，有4个园区的主导产业选择了物流；园区招商日趋白热化，园区之间对资金、技术、人才、自然资源等要素资源的争夺更趋激烈。但是金霞经济开发区拥有自己的优势。

金霞经济开发区从创立发展至今形成分工明确的五大组团正是基于当地自然地理条件。金霞经济开发区因此将依靠湘江的金霞组团定位于物流产业，充分发挥湘江的水运优势，组团内以第三方现代物流企业为主形成现代物流区，由海关商检区、商务中心、物流信息中心、会展中心、市场交易中心和教育培训中心组成物流服务区，依托金霞海关保税物流中心建立保税区，以长沙新港为依托建立港口区，开展运输管理、中转换装、装卸存储、多式联运、国际货运、信息服务和通关商检等功能。另外，还有铁路站场区和样品展示区。而鹅秀组团在金霞组团南方，同样毗邻湘江，区内植被茂盛，依山傍水，整个区域拥有良好的自然生态环境，秀丽的鹅羊山、秀峰山与横卧湘江的月亮岛隔水相望，山水交融，岛山辉映。鹅秀着力发展滨江高端房地产业，打造以生活居住、商贸、办公、休闲旅游等多功能结合的综合型社区。工业布局需要考虑对环境的影响，比如风向、水源。长沙市风向玫瑰如图 6－1 所示，长沙市常年主导风向为西北风，夏季主导风为南风，而工业需要布局在远离水域、与风向垂直的位置，因此，金霞经济开发区东北部的沙坪组团定位为工业发展区。

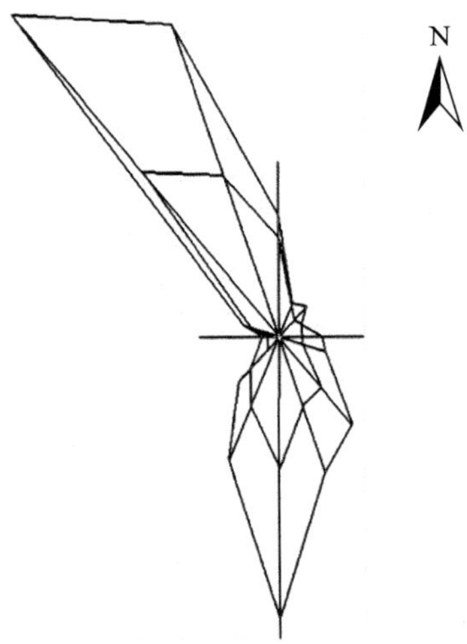

图 6－1 长沙市风向玫瑰

6.1.2 政策影响

政府的政策和规划是引发物流企业集聚的重要导向性因素。随着物流地位的提升，政府开始把物流作为生产服务业新的利润源和增长点，纷纷制定物流发展专项规划，出台各项税收优惠政策促进物流业发展，特别是各大物流园区。金霞经济开发区在“十一五”期间按照《长沙金霞经济开发区“十一五”发展规划》全面实施“主攻基础设施，推进项目建设，壮大物流产业，造就北部新城”的发展战略，园区突出壮大物流产业，努力打造现代物流平台，涵养物流产业竞争优势。“十二五”期间，金霞经济开发区按照《长沙金霞经济开发区“十二五”发展规划》将金霞组团和沙坪组定位为开发区的核心组团，以提升发展现代物流业、加速发展都市型工业和有序发展商贸业为产业重点，适度发展与现代物流业和工业配套的房地产业，形成“三支柱一配套”的产业结构。“十三五”期间金霞经济开发区按照《长沙金霞经济开发区“十三五”发展规划》将全力打造中国“金霞物流谷”，充分利用园区比较优势，加大“产业兴园”力度，全面整合长沙市金霞保税中心、长沙货运中心霞凝货场、长沙新港、长沙传化公路港、湖南金霞现代物流园信息中心五大平台，“提质现代物流、提速商贸市场、提标外经外贸、提升都市工业”，全力打造中国“金霞物流谷”，将长沙市金霞经济开发区建成中部地区具有影响力的国家级物流中心、国家级商贸集散中心、湖南省对外开放高地。

6.1.3 地租影响

土地是物流空间的物质载体，城市级差地租是物流企业的空间布局的重要影响因子。大型、仓储和运输的物流企业需要有大量的土地资源，必定在“地租、交通可达性”之间寻找合适的平衡点，寻求地租相对低廉而又尽量接近交通发达的地点布局。2006—2011 年长沙市整体工业用地价格变动如表 6 - 1 所示。

表 6 - 1　2006—2011 年长沙市整体工业用地价格变动

年份	2006	2007	2008	2009	2010	2011
工业用地价格（元/m^2）	450	517	558	590	646	696
工业用地供应量（公顷）	410	450	485	400	190	585

数据来源：长沙市国土资源局官网。

从表 6－1 中可以看出 2006—2008 年工业用地供应量呈上升趋势，与此同时工业地价格水平也一直保持上升，说明工业用地供应量与工业用地价格不完全呈负相关性，这是由土地的稀缺性决定的。为了更深入地研究工业用地供应量与工业用地价格的关系，我们采用工业用地供应量对工业用地价格的增长率进行比较研究。

通过对比发现，2006—2008 年当工业用地供应量增加时，工业用地价格增长率反而呈下降趋势。排除 2009 年受全球金融危机影响经济处于复苏阶段，土地需求较小以外，2010—2011 年依然呈现工业用地供应量增加，工业用地价格增长率下降态势。由此说明：工业用地供应量与工业用地价格增长率呈负相关关系。当工业用地供应量增加时，会相应地降低工业用地价格增长速度，所以增加工业用地供应量仍然是调控工业用地价格的重要杠杆之一。2016 年和 2017 年长沙市工业土地交易情况如表 6－2、表 6－3 所示。

表 6－2　　2016 年长沙市工业土地交易

区域	出让年限	出让面积（m^2）	成交价（万元）	规划用途
开福区	50 年	51400.44	3570	工业用地
开福区	50 年	73076.4	6207	工业用地
开福区	50 年	90746.65	9572	工业用地
开福区	50 年	151843.1	12325	工业用地
开福区	50 年	7308.76	1254	工业用地
高新区	50 年	43317.46	2275	工业用地
高新区	50 年	6155.68	404	工业用地
高新区	50 年	45868.63	2409	工业用地
高新区	50 年	54910.97	6589	工业用地
高新区	50 年	32873.91	1726	工业用地
高新区	50 年	31154	1636	工业用地
高新区	50 年	6048.24	542	工业用地
高新区	50 年	6713.87	353	工业用地
雨花区	50 年	42137.78	4331	工业用地
雨花区	50 年	13361.53	1485	工业用地
雨花区	50 年	5413.4	366	工业用地

续 表

区域	出让年限	出让面积（m^2）	成交价（万元）	规划用途
雨花区	50 年	116635.2	11001	工业用地
雨花区	50 年	20960.55	1607	工业用地
岳麓区	50 年	70770.08	5838	工业用地
岳麓区	50 年	12641.32	720	工业用地
岳麓区	50 年	8938.68	509	工业用地
岳麓区	50 年	15350.94	875	工业用地
岳麓区	50 年	24410.23	1193	工业用地
芙蓉区	50 年	9099.1	893	工业用地
芙蓉区	50 年	4026.33	403	工业用地
芙蓉区	50 年	39554.93	3587	工业用地

表 6－3　2017 年长沙市工业土地交易

区域	出让年限	出让面积（m^2）	成交价（万元）	规划用途
开福区	工业 50 年	14260.37	3153	工业用地
开福区	工业 50 年	65298.5	8086	工业用地
开福区	50 年	65529.82	8836	工业用地
开福区	50 年	82118.5	10147	工业用地
开福区	50 年	50642.73	4187	工业用地
雨花区	50 年	24267.48	1822	工业用地
雨花区	50 年	73995.65	5510	工业用地
天心区	50 年	11596.27	1980	工业用地
天心区	50 年	17526.05	2157	工业用地
岳麓区	50 年	14783.31	842	工业用地
岳麓区	50 年	10729.89	612	工业用地
高新区	工业 50 年	68643.94	4119	工业用地
高新区	工业 50 年	12637.99	759	工业用地
高新区	工业 50 年	39648.2	2082	工业用地
高新区	50 年	55369.21	3323	工业用地
高新区	50 年	13081.9	687	工业用地

数据来源：长沙市国土资源局官网。

从表 6－2 和表 6－3 中可以看出，开福区在 2017 年的工业用地供应量明显高出别的地区，并且在这两年都是企业倾向的租地位置。再通过数据计算出每个区域的平均地租进行比较。

整个长沙市在工业用地方面主要集中在开福区金霞经济开发区和高新区，工业用地价格是对工业用地在收益能力、区域位置、环境质量、基础设施配套等方面的综合体现。高新区地理位置相对长沙市内城区较为偏僻，交通等不方便，工业用地价格是城区当中最低的，很多企业会很大程度上考虑地租而选择高新区。在主城开福区由于金霞经济开发区的地理位置优越，交通发达，综合来看在地价方面，金霞经济开发区的工业用地价格在全市整体平均价格偏下（见图 6－2），但是金霞经济开发区在地价方面并不占有绝对优势。

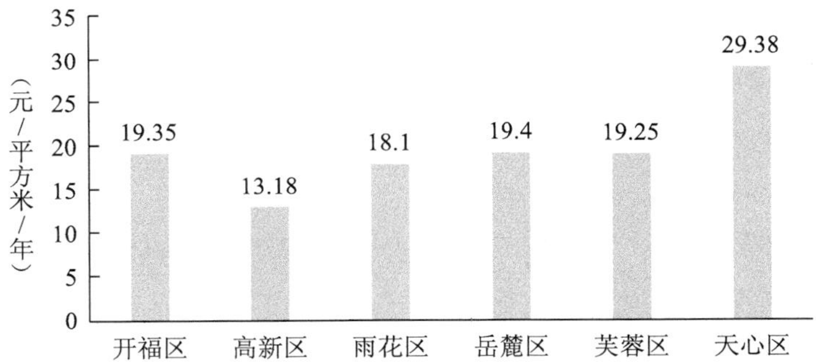

图 6－2　长沙市各区单位平均地租现状

6.1.4　交通网络影响

交通网络是空间运输赖以实现的基础，区域通达条件的改善，加强了货物空间配置能力，直接影响物流活动的运营成本。交通运输技术的进步，往往引发物流运输方式不断变革，从而对城市物流空间形成演化产生影响。金霞拥有五元化立体交通网络。

（1）公路运输。京珠高速、长张高速、107 国道、319 国道、二环线、三环线与区内七纵十横的城市道路网互联互通，组成一张密集的公路运输网。

（2）铁路运输。京广铁路、石长铁路、武广高速铁路穿境而过，长沙铁路货运中心就处于区内核心位置。

（3）水路运输。区内的长沙新港是全国 23 个内河重点建设港口之一，湖南省目前唯一能够常年通航千吨级船舶的内河深水港，并且是湘江水路向国际航运中心——上海港最大的喂给港。

(4) 航空运输。黄花国际机场距园区仅20km，有飞往首尔、中国香港、中国台北及各大城市的定期航班，可起降波音777、空客380等巨型飞机。

(5) 管道运输。中石化江岸油库输油管道北连岳阳，南连市内各大油站，且是西气东输过境要地。

表 6-4　园区到长沙各物流节点距离

节点名称	距离（km）	节点名称	距离（km）
大河西交通枢纽（汽车西站）	19.4	百世快递长沙分拨中心	30.8
汽车北站	9.8	湖南物流总部	37.4
汽车南站	37.8	汇隆物流园	18.5
汽车东站	24.4	申通快递中转部	22.8
佳和物流中心	28.3	湖南畅达物流有限公司仓储配送库	15.9
中南物流园	3.7	圆通快递	30.8
恒邦物流	18.2	天天快递	30.5
板塘霞辉仓储园	32.9	大管家仓储产品寄存托管中心	35.7
安德物流园	6.8	金平仓储	3
黄花国际机场	20		

6.1.5　产业空间影响

产业空间是影响区域内部物流功能区空间分布演化的关键因素。工业和商业是影响区域物流活动空间布局的两个最主要需求因素，商流是物流的前提，产业经济决定了对物流设施的需求水平。区域的支柱产业规划和空间布局决定了物流需求的规模及空间分布，并在较大程度上影响着城市物流空间布局。沙坪工业基地主要依托金霞现代物流园区的物流优势，重点发展装备制造业、现代能源工业、食品工业、建筑建材加工业等大运量工业；依托长沙市金霞保税物流中心、长沙出口加工区两大外向型经济平台和口岸优势，发展以IT（信息技术）产业、电子信息为主体的出口加工业。而沙坪工业基地的良好发展势头又反过来促进金霞物流园区的发展，使得更多的物流企业落户、集聚于金霞组团内。

6.1.6 信息化新因素影响

从IT时代到大数据时代的转变，信息化、网络化极大地促进了经济、文化、消费等在区域甚至全球范围内的交流，同时也带来了社会改革，改变了不同区位因子的重要程度。“互联网+”及信息化发展促进了电商的发展，改变了原有的销售模式，由实体店销售模式逐渐转变为线上交易线下体验模式；同时也改变了城市流通系统，尤其是信息技术与现代物流的融合，给物流带来根本性的变革。

6.2 金霞经济开发区物流空间演化机制

不同时期物流空间形成的主导影响因子不同，物流要素功能、属性、规模不同，区位指向也不尽相同，长沙市金霞经济开发区物流空间形成特征是多种影响因子共同作用的结果。金霞经济开发区在面积演化上主要分为三个阶段：1992年之前，形成金霞组团、鹅秀组团、高岭组团，总规划面积 $33.5km^2$；1992—2012年，形成沙坪组团，总规划面积 $52.3km^2$；2012年至今，青竹湖组团也纳入金霞经济开发区整体规划当中。本部分分为两个阶段：1992—2012年和2012—2016年，并结合两个阶段的物流企业分布状况，同时叠加物流节点等要素构成2016年物流空间布局图，分析金霞物流空间演化机制。

6.2.1 1992—2012年物流空间形成机制

从第4章的数据和GIS图可以得出，2012年之前，金霞范围内的物流企业并不集中，但有向金霞经济开发区聚集的趋势，缺少大型物流企业，以中型、小微型物流为主。大中规模物流企业（运输与仓储），其仓库、堆场、停车场、集装箱接收站占地面积比较大，大多难以承受中心区的地租，而选择价格较低的城市近郊区及远郊区布局。不同的是，货运代理企业是通过互联网及物流信息有效对供应链上下游企业进行管理，属于第三方物流运营模式，企业占地面积小，企业布局时对地租的考虑相对弱，现代物流更多集中于中心城区。此外，一些相对占地面积少的快递点、专业市场则倾向于在中心城区集聚。整个长沙物流企业主要集中在雨花区和芙蓉区，芙蓉区发挥其位于市中心的地理优势发展迅速，经济总量居中部地区第一，依靠铁路、公路枢纽优势，以及毗邻黄花机场，另外，国家级隆平高科技园的经济发展取得重要飞跃，隆平高科技园承接了大量的工业企业，工业企业在芙蓉区的集聚布局带动了物流企业的东向发展。目前金霞经济开发区在地理位置和地租上并不占据绝对优势。

在物流节点方面，2001 年霞凝港区一期开工，2004 年交付使用，4 个 1000 吨级泊位；到 2006 年，霞凝港区二期完工，泊位增加至 8 个 1000 吨级，使得物流企业开始向金霞聚集。

在政策方面，为了响应长沙市政府提出的“兴工强市”“建设大城北”“三区三带”发展战略，开福区委、区政府实施“巩固一方阵、建设大城北”战略，规划沙坪工业基地。1992—2012 年金霞经济开发区的整体规划面积由 33.5km^2 增加到了 52.3km^2，规划沙坪组团，沙坪工业基地主要依托长沙市金霞经济开发区核心产业园——金霞现代物流园的物流优势，重点发展装备制造业、现代能源工业、食品工业、建筑建材加工工业等大运量工业；依托长沙市金霞保税物流中心、长沙出口加工区两大外向型经济平台和口岸优势，发展以 IT 产业、电子信息为主体的出口加工业，大力发展符合两型要求的食品工业、建筑工业等产业。

6.2.2 2012—2016 年物流空间形成机制

2016 年金霞物流企业分布如图 6 - 3 所示，到 2016 年物流企业在金霞经济开发区的数量已经形成初步汇聚，在金霞经济开发区规划里，青竹湖组团规划面积 16.88km^2，定位为生态小镇、创业基地、两型新城组团，重点打造生态宜居居住区，重点发展服务外包、教育培训、信息服务、商务会展、文化创意、工业设计、休闲娱乐等产业。金霞开始全方位发展，打造多产业综合型开发区。

在物流节点方面，“十二五”期间霞凝港三期工程完工，增加 3 个 2000 吨级泊位。长沙北站、长沙南站（于 2007 年拆除）合并成为新的长沙北站，位于金霞经济开发区之内，2012 年随着霞凝新货场投入使用，位于捞霞地区的长沙铁路新北站正式开通运营，年吞吐能力将达到原火车南、北货站的 4 倍；2012 年 1 月新北站开通了长沙至广州、深圳的五定班列，截至 2016 年共发货 721 车，2014 年首条直达欧洲的国际铁路货运专列“中欧班列”正式开通。在产业空间方面，经济开发区较好地划分了 5 个组团，各有特点，主要分为能源产业、医药产业、粮食产业、住宅工业化产业、现代物流产业 5 种类别，一共 36 家企业，工业、商贸、物流等各个产业之间相互带动，共同发展。

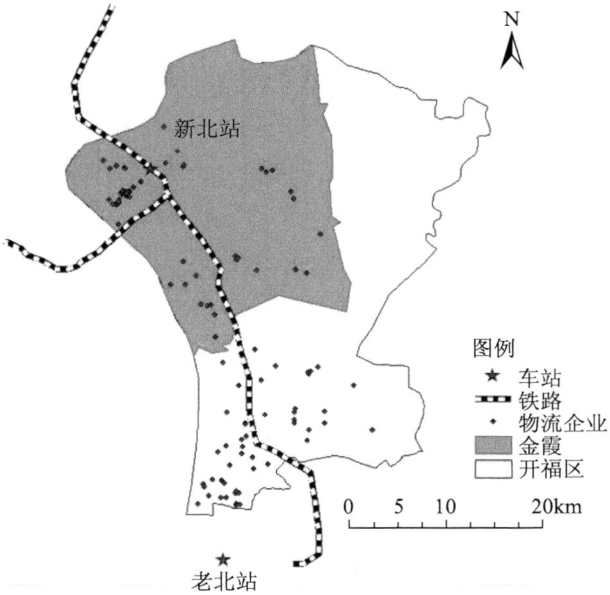

图 6－3　2016 年金霞物流企业分布

在政策方面，2008 年 9 月举行了长沙金融创新暨金融新产品合作洽谈会，长沙市政府对外披露了“芙蓉路金融街策划方案”，并首次提出将在此基础上启动总规划面积 1600 亩的“金融城”，才使得火车货运北站搬迁出芙蓉路北段；“十二五”期间，在统筹兼顾、科学发展，“巩固一方阵、建设大城北”战略的指引下，开福区经济社会加速转型、产业发展全面升级，综合实力不断迈上新台阶；“十一五”时期，园区克服宏观经济下行的不利形势，立足产业，狠抓项目，集中突破，实现了经济社会持续快速健康发展。

在信息化新因素方面，随着信息化的发展，互联网技术的应用，一些新因素逐渐对物流空间产生作用。如在“互联网＋电商”发展模式下，电商产业的发展迎来了新的机遇，电商与快递也迅猛发展。在发展过程中，用户对物流服务内容、时效性要求不断提高，物流企业在区位选择过程中愈加重视土地、资金、技术、人才等资源整合与配置能力，以及时空距离的可达性，经济开发区内的湖南跨境电商唯一试点园区——湖南省跨境电子商务产业园，芒果汽车等项目的开展都使得物流企业向金霞汇集的趋势越来越明显。

6.3 政策调控对金霞发展的影响

通过 Eviews，对利用调研和金霞官网等方式收集到的相关数据进行回归处理，得到回归方程，再通过平稳性检验、协整检验、多重共线性检验等使方程的正确性得到保证，从方程分析出金霞的部分政府政策和园区财政收入以及工业、商贸业、物流业三大产业和园区财政收入的关系，同时对未来政府在金霞经济开发区政策方面给出建议。

6.3.1 多元回归模型

多元线性回归模型的一般形式如下：

$$Y=\beta_0+\beta_1 X_1+\beta_2 X_2+\beta_3 X_3+\cdots+\beta_k X_k+\mu$$

其中，Y 为被解释变量，$X_k(k=1, 2, \cdots, n)$ 为解释变量，$\beta_k(k=1, 2, \cdots, n)$ 为回归系数。

6.3.2 变量选取

在借鉴学者前期研究和金霞经济开发区自身特点的基础上，按照统计数据要有可比性、完整性、可搜集性等特点，本书选取园区财政收入作为被解释变量，规模工业总产值、实现利税、社会物流总额、主营业务收入、完成全社会固定资产投资作为解释变量。在现代物流园区发展当中，园区财政收入是一个很直观的数据，可以看出园区整体经济运行状况，所以本书选取园区财政收入作为解释变量。财政收入是衡量国家或地区经济发展综合水平的重要指标，政府或园区在社会经济活动中提供公共物品和服务的范围和数量，在很大程度上决定于财政收入的充裕状况，园区财政收入（Y）；针对金霞物流园区，五个组团当中沙坪组团主要经营食品工业和建筑工业等，所以园区规模工业总产值对园区财政收入有很大影响，规模工业总产值（X_1）；实现利税是一项政府可以控制的指标，将实现利税划定为一项指标可以得出政府出台的政策对金霞园区发展的影响，实现利税（X_2）；社会物流总额一般包括 6 个方面的内容：进入需求领域的农产品物流总额、工业品物流总额、进口货物物流总额、外省市调入物品物流总额、再生资源物流总额、单位与居民物品物流总额。5 个组团当中金霞组团主要发展现代综合物流，社会物流总额（X_3）；主营业务收入涉及面比较大，金霞经济开发区中 5 个组团均有相应的主要经营产业。

所以，整个经济开发区的主营业务收入和园区的财政收入应该是正相关的，主营业务收入（X_4）；完成全社会固定资产投资是以货币表现的建造和购置固定资产活动的工作量，对于以物流产业为主导的经济开发区，其中物流相关的设备和投资在很大程度上决定了物流的速度和质量，理论上是会间接影响园区的财政收入，并且固定资产投资是另外一项政府可以主导控制的变量，完成全社会固定资产投资（X_5）。

6.3.3 数据收集

本章选取了金霞经济开发区 2007—2016 年共 10 年间的园区财经收入（Y）、规模工业总产值（X_1）、实现利税（X_2）、社会物流总额（X_3）、主营业务收入（X_4）、全社会固定资产投资（X_5）、工业增加值（X_6）和商贸业收入（X_7）等相关经济变量数据进行物流需求预测。样本数据通过园区调研和金霞相关网站直接获得，如表 6－5 所示。

表 6－5　金霞经济开发区 10 年调查数据

年份	园区财政收入（Y）	规模工业总产值（X_1）	实现利税（X_2）	社会物流总额（X_3）	主营业务收入（X_4）	全社会固定资产投资（X_5）	工业增加值（X_6）	商贸业收入（X_7）
2007	1.73	16.8	1.56	62	38	13.5	5.17	39
2008	2.58	61.57	5.82	125	41.17	30.08	15.12	41.17
2009	3.35	72.72	8.06	184	43	42	16.68	43
2010	7.0028	91.43	11.25	236.25	71.09	50.12	25.04	71.09
2011	8.001	135.58	13.35	315	91.05	55	28.018	91.05
2012	10.18	241.62	15.4	422.96	181.15	60	33.44	181.15
2013	12.8	340.75	17.95	628.77	269.62	75.53	70.71	269.62
2014	16.28	416.05	20.93	755.23	330.62	103.79	92.41	330.62
2015	20.38	441.01	24.64	1109.85	329.2	129.6	106.24	329.2
2016	18.1	465.47	27.11	1426.52	351.68	144.92	109.43	351.68

数据来源：《金霞经济开发区“十三五”规划》。

6.3.4 实证分析

6.3.4.1 平稳性检验

时间序列分析是统计学的重要组成部分，其应用遍及经济学、工程学等各个领域。时间序列分析是建立在序列平稳性基础上的，因此，检验序列的平稳性至关重要。对于一个时间序列的分析首先要判断是否是平稳时间序列，即看它的均值和方差是否随时间的变化而变化，且自相关函数是否与时间间隔有关而与所处的时刻无关。通常，大多数时间序列是非平稳的。因此，首先要检验平稳性，然后再将非平稳时间序列转化成平稳时间序列。平稳性检验是对时间序列数据进行分析的基础。所谓时间序列的平稳性，是指时间序列的统计规律不会随着时间的推移而发生变化，如果有两列时间数据表现出一致的变化趋势即非平稳的，即使它们没有任何有意义的关系，但是在进行回归时也可能表现出较高的可决系数。因此，对观测值的时间序列数据进行平稳性分析是十分必要的。

ADF 检验是检验序列中不存在单位根，如果不存在单位根则序列是平稳的，如果存在单位根则序列是不平稳的，如果进行回归分析就可能存在伪回归。检验单位根的方法有很多，如 ADF 检验、DFGLS 检验、PP 检验、KPSS 检验、ERS 检验和 NP 检验，但是 ADF 检验的方法是比较常用的。做 ADF 检验的步骤如下：

第一步：对原始时间序列进行检验，此时第二项选 level，第三项选 None。如果没通过检验，说明原始时间序列不平稳。

第二步：对原始时间序列进行一阶差分后再检验，即第二项选 1st difference，第三项选 intercept，若仍然未通过检验，则需要进行二次差分变换。

第三步：二次差分序列的检验，即第二项选择 2nd difference，第四项选择 Trend and intercept。一般到此时间序列就平稳了。

首先，对 Y、X_1、X_2、X_3、X_4、X_5、X_6、X_7 分别进行 ADF 单位根检验，通过观察各个变量时序图的走势来确定是否需要选取截距项和趋势项。在对原序列进行单位根检验后发现多个变量都是非平稳的，便对各个序列分别取一阶差分和二阶差分，接着，对差分序列再次进行单位根检验。平稳性检验结果分析如表 6－6 所示。

表 6-6　　平稳性检验分析结果（α=0.05）

	结果	Y	X_1	X_2	X_3	X_4	X_5	X_6	X_7
level	P-value	0.8533	0.7852	0.8229	1	0.7674	0.0093	0.9565	0.7042
	结论	不平稳	不平稳	不平稳	不平稳	不平稳	不平稳	不平稳	不平稳
一阶差分	P-value	0.1228	0.0701	0.0218	0.159	0.2673	0.0237	0.3352	0.2674
	结论	不平稳	不平稳	平稳	不平稳	不平稳	平稳	不平稳	不平稳
二阶差分	P-value	0.0173	0.0525	0.0084	0.0063	0.0195	0.004	0.0088	0.0198
	结论	平稳	不平稳	平稳	平稳	平稳	平稳	平稳	平稳

由表6-6可知，由于数据的少量性，只有10年的数据，在没有进行差分时，全部数据检验结果都不稳定；通过二阶差分之后，基本变量达到平稳，满足同阶平稳的要求，只有 X_1 数据还是没能达到0.05的标准，为使结果更加准确，使用规模工业增加值替代规模工业总产值，即用 X_6 替代X_1。即园区财政收入、规模工业增加值、实现利税、社会物流总额、全社会固定资产投资均为二阶差分平稳，即二阶单整序列，可进行进一步分析。

6.3.4.2　协整检验

由于本节选取的原始时间序列是非平稳的，在经过二阶差分后才变成平稳序列，会让我们失去总量的长期信息。因此，要通过协整检验来解决此问题。多重协整检验中较好的方法是 JJ 检验，但由于本节观测值数量有限，故选取了基于回归残差的协整检验，即单一方程的协整检验。首先，对序列进行回归，生成残差，再对残差序列进行 ADF 单位根检验。结果如表6-7所示，输出结果显示概率为 $P=0.0352$，故在 $\alpha=0.05$ 水平下，残差不存在单位根，是平稳的（见表6-8）。即货运量（Y）与5个自变量间存在长期协整关系。

表 6-7　　残差

观测值	预测 Y	残差	标准残差
1	0.738376	0.991624	1.011081
2	3.298502	−0.7185	−0.7326
3	4.491224	−1.14122	−1.16362
4	6.604701	0.398099	0.40591

续 表

观测值	预测 Y	残差	标准残差
5	7.665535	0.335465	0.342048
6	9.686517	0.493483	0.503166
7	13.36039	−0.56039	−0.57139
8	17.01536	−0.73536	−0.74979
9	18.48913	1.890874	1.927976
10	19.05406	−0.95406	−0.97278

表 6-8　　　　残差平稳性分析

残差序列的 ADF 单位根			
零假设：残差存在单位根			
外生变量：连续			
滞后阶：0			
		t 统计量	P 值
ADF 检验统计量		−3.589016	0.0352
检验关键值	1%	−4.582648	
	5%	−3.320969	
	10%	−2.801384	

6.3.5　模型建立

设财政收入（Y）、规模工业增加值的多元线性回归模型为：

$$Y=C+\beta_1 X_1+\beta_2 X_2+\beta_3 X_3+\beta_4 X_4+\beta_5 X_5+\mu$$

本节运用 Eviews 的回归功能，选择最小二乘法对线性回归方程的各系数进行估计，结果如图 6-4 所示。从输出结果可以看出，在给定显著水平 $\alpha=0.05$，对每个解释变量进行变量的显著性检验时，可得临界值为 $t\alpha/2$（$n-k-1$）$=t0.025$（4）$=2.7764$。如图 6-4 所示，变量 X_1、X_2、X_3、X_4、X_5 的 t 值绝对值均小于 2.7764，即未能通过 t 检验。因此，考虑各个解释变量之间可能存在着多重共线性，需要对模型进行进一步修正。

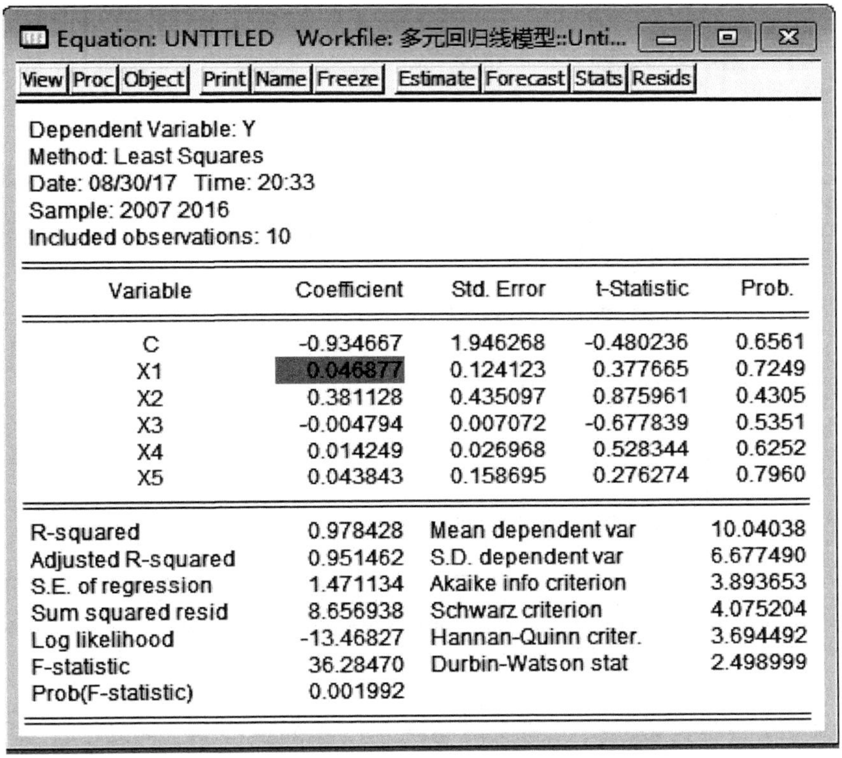

Equation: UNTITLED Workfile: 多元回归线模型::Unti...

View | Proc | Object | Print | Name | Freeze | Estimate | Forecast | Stats | Resids

Dependent Variable: Y
Method: Least Squares
Date: 08/30/17 Time: 20:33
Sample: 2007 2016
Included observations: 10

Variable	Coefficient	Std. Error	t-Statistic	Prob.
C	-0.934667	1.946268	-0.480236	0.6561
X1	0.046877	0.124123	0.377665	0.7249
X2	0.381128	0.435097	0.875961	0.4305
X3	-0.004794	0.007072	-0.677839	0.5351
X4	0.014249	0.026968	0.528344	0.6252
X5	0.043843	0.158695	0.276274	0.7960

R-squared	0.978428	Mean dependent var	10.04038
Adjusted R-squared	0.951462	S.D. dependent var	6.677490
S.E. of regression	1.471134	Akaike info criterion	3.893653
Sum squared resid	8.656938	Schwarz criterion	4.075204
Log likelihood	-13.46827	Hannan-Quinn criter.	3.694492
F-statistic	36.28470	Durbin-Watson stat	2.498999
Prob(F-statistic)	0.001992		

图 6-4 变量 t 检验

6.3.6 模型修正

如果两个或多个解释变量之间出现了相关性，则称为存在多重共线性。本书运用 Eviews6.0 输出各变量的相关系数矩阵来检验多重共线性。由于图 6-5 中各个解释变量的相关系数均大于 0.8，故存在严重的多重共线性。因此，采用逐步回归的方法进行筛选，以确定最后的自变量。

File Edit Object View Proc Quick Options Window Help

View | Proc | Object | Print | Name | Freeze | Sample | Sheet | Stats | Spec

Covariance Analysis: Ordinary
Date: 08/30/17 Time: 23:57
Sample: 2007 2016
Included observations: 10

Covariance Correlation	Y	X1	X2	X3	X4	X5
Y	40.12999 1.000000					
X1	235.6289 0.972165	1463.887 1.000000				
X2	48.38385 0.976380	285.2525 0.953078	61.19192 1.000000			
X3	2544.035 0.934429	15796.25 0.960634	3188.263 0.948341	184707.6 1.000000		
X4	775.8242 0.967758	4727.758 0.976426	934.3254 0.943820	50409.78 0.926852	16014.90 1.000000	
X5	249.0433 0.964168	1520.073 0.974368	311.5743 0.976848	17233.14 0.983410	4825.286 0.935133	1662.552 1.000000

图 6－5 多重共线性检验

本方法选择逐步回归中的向后筛选法剔除问题变量。首先，将所有变量及解释变量全部引入回归方程，并对回归方程进行各项检验；其次，在回归系数显著性检验为不显著的一个或多个变量中，剔除最不显著的变量，并重新建立回归方程后再次进行检验。重复操作上述步骤，直至回归方程中所有变量的回归系数都通过显著性检验，则方程建立结束。通过逐步回归法，依次剔除了变量 X_1、X_5、X_3、X_4，得到如图 6－6 所示的回归结果。

Equation: UNTITLED　Workfile: 多元回归线模型::Untitled\

View | Proc | Object | Print | Name | Freeze | Estimate | Forecast | Stats | Resids

Dependent Variable: Y
Method: Least Squares
Date: 08/31/17　Time: 01:39
Sample: 2007 2016
Included observations: 10

Variable	Coefficient	Std. Error	t-Statistic	Prob.
C	-1.509232	1.025022	-1.472390	0.1791
X2	0.790690	0.061861	12.78171	0.0000

R-squared	0.953318	Mean dependent var	10.04038
Adjusted R-squared	0.947483	S.D. dependent var	6.677490
S.E. of regression	1.530257	Akaike info criterion	3.865605
Sum squared resid	18.73349	Schwarz criterion	3.926122
Log likelihood	-17.32802	Hannan-Quinn criter.	3.799218
F-statistic	163.3722	Durbin-Watson stat	1.616294
Prob(F-statistic)	0.000001		

图 6-6　变量 t 检验

从输出结果得到 $R^2=0.953318$，说明模型对样本的拟合程度较高。由 $F=163.3722$ 可知，在 5%的显著水平下，$F>F_\alpha=F_\alpha(k,\ n-k-1)=F_{0.05}(1,\ 8)=5.32$，即模型中被解释变量与解释变量之间的线性关系在总体上比较显著。在对解释变量进行变量的显著性检验时，显著水平 $\alpha=0.05$，可得临界值为 $t\alpha/2\ (n-k-1)\ =t0.025\ (8)\ =2.306$。由图 6-6 可知，$X_2$ 通过了 t 检验。

此时，回归方程为 $Y=-1.509232+0.79069\ X_2$。

再使用固定资产投资和园区财政收入建立回归模型，得到图 6-7。

Equation: UNTITLED　Workfile: 多元回归线模型::Untitl...

View | Proc | Object | Print | Name | Freeze | Estimate | Forecast | Stats | Resids

Dependent Variable: Y
Method: Least Squares
Date: 09/03/17　Time: 13:47
Sample: 2007 2016
Included observations: 10

Variable	Coefficient	Std. Error	t-Statistic	Prob.
C	-0.513331	1.186216	-0.432746	0.6766
X5	0.149796	0.014572	10.27949	0.0000

R-squared	0.929620	Mean dependent var	10.04038
Adjusted R-squared	0.920822	S.D. dependent var	6.677490
S.E. of regression	1.878951	Akaike info criterion	4.276161
Sum squared resid	28.24365	Schwarz criterion	4.336678
Log likelihood	-19.38080	Hannan-Quinn criter.	4.209774
F-statistic	105.6680	Durbin-Watson stat	1.182228
Prob(F-statistic)	0.000007		

图 6－7　变量 *t* 检验

此时，回归方程为 $Y=-0.513331+0.149796X_5$。

园区财政收入（Y）与三大产业（X_1，X_3，X_7）的多元回归模型为：$Y=1.564+0.056X_1+0.001X_3-0.028X_7$。三大产业与财政收入模型如图 6－8 所示。

系数[a]

模型	非标准化系数		标准系数	t	Sig.
	B	标准误差	试用版		
（常量）	1.564	0.891		1.755	0.130
工业	0.056	0.039	1.452	1.420	0.205
物流	0.001	0.004	0.088	0.351	0.737
商贸	-0.028	0.046	-0.560	-0.604	0.568

图 6－8　三大产业与财政收入建模

注：a. 因变量：财政收入。

6.3.7 结果分析

由 Eviews 模型输出结果，可得出方程（1）、方程（2）、方程（3）：

（1）园区财政收入（Y）与实现利税（X_2）的多元回归模型为：$Y=-1.509232+0.79069X_2$。即随着实现利税增加1亿元，园区财政收入增加0.79069亿元。

（2）园区财政收入（Y）与固定资产投资（X_5）的多元回归模型为：$Y=-0.513331+0.149796X_5$。

（3）园区财政收入（Y）与三大产业（X_1，X_3，X_7）的多元回归模型为：$Y=1.564+0.056X_1+0.001X_3-0.028X_7$。

通过方程（1）、方程（2）可以看出实收利税和全社会固定资产投资都在一定程度上和园区财政收入正相关，但是每一年的固定资产投资并不能很快见到效果，往往是对园区往后几年的发展起到加快作用，是一个较为长远的收益，金霞经济开发区在物流方面的固定资产投入主要为霞凝港的扩建、新火车北站的打造以及道路等的修建，固定资产投入的资金量非常大，但是从2012年大面积投入固定资产后，金霞对物流企业产生了巨大的吸引力，成为长沙市当下物流聚集点；而实现利税对园区的财政收入往往是立竿见影的，但是实现利税的增加并不是鼓励政府增加相关税收，它只是一个对园区有更多的企业入驻的侧面表现，一个园区的发展不能靠着增加税额这是显而易见的，而是加大固定资产投资，给企业更好的政策支持，让园区能吸引更多企业入驻，企业创造更多的收益，再实现税收提高。

通过方程（3）可以看出金霞经济开发区目前仍然处于一种初级阶段发展状态，在工业、物流业、商贸业当中，工业对经济开发区的财政收入影响非常大，从金霞经济开发区“十二五”重点项目中可以看出金霞组团在整个经济开发区中占据主导地位，并且在“十三五”的重大产业项目当中，经济开发区在物流方面的预估总投资项目在10个上下，实现工业、商贸与物流的融合发展，形成“大物流、大工业、大商贸”的产业发展新模式。

6.4 金霞经济开发区物流产业发展建议

根据前文对金霞经济开发区物流空间结构分析结果，金霞经济开发区主要发展产业为物流业、工业和商贸业，以金霞组团为核心，高岭物流商贸中心和沙坪工业园为两翼，鹅秀、青竹湖两个组团为辅助的发展格局，物流产业发展建议如下。

6.4.1 建设开放型园区

（1）推进金融领域开放创新。搭建金融创新合作平台，借鉴国内发达地区和国外金融行业发展先进经验，建立创新合作的金融机构市场化准入制度，积极推进金融体制改革试点，探索深化金融机构双向设立、业务创新、人才培养、项目合作、信息共享等全方位的合作。

（2）完善开放合作新机制。落实“一带一路”倡议，依托大口岸优势，探索建立跨境投资贸易平台，提升开放水平；抢抓援助建设霍尔果斯经济开发区机遇，加快建设面向哈萨克斯坦、辐射中亚的投资贸易平台，拓展向西开放通道。强力培育和引进高科技企业，创新互利合作机制，把园区建设成为实施长江经济带战略的重要平台和示范窗口。

（3）创新利用外资方式和管理体制。更加积极有效利用外资，探索以参股、并购等方式整合产业链，提升产业发展水平。突破依靠低成本的单一引资模式，引导外资由成本取向转为市场、创新和高科技取向，努力向产业链的两端延伸。鼓励本土企业与跨国公司构建战略联盟，搭建跨国公司技术转移平台，提升企业研发能力。加强内外资企业配套协作，发挥本土企业与跨国公司在价值链上的协同效应，扩大技术溢出效应，更好地融入全球价值链分工和生产体系。

（4）升级为一类口岸。在建设“一带一路”和融入长江经济带的号角下，加强与湖南省下一级港口合作，积极向长沙市委、湖南省委、中央联合申请汇报，尽快争取将所有口岸升级为一类，特别是长沙火车新北站和长沙新港，将园区的口岸优势进一步扩大，增强园区竞争力，提升金霞物流园在国家物流版图地位。

6.4.2 构建金霞多式联运国际物流体系

（1）加快完善口岸功能，探索设立海关多式联运监管中心，加快构建铁水联运信息共享服务平台，加快塑造国际大宗商品交易中心总部功能，将长沙新港打造成为内陆多式联运示范港。

（2）以湘欧快线陆上贸易物流规则探索为核心，探索国际贸易陆上贸易物流规则，推动国际铁路运单跟国际海运运单的“等效”，探索湘欧快线多式联运“一单制”。

（3）通过构建覆盖六大洲航空枢纽的航线网络，加快国际航空线路布局；加快铁路进港（包括空港和水港）步伐，方便铁空多式联运；高度重视“湘欧快线＋四小时航空”的运输方式构建工作，加快发展长沙航空物流。

（4）先行先试，通过体制机制创新，优化多式联运硬件环境，提升软件环境，突出枢纽节点功能，提高多式联运的组合效率，提升金霞国际多式联运物流枢纽功能。

（5）培育多式联运骨干企业，引导重点企业延伸物流链条，大力引进国际多式联运的全球知名企业来长沙发展，实打实培育和引进国际多式联运市场主体。

（6）在做大做强长沙至深圳铁海联运“五定班列”的基础上，积极引导沿海口岸货代企业、船运公司等中介服务组织入驻金霞，努力实现与沿海口岸无缝对接。

（7）探索通关改革，完善公路转关模式，推动“湘粤港直通快车”发展，进一步加强湘、粤、港三地经贸联系，持续推进物流网络和流程的便捷化、智能化，以多式联运、多网并用、多元开放、产业互动“四大举措”发展智能物流、完善交通体系。

6.4.3 完善导向性激励政策

（1）政府出台一系列导向性激励政策，持续推动园区物流产业发展。尽量减轻园区物流企业税收负担。加大对物流业的土地政策支持力度。仓储设施、配送中心、转运中心以及物流园区等物流基础设施占地面积大、资金投入多、投资回收期长，要在加强和改善管理、切实节约土地的基础上，加大土地政策支持力度。明确全国物流园区发展专项规划，提高土地集约利用水平，对纳入规划的物流园区用地给予重点保障。对各地区物流业发展规划确定的重点物流项目用地，在土地利用总体规划修编时纳入规划统筹安排，涉及农用地转用的，可在土地利用年度计划中优先安排。充分利用税收在企业所得税方面给予的高新技术低税率、加计扣除、加速折旧等各种优惠政策，充分发挥税收政策的激励和引导作用，帮助企业提高自主创新能力，提升企业核心竞争力。

（2）继续加大招商引资的力度，特别是大力引进各行业排名前列的企业，为企业的落地提供最大的政策优惠以及一站式服务。切实优化投资环境。实行招商项目限时办结制，重点招商项目包抓责任制，绿色通道制，执法检查许可制，为企业发展创造良好的环境。当企业投资以及税收达到一定标准后，园区可以负责企业引进人才的户口落地以及前几年税收的减免退返。

（3）将园区物流业与园区工业、商贸业联动，打造一个商贸物流生态圈，鼓励整合物流设施资源。支持大型优势物流企业通过兼并重组等方式，对分散的物流设施资源进行整合；鼓励中小物流企业加强联盟合作，创新合作方式和服务模式，优化资源配置，提高服务水平，积极推进物流业发展方式转变。目前只为本行业本系统提供服务的仓储和运输设施，要积极创造条件向社会开放，开展社会化物流服务。支持商贸流通企业发展共同配送，降低配送成本，提高配送效率。支持物流企业加强与制造企业合作，全面参与制造企业的供应链管理，或与制造企业共同组建第三方物流企业。

6.4.4 加强产学研合作

（1）政府加强政策引导，通过建立信息服务平台，提供关键技术服务，并构建联盟组织与管理机构，推动联盟的建立和发展。主要由金霞管委会联络金霞经开区内各中大型物流企业，建立完善的产学研合作指标评价体系，激励企业加大产学研合作力度，提高企业参与积极性。金霞经济开发区管委会可以牵头建立金霞物流行业协会，定期举办座谈会，商讨园区及企业问题。与高校、科研机构等建立良好关系。

（2）加强高校、科研机构与金霞经济开发区的联系，并且提供部分资金支持，使企业和高校双方可以就联盟模式的现状、特点和应用前景等进行合作研究与科学分析，提高双方的沟通程度可以促进联盟模式选择的科学化与合理化，并进一步促进联盟模式的推广与应用。同时，企业通过高校的智力支持，将创新的技术注入企业，对传统的产业进行改造、对不完善的业务流程进行再造，从而实现提高联盟收益、降低生产成本的目的。建设符合金霞经济开发区实际情况，有利于科技创业、自主创新和多元化发展的创新创业文化，打造创新创业的文化氛围。

（3）加强政府各部门之间的横向合作，强化沟通机制，合力解决产学研合作问题，为成果转化和产学研合作提供方便的“一站式”服务。加强顶层设计，寻求国家与省市层面的认定与支持，制定完善的产学研人才引进制度，加快形成产业协同融合、资源互补共享的良好发展格局。

7 结论与创新

7.1 主要结论

1. 长沙市物流企业空间结构格局分布

（1）总体趋势。通过圈层分析发现，0～20km 范围内的中心城区和近郊区集中了全市物流企业的绝大多数。通过长沙市物流企业核密度分析和热点分析发现，在市域范围内的主要分布地区是：长沙市内、各区县级经济中心。布局热点区由城市中心区与远郊区向近郊区转移的趋势明显。

（2）不同功能物流企业。运输企业与货代信息企业两种物流功能类型是中心城区分布较多的企业；运输业与仓储业是近郊区数量较多的物流产业；在 20～30km 的圈层范围内仓储企业和现代综合型物流企业数量较多，仓储企业与城市配送型物流企业在 30～40km 圈层范围内数量较多，40～50km 圈层范围内运输企业和现代综合型企业数量较多，大于 50km 的圈层以运输企业布局为主。近郊区、主要的对外联系口岸地区、对内联系的交通枢纽地区是仓储企业重要分布地区。运输企业主要倾向布局于中心城区、重要的交通枢纽和交通线。中心城区一直是货代信息企业分布的热点地区，说明货代信息企业布局的重要影响因素是市场指向性，货代信息企业在郊区的布局主要位于：区级经济中心区、对外联系的重要门户地区和主要交通枢纽沿线地区。物流信息集中的中心城区与保税区、交通枢纽地区等地是综合物流企业布局的重要地区。城市配送企业主要分布区是城市近郊区、对外通道的连接口、中心城区。综上所述，物流企业主要布局的地区包括各级经济中心区和市区连接的重要交通枢纽地区两类。

（3）不同规模物流企业。中心城区物流企业一直以小微型物流企业为主；10～20km 的近郊区圈层是大型物流企业主要分布地区；小微型物流企业则始终是以 40km 外圈层的分布地区为主，但在研究后期小微型企业有向近郊区布局的趋势。对于大型物流企业来说，企业主要位于近郊区，研究后期，大型物流企业具有向远郊区布局的倾向。长沙市物流企业布局的冷点区位置由近郊区向远郊区转移。中型物流企业主要分布在中心城区及近郊区，其布局强度要明显高于大型物流企业，且较早的呈现出郊区化。大型物流企业主要分布在中心城区及近郊区，并且大型物流企业空间演变过程表现出较为稳定的现象。小微型物流企业的空间演变过程表现得较为活跃，且小微型物流企业郊区化时间明显早于大中型物流企业，在研究后期，小微型物流企业在远郊区的布局强度明显大于大中型物流企业。

2. 金霞经济开发区物流节点空间分布与演化

对于物流企业，物流节点空间布局的变迁在一定程度上没有跟上它的发展步伐，表现出明显的滞后性。在研究的这个时间段中，长沙新港这个物流节点的空间布局没有太大的变化，表现出来的是其港口规模随着时间的演化而不断发展的过程。长沙新港是金霞经济开发区物流业发展的重要基础载体，是一条湘江连接长江“黄金水道”的水路。空港建设发展在金霞经济开发区扮演着重要的带动角色，离金霞经济开发区距离 20 分钟车程的黄花机场航空货运业的发展在 2007 年以来机场货邮吞吐量保持了快速增长的态势，航空货运枢纽的地位越来越强，金霞经济开发区也受到其良好的带动作用。铁路物流节点的特征使其在货运港口及物流园区的运输中发挥着至关重要的作用。2012 年之前，老北站铁路线路及站点全部集中在芙蓉中路一段，之后长沙北站全部搬到金霞经济开发区，大大推动了金霞经济开发区铁路的发展。物流园区在空间布局和演化上呈现的主要特征有：园区五大产业入驻企业总体空间布局呈现中心城区指向性，不同类型产业对城市拓展的滞后性有不同表现。

3. 金霞经济开发区物流空间演化机制

（1）从自然地理条件及区域影响、政策导向、地租影响、交通网络影响、产业空间影响和信息化新因素影响六个影响因子，并结合金霞经济开发区的实际情况分析金霞经济开发区物流空间演化及影响因素。

（2）通过对金霞经济开发区物流空间的全面分析，结合物流企业及物流节点 GIS 图，得出金霞经济开发区 1992—2012 年，2012—2016 年两个阶段的物流空间演化机制。

（3）通过 Eviews 对金霞经济开发区数据进行回归处理分析，得出政策以及物流业、工业、商贸业三大产业对于金霞经济开发区的财政收入的影响。

（4）根据回归分析结果以及前文分析，提出金霞经济开发区物流产业发展建议。

7.2 创新点

1. 研究视角独特

现有城市物流空间结构的研究主要集中于宏观尺度上的研究。本书以长沙市为案例背景，以长沙市金霞经济开发区为研究对象，采用了大量的微观企业数据，对长沙市物流企业的集聚情况进行了全面的分析，对于金霞经济开发区物流产业的持续发展决策具有切实可行的参考价值。

2. 研究方法新颖

本书运用 ArcGIS 软件工具进行数据分析，研究对象全面，时间跨度大，深入探讨了物流产业空间结构演化规律与特征，并通过 ArcGIS 作图进行直观的展示。在此基础上，通过分析金霞经济开发区物流空间结构演化机制，分析政策调控对金霞发展的影响，并对金霞经济开发区物流产业发展提出了四点具体的建议。

3. 理论与实证结合

本书以金霞经济开发区为研究对象，采用圈层分析、区位商、核密度估计、热点分析和区域重心分析等方法，对金霞经济开发区物流企业空间分布的演化过程、特征进行了探究；通过实地调查和历史资料收集，对城市物流节点设施的空间布局现状和演化过程进行了梳理；通过建立多元线性回归模型进行定量分析以及影响因子的定性分析，从而得出金霞经济开发区物流空间结构演化机制。

7.3 存在的不足

由于资料的收集与处理存在较大难度，致使本书尚存在以下三点不足，当在后续的研究过程中逐步给予完善。

（1）对于城市物流空间的研究，研究范围只局限于长沙市内部的物流产业空间，并且是以金霞经济开发区作为研究的对象，没有迈出单个城市的空间界限。城市作为一个开放系统，城市物流并不仅仅服务于城市内部，而对于周围区域同样承担着物流服务的作用。而本书因为水平有限暂未进行城市间物流演化研究。

（2）对于物流企业和物流节点空间布局演化的研究，由于统计资料收集存在一定的难度，部分类型物流节点的具体演化过程展现可能存在一定的误差，在数据筛选时由于标准不同，导致对整体空间格局的演化研究出的结果可能产生一定的偏差。

(3) 对于驱动机制与影响因素的研究，本书以定性分析为主，定量研究有所欠缺，特别是对各影响因子的缺乏权重分析，结果存在一定的偏差，降低了本书对物流空间结构演化过程和演化机制的解释说服力，将在后续研究中逐步提高定量研究的科学性与可靠性。

参考文献

［1］秦璐．城市物流空间结构特征及演化理论研究［D］．北京：北京交通大学，2012.

［2］郭仪，余文忠．柳州城市物流空间结构特征和演变规律分析［J］．物流技术，2015，34（5）：42－45.

［3］王洋洋．物流节点布局与城市空间结构的演变分析［J］．四川建筑，2014，34（4）：75－77.

［4］尹叶青．现代物流发展的城市空间结构效应分析［J］．物流技术，2014，33（6）：68－70.

［5］张晓涛，李芳芳．北京市物流业集聚区空间分布演变［J］．城市问题，2014（3）：44－48.

［6］陈文君．物流园区对城市空间结构影响研究——以西安市为例［D］．西安：长安大学，2016.

［7］葛喜俊．城市物流区位形成机理及空间结构特征研究［J］．物流技术，2014，13（7）：1－4.

［8］付江月．城市物流网络空间结构集聚扩散演化模型［J］．长安大学学报（自然科学版），2016，4（7）：86－94.

［9］朱胜清．上海城市物流空间演化与机制研究［D］．芜湖：安徽师范大学，2014.

［10］付江月．城市物流网络空间结构集聚与扩散的模型和算法研究［D］．成都：西南交通大学，2016.

［11］严熹．城市物流功能演化及其空间布局优化研究［D］．成都：西南交通大学，2013.

［12］胡燕燕．合肥城市物流空间的演化特征及机制研究［D］．芜湖：安

徽师范大学，2016.

[13] 黄丽丽．物流产业集群形成机理与空间结构演化研究 [D]. 成都：西南交通大学，2016.

[14] 曹卫东．城市物流企业区位分布的空间格局及其演化 [J]. 地理研究，2011，30 (11)：1997—2007.

[15] 杨春河．现代物流产业集群形成和演进模式研究 [D]. 北京：北京交通大学，2008.

[16] HESSE M，RODRIGUE JP. The transport geography of logistics and freight distribution [J]. Journal of transport geography，2004，12 (3)：171 - 184.

[17] JERRY OLSSONA，JOHAN WOXENIUSB. Location of freight consolidation centres serving the city andits surroundings [J]. Procedia - Social and Behavioral Sciences，2012 (39)：293 - 306.

[18] DAVID GUERRERO. Laurent Proulhac Freight Flows and Urban Hierarchy [J]. Research in Transportation Business &Management，2014 (11)：105 - 115.

[19] 乐小兵．现代物流与产业结构升级关联机制研究 [J]. 物流技术，2013，32 (4)：198 - 200.

[20] 杨光华．产业结构与区域物流需求关系分析 [J]. 物流技术，2012，31 (5)：146 - 148.

[21] 张可明．城市产业结构对物流需求的影响 [J]. 铁道运输与经济，2006 (7)：30 - 32.

[22] 刘永清．长株潭城市群现代物流发展对策研究 [J]. 中国流通经济，2009，23 (2)：62 - 65.

[23] 宋杨．物流产业与三大产业联动发展关系研究——以北京市为例 [J]. 北京交通大学学报（社会科学版），2013，12 (3)：1 - 6.

[24] 郭旭红．新常态下我国产业结构调整升级研究 [J]. 华东经济管理，2016，30 (1)：49 - 54.

[25] 黄先军．物流业与其他产业之间联动发展的路径及实证分析——以安徽省为例 [J]. 江淮论坛，2014 (3)：70 - 74.

[26] 王红阳．物流产业发展与地区产业结构演变：基于中国省级面板数据的分位数回归 [J]. 物流技术，2012，31 (12)：271-322.

[27] 徐冠巨．关于物流业发展政策环境的改善 [J]. 中国道路运输，2014 (5)：24-25.

[28] KRUGMAN P. First Nature, Second Nature and Metropolitan Location [J]. Journal of Regional Science, 1993, 33 (2): 129-144.

[29] EIICHI TANIGUCHI, MICHIHIKO NORITAKE, TADASHI YAMADA, et al. Optimal size and location planning of public logistics terminals [J]. Transportation Research Part E, 1999, 35 (3): 207-222.

[30] RONALD H, BALLOU. Business logistics management [M]. Englewood Prentice-Hall, 1999.

[31] JOHAN VISSER, AIJAN VAN BINSBERGEN, TOSHINORI NEMOTO. Urban Freight Transport Policy And Planning Review [A]. First International Symposium on City Logistic, 1999: 212-247.

[32] JESUS MUNUZURI, JUAN LARRANETA. Solutions applicable by local administrations for urban logistics improvement [J]. Cities, 2005, 22 (1): 15-28.

[33] STEPHEN ANDERSON, JULIAN ALLEN. Urban logistics-how can it meet policy masker's sustainability objectives [J]. Journal of Transport Geography, 2005 (13): 71-81.

[34] MELENDEZ O MARIA FEMANDA. The logistics and transportation problems of Latin American integration efforts: The Andean Pact, a case of study [D]. Knoxville the University of Tenessee, 2002.

[35] 黄丽丽．物流产业集群空间结构演化机制研究 [J]. 商报，2016，15 (2)：269.

[36] 付江月．城市物流网络空间结构集聚扩散演化模型 [J]. 长安大学学报（自然科学版），2014，4 (5)：86-94.

[37] 付江月．城市物流网络空间结构加权局域世界演化模型研究 [J]. 复杂系统与复杂性科学，2015 (3)：38-44.

[38] 付江月．城市物流网络演化模型与算法 [J]. 计算机工程与应用，

2015，15（2）：17－21.

［39］葛喜俊．城市物流区位形成机理及空间结构特征研究［J］．物流技术，2014，13（4）：1－4.

［40］王丹．新经济地理理论研究的新进展［J］．经济理论与经济管理，2011，5（36）：36－41.

附件一（长沙市物流企业）

序号	名称	地址	经度	纬度	成立时间（年）	注册资本（万元）	大型	中型	小微型	仓储企业	运输企业	货代信息企业	综合现代型物流企业	城市配送型企业
1	招商局物流长沙分公司		113.1060460	28.23883272	2002				√	√	√			
2	深圳市鹏城海物流有限责任公司湖南分公司		112.9832090	28.19903071	2005				√	√	√			
3	长沙市京广货运有限责任公司		113.0583620	28.24543928	2010	3			√		√			
4	长沙县老陈货运代理服务有限责任公司	湖南省长沙县北山镇福安村周公祠组244号	112.3992010	28.17473449	2015				√		√	√		

续 表

序号	名称	地址	经度	纬度	成立时间（年）	注册资本（万元）	大型	中型	小微型	仓储企业	运输企业	货代信息企业	综合现代型物流企业	城市配送型企业
5	长沙捷航快递有限责任公司	长沙市天心区南湖路沙湖街128号湖南邮电职业技术学院大学生创业基地一楼门面	112.9707919	28.16324619	2014	3			√	√		√		√
6	湖南远洋运输公司		112.9823558	28.19294141	1992	3			√	√	√			
7	长沙百兴快递服务有限责任公司	长沙市岳麓区银盆岭石坝村	112.9503047	28.25868528	2008	3			√					√
8	长沙申平快递服务有限责任公司	长沙市岳麓区湘仪路广厦新苑204号	112.9061402	28.21064917	2009	3			√					√
9	长沙市新思路快递有限责任公司	长沙市岳麓区天马小区89栋207房	112.9467234	28.16467993	2008	3			√					√
10	长沙云捷快递有限责任公司	长沙市岳麓区桐梓坡园林局宿舍2单元203房	112.9301921	28.23208883	2009	5			√					√

续 表

序号	名称	地址	经度	纬度	成立时间（年）	注册资本（万元）	大型	中型	小微型	仓储企业	运输企业	货代信息企业	综合现代型物流企业	城市配送型企业
11	长沙市捷迅货运代理有限责任公司	长沙市天心区青园路附12号3栋302房	112.9922201	28.11969901	2013	10			√	√	√	√	√	√
12	长沙好邦物流配送服务有限责任公司		113.1441562	28.22792665	2016	10			√		√	√	√	√
13	长沙润安仓储有限责任公司		112.9379275	28.32862177	2007	10			√	√	√			√
14	长沙海驿货运代理服务有限责任公司		113.0377745	28.17694191	2001	10			√			√		
15	长沙国通货运有限责任公司		112.9496061	28.19554901	2002	10			√			√		
16	长沙市黄达搬家运输服务有限责任公司		113.0147079	28.23583737	2002	10			√					
17	长沙辉明货运有限责任公司		113.0388046	28.17728144	2003	10			√	√	√			

续表

序号	名称	地址	经度	纬度	成立时间（年）	注册资本（万元）	大型	中型	小微型	仓储企业	运输企业	货代信息企业	综合现代型物流企业	城市配送型企业
18	长沙忠诚货运代理有限责任公司		113.0579405	28.16547864	2003	10			√			√		
19	长沙益南货运服务有限责任公司		113.0689735	28.23707733	2003	10			√			√		
20	长沙市瑞和货运服务有限责任公司		112.9837401	28.23572222	2004	10			√			√		
21	长沙捷佳物流		113.0031812	28.17317679	2010	10			√		√			
22	长沙运泰货运代理有限责任公司		113.0159029	28.18740239	2010	10			√	√		√		
23	长沙金邦物流有限责任公司		113.0582555	28.24536384	2012	10			√		√	√		
24	长沙畅捷货运代理有限责任公司		113.0115877	28.21745691	2013	10			√			√		

续 表

序号	名称	地址	经度	纬度	成立时间（年）	注册资本（万元）	大型	中型	小微型	仓储企业	运输企业	货代信息企业	综合现代型物流企业	城市配送型企业
25	长沙湘昊物流有限责任公司		113.1027391	28.23010465	2013	10			√			√		
26	长沙国金货运代理有限责任公司	长沙县湘龙街道办事处中南汽车世界G01栋108号	113.0567321	28.23788279	2013	10			√			√		
27	长沙市中世货运代理有限责任公司	长沙市岳麓区望岳街道谷峰小区6-4栋101房	112.9181616	28.24741737	2013	10			√	√		√		
28	长沙超时空货运代理有限责任公司	长沙市芙蓉区东屯渡农场东方新城F组团5栋34号	113.0217316	28.19549535	2013	10			√			√		
29	长沙市一呼通货运代理有限责任公司	湖南省长沙市芙蓉区马坡岭街道远大一路1149号辉煌城5栋2604房	113.0429433	28.20618047	2015	10			√		√	√		
30	长沙金通物流有限责任公司		112.7733563	28.32876651	2016	10			√		√			

续 表

序号	名称	地址	经度	纬度	成立时间（年）	注册资本（万元）	大型	中型	小微型	仓储企业	运输企业	货代信息企业	综合现代型物流企业	城市配送型企业
31	长沙浩泰物流有限责任公司		112.9728226	28.03139035	2016	10			√	√				
32	长沙市羽铠物流有限责任公司		113.0657997	28.05702715	2016	10			√	√	√			
33	长沙誉腾快递有限责任公司	湖南省长沙县星沙街道107辅道与滨湖路交界处知微园03栋1604房	113.0698348	28.27028274	2015	20			√			√		√
34	长沙欣阳货运代理服务有限责任公司	长沙市雨花区圭塘街道圭塘社区上斗笠山组A11栋2门1楼	113.0268070	28.15534899	2013	20			√	√	√	√	√	
35	长沙市恒佳物流有限责任公司	湖南省长沙县星沙街道309号松雅小区F22栋101房	113.1116751	28.25520975	2014	20			√	√	√	√	√	
36	长沙百通物流有限责任公司	湖南省长沙县黄兴镇黄兴新村雷达家组214号	113.1075273	28.12570720	2016	20			√	√	√	√	√	

续 表

序号	名称	地址	经度	纬度	成立时间（年）	注册资本（万元）	大型	中型	小微型	仓储企业	运输企业	货代信息企业	综合现代型物流企业	城市配送型企业
37	星沙中南潍坊货运服务部		113.0580842	28.24506165	2000	20			√		√			
38	征宇货运代理		113.0032026	28.17327131	2009	20			√			√		
39	长沙征宇货运代理有限责任公司		113.0116649	28.17337795	2009	20			√			√		
40	长沙昊泽货运代理有限责任公司		112.9419415	28.24557231	2012	20			√			√		
41	长沙长益物流股份有限责任公司		113.0577202	28.24428719	2012	20			√		√			
42	长沙市隆福湘宇物流有限责任公司		113.1207804	28.12660647	2013	20			√		√	√		
43	长沙鑫旺货运代理有限责任公司	长沙市开福区通泰街综合楼504号房	112.9649529	28.20339364	2013	20			√	√		√		

续 表

序号	名称	地址	经度	纬度	成立时间（年）	注册资本（万元）	大型	中型	小微型	仓储企业	运输企业	货代信息企业	综合现代型物流企业	城市配送型企业
44	长沙容昌物流有限责任公司		113.0710492	28.24588965	2015	20			√		√			
45	长沙麓联物流有限责任公司		112.8626689	28.2127237	2016	20			√		√	√		
46	长沙美爵商贸有限责任公司		112.9371944	28.32854872	2016	20			√			√		
47	长沙捷平物流有限责任公司		113.0343595	28.17022949	2016	20			√		√			
48	长沙市瑞德物流有限责任公司		113.0833598	28.22814194	2016	20			√	√	√			
49	长沙鑫长台物流有限责任公司		113.1323228	28.18862634	2016	20			√		√	√		

续　表

序号	名称	地址	经度	纬度	成立时间（年）	注册资本（万元）	大型	中型	小微型	仓储企业	运输企业	货代信息企业	综合现代型物流企业	城市配送型企业
50	宁乡县湘宁联运服务有限责任公司	玉潭镇人民南路23号	112.5467736	28.25013128	2001	28			√		√			
51	长沙全信通货运代理有限责任公司	湖南省长沙县星沙街道六区39栋118号	113.0775727	28.23942973	2015	30			√	√	√	√	√	
52	长沙长湘物流有限责任公司	长沙市开福区沙坪街道中青路1199号（长沙传化公路港内）	112.9946046	28.33852896	2016	30			√	√	√	√	√	
53	长沙市汇通物流责任有限责任公司		112.9791422	28.19032576	2002	30			√	√				
54	长沙祥诚货运服务有限责任公司		113.2205251	28.19219813	2003	30			√			√		
55	长沙鑫龙货运代理有限责任公司		112.9728815	28.13262063	2004	30			√			√		

续 表

序号	名称	地址	经度	纬度	成立时间(年)	注册资本(万元)	大型	中型	小微型	仓储企业	运输企业	货代信息企业	综合现代型物流企业	城市配送型企业
56	长沙德盛物流公司		112.9547211	28.10385950	2009	30			√	√	√			
57	长沙市望城区佳纯物流运输有限责任公司		112.8123731	28.32793009	2015	30			√		√			
58	长沙航文货运有限责任公司		112.9710151	28.14815217	2016	30			√			√		
59	长沙宁丽物流有限责任公司		113.1352971	28.18703868	2016	30			√		√			
60	长沙坤浩货运代理有限责任公司	湖南省长沙县安沙镇安沙物流大道1号B区03栋127号	113.0751040	28.31149986	2005	40			√			√		
61	长沙吉祥物流有限责任公司		113.0147229	28.09779815	2013	50			√	√	√	√	√	√
62	长沙华图物流有限责任公司	湖南省长沙市岳麓区坪塘街道花扎街村峡山口组131号(周文私宅)	112.8793603	28.14170264	2013	50			√	√	√	√	√	√

续 表

序号	名称	地址	经度	纬度	成立时间（年）	注册资本（万元）	大型	中型	小微型	仓储企业	运输企业	货代信息企业	综合现代型物流企业	城市配送型企业
63	长沙新佳宜物流有限责任公司	长沙市雨花区朝晖路496号锦湘国际星城锦绣苑7栋、8栋2417房	113.1504496	28.13057708	2013	50			√	√	√	√	√	√
64	长沙韵昱快递有限责任公司	长沙市开福区秀峰路母山小区30栋1单元1楼	112.9603876	28.29233584	2013	50			√	√	√	√	√	√
65	长沙义恒快递有限责任公司	长沙市雨花区木莲东路81号木莲花苑4栋105房	113.0351822	28.13307034	2013	50			√	√	√	√	√	√
66	长沙众递快递有限责任公司	湖南省长沙县北山镇蒿塘北路105号	113.0214560	28.40065738	2014	50			√	√	√	√	√	√
67	长沙县展图快递有限责任公司	湖南省长沙县湘龙街道开元路1号湘绣城FA栋2号	113.0620519	28.25090346	2014	50			√	√	√	√	√	√
68	长沙鑫磊物流有限责任公司	湖南省长沙市岳麓区天顶街道麓云路下柏家塘小区B7栋1号	112.8851426	28.20036591	2015	50			√	√	√	√	√	√

续 表

序号	名称	地址	经度	纬度	成立时间（年）	注册资本（万元）	大型	中型	小微型	仓储企业	运输企业	货代信息企业	综合现代型物流企业	城市配送型企业
69	长沙中兴达物流有限责任公司	长沙市雨花区高桥新二号小区 C14 栋 3-4 号	113.1332241	28.18590087	2015	50			√	√	√	√	√	√
70	长沙市泰年物流配送有限责任公司		113.0166898	28.17523974	2001	50			√					√
71	长沙康骊物流有限责任公司		112.9722155	28.18031734	2002	50			√			√		√
72	长沙吉昌物流配送服务有限责任公司		112.9890174	28.15628716	2005	50			√					√
73	长沙康桥物流配送有限责任公司		112.9899849	28.19477247	2005	50			√			√		√
74	长沙市东道快递服务有限责任公司	长沙市黎托乡花桥村九组	113.0451708	28.18072425	2009	50			√					√

续 表

序号	名称	地址	经度	纬度	成立时间（年）	注册资本（万元）	大型	中型	小微型	仓储企业	运输企业	货代信息企业	综合现代型物流企业	城市配送型企业
75	长沙速之尔快递有限责任公司	湖南省长沙市芙蓉区隆平高科技园长冲路98号湖南曙光物流有限责任公司101房1013#	113.0652196	28.21779846	2010	50			√	√				√
76	长沙红白蓝快递有限责任公司	长沙市岳麓区咸嘉湖路嘉远商住楼A栋506房	113.0621258	28.25039558	2010	50			√					√
77	长沙市阔韵快递有限责任公司	长沙县黄花镇黄垅村（黄花工业园3号）	113.2004386	28.22908356	2011	50			√		√			√
78	长沙炜韵快递有限责任公司	湖南省长沙市天心区黑石铺街道披塘村二期安置小区6栋603号	112.9693451	28.08759912	2011	50			√					√
79	长沙振鑫快递有限责任公司	长沙市岳麓区青山镇排山大道5号	112.9010370	28.23955028	2011	50			√					√
80	长沙韵都快递有限责任公司	长沙市开福区涝湖小区17栋6单元1楼	113.0095693	28.25738537	2011	50			√					√

续 表

序号	名称	地址	经度	纬度	成立时间（年）	注册资本（万元）	大型	中型	小微型	仓储企业	运输企业	货代信息企业	综合现代型物流企业	城市配送型企业
81	长沙韵申达快递有限责任公司	长沙市芙蓉区文艺路识字里 15 号第一二层	112.9829974	28.19118682	2011	50			√					√
82	长沙韵必达快递有限责任公司	湖南省长沙市芙蓉区东屯渡街道嘉雨路 467 号扬帆小区 F6 栋中间门面	113.0316937	28.19089188	2011	50			√					√
83	长沙芷寓快递有限责任公司	长沙市雨花区曙光中路 254 号 101 房	112.9957101	28.17723969	2012	50			√					√
84	长沙飞越快递服务有限责任公司	长沙市岳麓区华兰路 129 号兰庭 12 栋架 05 房	113.0491304	28.17570172	2012	50			√					√
85	长沙茂捷快递服务有限责任公司	湖南省长沙市开福区福城路 49 号水韵花都家园 C 栋 1003 房	112.9813589	28.25157771	2012	50			√	√		√		√
86	长沙市骥通快递服务有限责任公司	长沙市开福区四方坪先福安置区 B16 栋西 1 门	113.0032354	28.24218559	2012	50			√					√

续 表

序号	名称	地址	经度	纬度	成立时间（年）	注册资本（万元）	大型	中型	小微型	仓储企业	运输企业	货代信息企业	综合现代型物流企业	城市配送型企业
87	长沙吉胜物流有限责任公司	长沙市雨花区体育新城沙湾路 308 号星城映象家园 3 幢 N 单元 2212 房	113.0417514	28.16575006	2013	50			√		√	√		√
88	长沙通博物流服务有限责任公司	长沙市雨花区圭塘路 139 号新星小区兰星苑 4 栋 404 房	113.0226026	28.14746313	2013	50			√	√	√			√
89	长沙恩泽快递有限责任公司	长沙市雨花区梓园路 440 号梓园花苑 2－23、2－24 号	112.9888503	28.18732730	2013	50			√					√
90	长沙晨旭快递有限责任公司	长沙市雨花区桂花村附 32 栋 3 门	113.0049132	28.18489961	2013	50			√	√				√
91	长沙新腾快递服务有限责任公司	长沙市雨花区长塘里 98 号活力康城 E 栋 105 门面	113.1025412	28.25792280	2013	50			√					√
92	长沙鸿湖快递服务有限责任公司	宁乡县城郊街道新康路 8 号	112.5691222	28.27479274	2013	50			√					√

续 表

序号	名称	地址	经度	纬度	成立时间（年）	注册资本（万元）	大型	中型	小微型	仓储企业	运输企业	货代信息企业	综合现代型物流企业	城市配送型企业
93	长沙明宇快递有限责任公司	湖南省长沙市芙蓉区人民东路望龙小区A区26栋3－4号门面	113.0707163	28.19598171	2013	50			√					√
94	长沙荷韵快递有限责任公司	湖南省长沙市芙蓉区高岭小区46栋5－6号门面	113.0355701	28.19232368	2013	50			√					√
95	长沙速驰快递有限责任公司	长沙市雨花区体育新城黎托安置小区16栋西4门1楼	113.0427883	28.15362572	2013	50			√					√
96	长沙世捷快递有限责任公司	长沙经济技术开发区新安路8号湖南天润特种玻璃有限责任公司仓库	113.0744336	28.21856250	2013	50			√					√
97	长沙速韵快递有限责任公司	长沙市开福区捞刀河镇彭家巷农业银行对面（邬伟私宅）	112.9882080	28.29813247	2013	50			√					√

续 表

序号	名称	地址	经度	纬度	成立时间（年）	注册资本（万元）	大型	中型	小微型	仓储企业	运输企业	货代信息企业	综合现代型物流企业	城市配送型企业
98	长沙中吉快递有限责任公司	长沙市天心区九峰安置小区6栋3单元	112.9672739	28.10021893	2013	50			√					√
99	长沙韵丰快递有限责任公司	长沙市雨花区黎托乡政府龙凤小区9栋3门（李银菊私宅）	113.0515573	28.17115605	2013	50			√					√
100	长沙速派快递有限责任公司	长沙市五一中路乔庄018号004栋108房	112.9882040	28.19859743	2013	50			√					√
101	长沙韵海快递有限责任公司	湖南省长沙市芙蓉区马王堆街道新桥村新桥家园A9栋101房	113.0328482	28.20560924	2013	50			√					√
102	长沙韵嘉快递有限责任公司	长沙经济技术开发区泉塘街道办事处二期安置房31栋231号	113.0977354	28.22520292	2013	50			√					√

续 表

序号	名称	地址	经度	纬度	成立时间（年）	注册资本（万元）	大型	中型	小微型	仓储企业	运输企业	货代信息企业	综合现代型物流企业	城市配送型企业
103	长沙金苹果快递有限责任公司	长沙市雨花区黎托街道大桥二区18栋南三单元1楼	113.0331050	28.16998954	2013	50			√					√
104	长沙一公里快递有限责任公司	湖南省长沙市芙蓉区南湖五金机电市场二区10栋2号门面	113.009242	28.21123323	2013	50			√		√	√		√
105	长沙大山物流有限责任公司	长沙市天心区书院路黑石铺火车站内	112.9544378	28.11384123	2014	50			√	√				√
106	长沙晨轩物流有限责任公司	长沙市雨花区劳动东路174号福乐康城1栋208号门面	113.0027433	28.16688097	2014	50			√	√		√		√
107	长沙众人快递服务有限责任公司	长沙市开福区芙蓉北路一段86号华江乐天花亭4号栋112房	112.9691010	28.28391643	2014	50			√					√
108	长沙星捷快递有限责任公司	湖南省长沙县湘龙街道城西安置小区C区13栋156号	113.0581289	28.27423306	2014	50			√	√	√			√

续 表

序号	名称	地址	经度	纬度	成立时间（年）	注册资本（万元）	大型	中型	小微型	仓储企业	运输企业	货代信息企业	综合现代型物流企业	城市配送型企业
109	长沙左左快递有限责任公司	长沙市雨花区朝晖路500号锦湘国际星城锦雅苑2栋115号门面	113.0262306	28.17750447	2014	50			√	√		√		√
110	长沙捷克快递物流信息有限责任公司	长沙市望城区喻家坡街道高冲村李家湾	112.8224523	28.32590531	2014	50			√					√
111	长沙市陈维快递有限责任公司	长沙市望城区喻家坡街道宾佳乐重建地	112.9753524	28.21178581	2014	50			√		√			√
112	长沙民乐快递有限责任公司	湖南省长沙县星沙街道星城社区安置房C区5栋20号	113.1098831	28.25249174	2014	50			√					√
113	长沙会同快递有限责任公司	湖南省长沙县湘龙街道湘绣城A03栋JC01门面	113.0643395	28.25051021	2014	50			√	√				√
114	长沙大宏快递有限责任公司	湖南省长沙县泉塘街道星沙国际物流园C10－286	113.1104960	28.23143685	2014	50			√	√				√

续 表

序号	名称	地址	经度	纬度	成立时间（年）	注册资本（万元）	大型	中型	小微型	仓储企业	运输企业	货代信息企业	综合现代型物流企业	城市配送型企业
115	长沙智洋快递有限责任公司	湖南省长沙市芙蓉区文艺路街道解放中路199号17栋102房	112.9858254	28.19315658	2014	50			√	√				√
116	长沙佳速快递有限责任公司	长沙市开福区北正街041号101房	112.9743687	28.21269066	2014	50			√					√
117	长沙汇速诚快递有限责任公司	湖南省长沙市芙蓉区马王堆农科金苹果服装大市场2栋22－23门面	113.0351091	28.19963725	2014	50			√					√
118	长沙鑫文达快递有限责任公司	长沙市天心区沙河街074号全部房	112.9682991	28.1831661	2014	50			√					√
119	长沙耀飞快递服务有限责任公司	湖南省长沙县泉塘街道泉塘安置区D－15－7号101房	113.1067247	28.21486496	2014	50			√	√				√
120	长沙明通快递有限责任公司	湖南省长沙市芙蓉区东湖街道东湖村五组李建明房	113.0965300	28.18743574	2014	50			√	√				√

续 表

序号	名称	地址	经度	纬度	成立时间（年）	注册资本（万元）	大型	中型	小微型	仓储企业	运输企业	货代信息企业	综合现代型物流企业	城市配送型企业
121	长沙风景快递有限责任公司	长沙市天心区新开铺办事处新天村茅家冲组（南二环二段附 445－447 号）	112.9632023	28.14263822	2014	50			√					√
122	长沙峰速快递有限责任公司	长沙市天心区青园办事处青园小区 B－36 栋 104 房	112.9945481	28.12046473	2014	50			√					√
123	长沙韵达通快递有限责任公司	湖南省长沙市芙蓉区火炬北三片 39 栋 3－4 号门面	113.0197529	28.22025253	2014	50			√					√
124	长沙熙峻快递有限责任公司	长沙市开福区潮宗街 100 号	112.9695183	28.20675765	2014	50			√	√				√
125	长沙市迅捷快递有限责任公司	湖南省长沙市芙蓉区朝阳街街道朝阳路 78 号凯通国际城第 7 栋 112 号房	113.0027607	28.19141041	2014	50			√					√
126	长沙林胜快递有限责任公司	长沙市天心区书院南路 258 号	112.9662397	28.15683690	2015	50			√	√				√

续 表

序号	名称	地址	经度	纬度	成立时间（年）	注册资本（万元）	大型	中型	小微型	仓储企业	运输企业	货代信息企业	综合现代型物流企业	城市配送型企业
127	长沙昭通快递有限责任公司	湖南省长沙市芙蓉区东湖街道东湖村四组43号	113.0930357	28.18690372	2015	50			√	√				√
128	长沙大家快递有限责任公司	湖南省长沙市芙蓉区马王堆街道火炬村北三片33栋第1、2门面	113.0190007	28.21944047	2015	50			√	√				√
129	长沙灿灿快递有限责任公司	长沙市雨花区雨花亭牛婆塘社区18栋101号	112.9863434	28.16007466	2015	50			√	√				√
130	长沙传宇快递有限责任公司	湖南省长沙市芙蓉区朝阳街街道人民中路481号通发公寓3号楼1楼	112.9995683	28.18898863	2015	50			√	√				√
131	长沙跨速快递有限责任公司	湖南省长沙市芙蓉区文艺路街道韶山北路84号天心大厦（原82号）5栋301房	113.1497241	28.17843910	2015	50			√					√

续 表

序号	名称	地址	经度	纬度	成立时间（年）	注册资本（万元）	大型	中型	小微型	仓储企业	运输企业	货代信息企业	综合现代型物流企业	城市配送型企业
132	长沙四德快递有限责任公司	湖南省长沙市芙蓉区定王台街道浏正街27号	112.9794241	28.19552019	2015	50			√					√
133	长沙唯楚快递有限责任公司	湖南省长沙市芙蓉区东屯渡街道金科佳苑36栋1单元1楼	113.0367970	28.20071559	2015	50			√					√
134	长沙顺晗快递有限责任公司	长沙市雨花区桔园小区四片综合楼B栋110房	112.9949859	28.15288046	2015	50			√					√
135	长沙市中速快递有限责任公司	湖南省长沙市芙蓉区朝阳街街道朝阳路78号凯通国际城2栋1楼138号	113.0020430	28.19152721	2015	50			√	√	√			√
136	长沙浪达快递服务有限责任公司	湖南省长沙县星沙街道杉仙岭社区六区36栋115号	113.0770358	28.23990869	2015	50			√	√				√

续 表

序号	名称	地址	经度	纬度	成立时间（年）	注册资本（万元）	大型	中型	小微型	仓储企业	运输企业	货代信息企业	综合现代型物流企业	城市配送型企业
137	长沙志惠快递服务有限责任公司	长沙市天心区长坡附015栋112房	112.9751538	28.16737447	2015	50			√	√				√
138	长沙煜奇快递服务有限责任公司	湖南省长沙县泉塘街道泉塘安置小区二期44栋175号	113.1030510	28.22126622	2015	50			√	√				√
139	长沙凯腾快递有限责任公司	长沙市雨花区万家丽中路板塘工业园霞辉仓储园6栋	113.0352760	28.112239	2016	50			√	√				√
140	长沙峰行快递服务有限责任公司	湖南省长沙县安沙镇毛塘社区224号	113.0812859	28.32189005	2016	50			√					√
141	长沙天晨快递有限责任公司	湖南省长沙市芙蓉区马坡岭街道远大二路新安安置小区4栋2单元	113.0877946	28.2106466	2016	50			√			√		√
142	长沙威顺快递服务有限责任公司	湖南省长沙市天心区南湖路44号金泰小区2栋232号	112.9719434	28.1695561	2016	50			√	√				√

续 表

序号	名称	地址	经度	纬度	成立时间（年）	注册资本（万元）	大型	中型	小微型	仓储企业	运输企业	货代信息企业	综合现代型物流企业	城市配送型企业
143	长沙亿善快递有限责任公司	湖南省长沙市芙蓉区马王堆街道沁园小区C区6栋105号房	113.0282784	28.20851931	2016	50			√					√
144	长沙华岁快递有限责任公司	湖南省长沙市天心区金桂小区C36栋6单元1号	112.9929757	28.09830774	2016	50			√	√		√		√
145	长沙随发货运代理有限责任公司	长沙市开福区青竹湖镇植基社区安置房6栋406室	112.9433658	28.33385281	2005	50			√	√	√	√	√	
146	长沙虹天货运代理有限责任公司	湖南省长沙市岳麓区咸嘉湖街道银双路559号湖南丽臣实业有限责任公司5号栋104房	113.0079474	28.22880415	2010	50			√	√	√	√	√	
147	长沙通邦物流有限责任公司	长沙市雨花区高桥友谊村C区44栋3单元一楼门面	113.0340889	28.17421215	2010	50			√	√	√	√	√	

续 表

序号	名称	地址	经度	纬度	成立时间（年）	注册资本（万元）	大型	中型	小微型	仓储企业	运输企业	货代信息企业	综合现代型物流企业	城市配送型企业
148	长沙拓达物流有限责任公司	长沙市雨花区高桥新塘垅小区64栋1楼	113.0176049	28.16784758	2011	50			√	√	√	√	√	
149	长沙市友邦物流服务有限责任公司	长沙市雨花区高桥街道友谊社区新塘垅81栋1-2号	113.0352953	28.17685943	2012	50			√	√	√	√	√	
150	长沙鸿然物流有限责任公司	长沙市雨花区万家丽路南二段18号管理服务中心办公楼四楼466房	113.0285602	28.14967932	2013	50			√	√	√	√	√	
151	长沙元天货运代理有限责任公司	长沙市雨花区五金机电市场C区7栋108房	113.0093902	28.09603814	2013	50			√	√	√	√	√	
152	长沙湘盟货运代理有限责任公司	长沙市雨花区万家丽南路一段98号世纪桃花苑5栋1702房	113.0283278	28.09726608	2013	50			√	√	√	√	√	
153	长沙闽顺物流有限责任公司	长沙市雨花区高桥新2号小区C19栋东5-6号	113.1309985	28.18835798	2013	50			√	√	√	√	√	

续 表

序号	名称	地址	经度	纬度	成立时间（年）	注册资本（万元）	大型	中型	小微型	仓储企业	运输企业	货代信息企业	综合现代型物流企业	城市配送型企业
154	长沙振和物流有限责任公司	长沙经济技术开发区远大路北、东十线东湖南瑞龙重工科技有限责任公司铲运机厂房	113.1324120	28.22421925	2014	50			√	√	√	√	√	
155	长沙美鑫物流有限责任公司	长沙市雨花区高桥2号小区19栋1单元101号	113.0217243	28.17267126	2014	50			√	√	√	√	√	
156	长沙市潇豫物流有限责任公司	长沙市雨花区高桥2号小区5栋西1号门面	113.0176519	28.18094991	2014	50			√	√	√	√	√	
157	长沙赢运物流有限责任公司	长沙市雨花区洞井镇时代阳光大道（长沙市建通物流有限责任公司）413号门面	113.0161058	28.10189058	2014	50			√	√	√	√	√	
158	长沙市首邦供应链有限责任公司	长沙市雨花区高桥乡高桥村第二安置小区三期B-15幢101室	113.1430333	28.18423796	2015	50			√	√	√	√	√	

续 表

序号	名称	地址	经度	纬度	成立时间(年)	注册资本(万元)	大型	中型	小微型	仓储企业	运输企业	货代信息企业	综合现代型物流企业	城市配送型企业
159	长沙安骏物流有限责任公司	长沙市雨花区王家冲路288号汇峰苑1栋311房	113.0022722	28.15567569	2015	50			√	√	√	√	√	
160	长沙亦灵物流有限责任公司	长沙市望城区高塘岭街道高塘社区四组31号	113.0324123	28.20302782	2015	50			√	√	√	√	√	
161	长沙市长玖物流有限责任公司	湖南省长沙市芙蓉区马王堆街道九道湾社区筹备组四片B02栋西边一楼	113.0088080	28.21776442	2015	50			√	√	√	√	√	
162	长沙晨曦物流有限责任公司	长沙高新开发区谷园路109号像素大厦106	112.9336344	28.08568572	2015	50			√	√	√	√	√	
163	长沙蓝华货运代理有限责任公司	长沙市开福区浏阳河街道福元西路牌头岭小区涝湖二期25栋第一单元602房	113.0088975	28.25635350	2016	50			√	√	√	√	√	

续 表

序号	名称	地址	经度	纬度	成立时间（年）	注册资本（万元）	大型	中型	小微型	仓储企业	运输企业	货代信息企业	综合现代型物流企业	城市配送型企业
164	长沙中鼎物流有限责任公司	湖南省长沙市岳麓区天顶街道青山村花卉市场东街17号一楼	112.8985030	28.23868433	2016	50			√	√	√	√	√	
165	长沙念思物流有限责任公司	湖南省长沙市芙蓉区朝阳街街道朝阳路78号凯通国际城2幢1层1004号房	113.0020643	28.19164063	2016	50			√	√	√	√	√	
166	长沙微笑物流有限责任公司	湖南省长沙县榔梨街道檀木桥社区黄兴大道南段131号梨江国际智能物流园A2-23号	113.1338909	28.18628015	2016	50			√	√	√	√	√	
167	长沙文君物流有限责任公司	湖南省长沙县榔梨街道檀木桥社区黄兴大道南段131号	113.1332214	28.18636015	2016	50			√	√	√	√	√	

续　表

序号	名称	地址	经度	纬度	成立时间（年）	注册资本（万元）	大型	中型	小微型	仓储企业	运输企业	货代信息企业	综合现代型物流企业	城市配送型企业
168	长沙科发物流有限责任公司	湖南省长沙县榔梨街道檀木桥社区黄兴大道南段131号梨江国际智能物流园C2-23号	113.0555710	28.22609325	2016	50			√	√	√	√	√	
169	长沙联勤物流有限责任公司	湖南省长沙县榔梨镇金托村梅托组1031号	113.1337584	28.16314080	2016	50			√	√	√	√	√	
170	长沙映江物流有限责任公司	湖南省长沙县榔梨街道檀木桥社区黄兴大道南段131号梨江国际智能物流园A2-15号	113.1349278	28.18580620	2016	50			√	√	√	√	√	
171	长沙逸宸物流有限责任公司	湖南省长沙市芙蓉区文艺路街道解放中路147号第008栋107房	112.9857825	28.19465099	2016	50			√	√	√	√	√	

续 表

序号	名称	地址	经度	纬度	成立时间（年）	注册资本（万元）	大型	中型	小微型	仓储企业	运输企业	货代信息企业	综合现代型物流企业	城市配送型企业
172	长沙盛财物流有限责任公司	湖南省长沙县榔梨街道檀木桥社区黄兴大道南段131号梨江国际智能物流园B5－04号	113.1332429	28.18636018	2016	50			√	√	√	√	√	
173	长沙阳帆物流有限责任公司	湖南省长沙县安沙镇安沙物流大道1号B区03栋110号	113.0772408	28.31179762	2016	50			√	√	√	√	√	
174	长沙路路畅货运		113.0583626	28.24542039	1994	50			√		√			
175	长沙市利达物流有限责任公司	长沙市洞井铺时代阳光大道118号新嘉业物流园内	113.0188576	28.09820914	1998	50			√		√			
176	长沙发时达物流中心		113.0704912	28.23424384	1999	50			√	√	√			
177	长沙晟通物流有限责任公司		112.8425015	28.31842528	2000	50			√	√	√			

续 表

序号	名称	地址	经度	纬度	成立时间（年）	注册资本（万元）	大型	中型	小微型	仓储企业	运输企业	货代信息企业	综合现代型物流企业	城市配送型企业
178	长沙锦江货运代理有限责任公司		112.8872510	28.22023199	2000	50			√			√		
179	长沙中集一网物流有限责任公司		112.9987319	28.19823545	2000	50			√			√		
180	长沙鸿旺运贸有限责任公司		112.9138608	28.22098703	2002	50			√			√		
181	长沙东华货运代理有限责任公司		112.9768495	28.17695834	2002	50			√			√		
182	长沙鸿兴货运公司		112.9868209	28.21746772	2002	50			√		√			
183	长沙华天国旅航空货运代理有限责任公司		112.9931076	28.19474591	2002	50			√			√		
184	长沙市复兴物流有限责任公司		112.9965986	28.12878861	2002	50			√	√				

续　表

序号	名称	地址	经度	纬度	成立时间（年）	注册资本（万元）	大型	中型	小微型	仓储企业	运输企业	货代信息企业	综合现代型物流企业	城市配送型企业
185	长沙龙腾运输服务有限责任公司		113.1300755	28.17825376	2002	50			√	√	√			
186	长沙广源货运代理有限责任公司		112.9647019	28.29591367	2003	50			√			√		
187	长沙华宇物流有限责任公司		112.9936587	28.02027751	2003	50			√			√		
188	长沙华欣物流公司		113.0066373	28.13049753	2003	50			√					
189	长沙安捷信货运服务有限责任公司		113.0691641	28.23595358	2003	50			√			√		
190	长沙顺风车货运有限责任公司		113.1118645	28.18633316	2003	50			√			√		

续 表

序号	名称	地址	经度	纬度	成立时间（年）	注册资本（万元）	大型	中型	小微型	仓储企业	运输企业	货代信息企业	综合现代型物流企业	城市配送型企业
191	长沙三联货运有限责任公司		112.3816545	28.20018002	2004	50			√			√		
192	长沙华晟货运有限责任公司		112.9774920	28.19506046	2005	50			√			√		
193	长沙沂蒙货物运输有限责任公司		113.0184571	28.16852247	2005	50			√		√	√		
194	长沙宇安货运代理有限责任公司		113.0146034	28.09802756	2005	50			√			√		
195	长沙泰达货运代理服务有限责任公司	湖南省长沙县安沙镇安沙物流大道1号恒广国际物流园B区09栋104号	113.075770	28.31141034	2005	50			√			√		
196	长沙雨田运输服务有限责任公司		113.0615298	28.25562816	2007	50			√	√		√		

续表

序号	名称	地址	经度	纬度	成立时间（年）	注册资本（万元）	大型	中型	小微型	仓储企业	运输企业	货代信息企业	综合现代型物流企业	城市配送型企业
197	长沙连城物流有限责任公司		113.0725388	28.23401029	2007	50			√			√		
198	湖南省浏阳市飞达永通物流公司		113.5928156	28.15914559	2007	50			√		√			
199	长沙大长和货运服务有限责任公司		113.0617747	28.25407137	2008	50			√			√		
200	长沙南通货运代理有限责任公司		112.9837828	28.23579771	2009	50			√	√				
201	长沙速信货运代理有限责任公司	长沙市雨花区韶山北路373号801房	112.9331502	28.15667804	2009	50			√			√		
202	长沙市正荣物流有限责任公司	长沙市雨花区高桥2号小区10栋、12栋	113.0175866	28.18189233	2009	50			√		√	√		
203	长沙市一广物流有限责任公司	长沙市天心区中意一路1056号C栋二楼	112.9898381	28.0837869	2009	50			√		√			

续 表

序号	名称	地址	经度	纬度	成立时间（年）	注册资本（万元）	大型	中型	小微型	仓储企业	运输企业	货代信息企业	综合现代型物流企业	城市配送型企业
204	长沙泰城物流有限责任公司		113.0576196	28.2421348	2010	50			√			√		
205	长沙湘标货运代理有限责任公司	长沙市天心区芙蓉南路二段103号生活艺术城综合楼1122号房	112.9841342	28.10480916	2010	50			√		√	√		
206	长沙韵腾速递有限责任公司		112.9019440	28.13979291	2011	50			√			√		
207	长沙安驰货运代理有限责任公司		112.9845558	28.15125382	2011	50			√			√		
208	长沙畅湘货运代理有限责任公司		113.0238126	28.18169570	2011	50			√			√		
209	长沙天捷货运代理有限责任公司		113.0335764	28.23314521	2011	50			√			√		
210	长沙市开福区广吉货运代理有限责任公司	长沙市开福区下大垅30栋602房	112.986477	28.22203699	2011	50			√			√		

续 表

序号	名称	地址	经度	纬度	成立时间（年）	注册资本（万元）	大型	中型	小微型	仓储企业	运输企业	货代信息企业	综合现代型物流企业	城市配送型企业
211	长沙市鸿波物流有限责任公司	长沙市雨花区高桥二号小区 D6 栋 401 号	113.0215412	28.16538407	2011	50			√	√	√			
212	长沙万驰物流有限责任公司	长沙市雨花区高桥友谊村新塘垅 94 栋 4 单元东 1 号	113.0197042	28.16862162	2011	50			√		√	√		
213	长沙劲速物流有限责任公司		113.0124162	28.17110167	2012	50			√	√	√			
214	长沙仁信货运代理有限责任公司		113.0532224	28.15681471	2012	50			√			√		
215	长沙华楚国际货运代理有限责任公司	长沙市雨花区芙蓉中路三段 489 号新芙蓉之都佳苑 1 栋 2810 房	112.9805117	28.15761692	2012	50			√			√		
216	长沙维宇货运代理有限责任公司		112.9838042	28.23589217	2013	50			√			√		

续 表

序号	名称	地址	经度	纬度	成立时间（年）	注册资本（万元）	大型	中型	小微型	仓储企业	运输企业	货代信息企业	综合现代型物流企业	城市配送型企业
217	长沙译航货运代理有限责任公司		113.0208895	28.18092346	2013	50			√			√		
218	长沙正能货运代理有限责任公司	长沙市开福区伍家岭街道芙蓉中路一段479号建鸿达现代公寓2402房	112.9823622	28.22913936	2013	50			√	√		√		
219	长沙顺航货运代理有限责任公司	长沙市雨花区芙蓉中路三段489号新芙蓉之都佳苑1栋	112.9805117	28.15763584	2013	50			√			√		
220	长沙恒鼎盛物流有限责任公司	长沙市雨花区高桥2号小区C24栋3单元2号房	113.0200205	28.16723288	2013	50			√	√	√			
221	长沙全顺达物流有限责任公司		112.9056476	28.20783085	2014	50			√		√	√		

续 表

序号	名称	地址	经度	纬度	成立时间（年）	注册资本（万元）	大型	中型	小微型	仓储企业	运输企业	货代信息企业	综合现代型物流企业	城市配送型企业
222	长沙天虎货运代理有限责任公司		112.9730111	28.13263487	2014	50			√			√		
223	长沙聚达货运代理有限责任公司	长沙市雨花区万家丽路大塘公寓8栋2单元1107房	113.0304910	28.12565219	2014	50			√		√	√		
224	长沙优众货运代理有限责任公司		113.0251655	28.14356606	2015	50			√			√		
225	长沙俊宇物流有限责任公司		113.0761982	28.31185505	2015	50			√	√	√	√		
226	长沙心之翼货运代理有限责任公司	湖南省长沙县星沙街道筑梦家园5栋1301	113.0881949	28.25038349	2015	50			√		√	√		
227	长沙李钟货运服务有限责任公司		112.5824013	28.28275259	2016	50			√			√		

续 表

序号	名称	地址	经度	纬度	成立时间（年）	注册资本（万元）	大型	中型	小微型	仓储企业	运输企业	货代信息企业	综合现代型物流企业	城市配送型企业
228	长沙钟熙货运服务有限责任公司		112.5824443	28.28269592	2016	50			√			√		
229	长沙市晨宇运输有限责任公司		112.8920523	28.30146687	2016	50			√		√			
230	长沙速飞物流有限责任公司		112.9722660	28.27140540	2016	50			√		√			
231	长沙首航货运代理有限责任公司		112.9820953	28.22352358	2016	50			√			√		
232	长沙阳乐货运代理有限责任公司		112.9837644	28.23609557	2016	50			√			√		
233	长沙亚风物流有限责任公司		112.9919410	28.11933013	2016	50			√		√			

续 表

序号	名称	地址	经度	纬度	成立时间（年）	注册资本（万元）	大型	中型	小微型	仓储企业	运输企业	货代信息企业	综合现代型物流企业	城市配送型企业
234	长沙甲辉货运服务有限责任公司		113.0038826	28.29851404	2016	50			√			√		
235	长沙军辉物流有限责任公司		113.0047132	28.19604095	2016	50			√		√	√		
236	长沙懿轩货运有限责任公司		113.0107609	28.21842806	2016	50			√			√		
237	长沙联广物流有限责任公司		113.0281880	28.16687648	2016	50			√		√			
238	长沙湘丹货运有限责任公司		113.0343092	28.19269992	2016	50			√			√		
239	长沙市汇东物流有限责任公司		113.0510071	28.1738713	2016	50			√		√			

续 表

序号	名称	地址	经度	纬度	成立时间（年）	注册资本（万元）	大型	中型	小微型	仓储企业	运输企业	货代信息企业	综合现代型物流企业	城市配送型企业
240	长沙亚辉货运有限责任公司		113.0879150	28.16830055	2016	50			√			√		
241	长沙领航物流有限责任公司		113.1070185	28.23216159	2016	50			√		√			
242	长沙陶氏货运代理有限责任公司		113.1074307	28.12558412	2016	50			√			√		
243	长沙继强物流		113.1131531	28.13114058	2016	50			√		√	√		
244	长沙小毛物流有限责任公司		113.1302717	28.19928938	2016	50			√		√			
245	长沙强强物流有限责任公司		113.1359739	28.18623304	2016	50			√	√	√			
246	长沙顺协盈物流有限责任公司		113.1673329	28.47013948	2016	50			√		√			

续 表

序号	名称	地址	经度	纬度	成立时间（年）	注册资本（万元）	大型	中型	小微型	仓储企业	运输企业	货代信息企业	综合现代型物流企业	城市配送型企业
247	长沙奕佐货运代理有限责任公司		113.1833326	28.23833828	2016	50			√			√		
248	长沙芸果物流有限责任公司	长沙市开福区青竹湖街道新港办公楼北栋 310 号	112.9598592	28.34021835	2016	50			√		√			
249	长沙延森货运代理有限责任公司	湖南省长沙县榔梨街道大众南路海仓弘广物流园 4 栋 413、414 号仓库	113.1632488	28.17040911	2016	50			√		√	√		
250	长沙玉麒麟快递服务有限责任公司	长沙市雨花区人民路王公塘附 1 号 A 栋 112 房	112.9989634	28.18877326	2010	50			√					√
251	长沙市望城区申通快递有限责任公司	长沙市望城区乌山街道聚缘路 41 号	112.8119401	28.3423018	2010	50			√					√
252	长沙市城与诚快递有限责任公司	长沙市开福区芙蓉中路一段 59 号建鸿达现代公寓 2509 号	112.9823622	28.22908265	2008	50			√					√

续 表

序号	名称	地址	经度	纬度	成立时间（年）	注册资本（万元）	大型	中型	小微型	仓储企业	运输企业	货代信息企业	综合现代型物流企业	城市配送型企业
253	长沙快韵速递有限责任公司	长沙市芙蓉区东岸乡张公岭村龟山路10号	113.0539865	28.20645565	2009	50			√					√
254	长沙信雅达快递有限责任公司	长沙市芙蓉区人民东路五一村101房	113.0226279	28.18735164	2010	50			√					√
255	长沙盛辉物流有限责任公司		113.114344	28.13299693	2012	58			√	√	√			
256	长沙纵贯线物流有限责任公司	湖南省长沙县湘龙街道湖南金鹰机电大市场三区04栋106房	113.0653054	28.27719554	2015	60			√	√	√	√	√	
257	长沙农骏货运代理有限责任公司	湖南省长沙县星沙街道楚天二期5－2－1211	113.0724215	28.24844443	2015	66			√	√	√	√	√	
258	长沙诺益物流有限责任公司	长沙市雨花区高桥乡高桥村第二安置小区三期C10幢（C13幢）118	112.864592	28.20604523	2015	80			√	√	√	√	√	

续 表

序号	名称	地址	经度	纬度	成立时间（年）	注册资本（万元）	大型	中型	小微型	仓储企业	运输企业	货代信息企业	综合现代型物流企业	城市配送型企业
259	长沙四方赢物流有限责任公司		113.0159778	28.10201440	2005	80			√		√	√		
260	长沙市深湘运输服务有限责任公司		113.0570159	28.21879581	2006	80			√			√		
261	长沙华海运输有限责任公司		112.9806465	28.18912591	2007	80			√	√	√			
262	长沙希达货运代理有限责任公司		113.0705502	28.19731676	2016	80			√			√		
263	长沙跃翔物流有限责任公司		113.1357681	28.23775063	2010	100			√	√	√		√	√
264	长沙元满物流有限责任公司	长沙经济技术开发区漓湘东路19号湖南江南汽车制造有限责任公司星沙制造厂	113.0291858	28.16719383	2010	100			√	√	√	√	√	√

续　表

序号	名称	地址	经度	纬度	成立时间（年）	注册资本（万元）	大型	中型	小微型	仓储企业	运输企业	货代信息企业	综合现代型物流企业	城市配送型企业
265	长沙荣邦物流有限责任公司	长沙市雨花区红星村红星建材交易中心 10 栋 103 房	113.0446713	28.15438082	2013	100			√	√	√	√	√	√
266	长沙昊鸿物流有限责任公司	长沙市雨花区万家丽南路二段 12 号内 3 栋 11 号门面	113.0307529	28.09781275	2013	100			√	√	√	√	√	√
267	长沙中合意物流有限责任公司	长沙市雨花区高桥货运市场新 2 区 C5 栋西头 1－2 号	113.1359451	28.18622434	2014	100			√	√	√	√	√	√
268	长沙恒坤物流有限责任公司	长沙市雨花区湖南环保科技产业园 17 号地 A38 号房	113.0287815	28.08460352	2015	100			√	√	√	√	√	√
269	长沙迅腾物流有限责任公司	湖南省长沙市芙蓉区马王堆街道晚报大道 548 号东外滩家园 4 栋 2602 房	113.0327240	28.21141864	2015	100			√	√	√	√	√	√

续 表

序号	名称	地址	经度	纬度	成立时间（年）	注册资本（万元）	大型	中型	小微型	仓储企业	运输企业	货代信息企业	综合现代型物流企业	城市配送型企业
270	长沙高邦物流有限责任公司	长沙市雨花区花候路合丰安置小区A2栋2单元03号门面	113.0548862	28.17583199	2016	100			√	√	√	√	√	√
271	长沙市龙之邦快递有限责任公司	长沙市雨花区黎托乡川河村厂禾组	113.0638537	28.15713656	2008	100			√					√
272	长沙全峰快递有限责任公司	湖南省长沙经济技术开发区天华南路3号	113.0749905	28.22014694	2011	100			√	√				√
273	长沙国邦快递有限责任公司	长沙市雨花区黎托乡川河村黄树兵私房	113.0718056	28.16432921	2013	100			√	√				√
274	长沙一天快递有限责任公司	长沙县经济技术开发区东十路十二号	113.1317988	28.22970666	2013	100			√	√	√			√

续 表

序号	名称	地址	经度	纬度	成立时间（年）	注册资本（万元）	大型	中型	小微型	仓储企业	运输企业	货代信息企业	综合现代型物流企业	城市配送型企业
275	长沙卓运物流有限责任公司		112.8819429	28.19451153	2014	100			√	√				√
276	长沙泰邦物流有限责任公司	湖南省长沙市芙蓉区马坡岭街道新安村 109 号房	113.0117210	28.19839592	2014	100			√		√	√		√
277	长沙快捷快递有限责任公司	湖南省长沙市芙蓉区隆平高科技园二段 109 号李莉私宅	113.0606245	28.21919872	2014	100			√		√			√
278	长沙聚源丰快递有限责任公司	湖南省长沙县黄花镇远大三路 1930 号	113.1614904	28.23104887	2014	100			√	√				√
279	长沙华博快递有限责任公司	长沙市开福区望麓园街道蔡锷北路 118 号都市星光小区 A 栋 4 单元 109 号房	112.9762409	28.20585115	2014	100			√	√				√

续 表

序号	名称	地址	经度	纬度	成立时间（年）	注册资本（万元）	大型	中型	小微型	仓储企业	运输企业	货代信息企业	综合现代型物流企业	城市配送型企业
280	长沙棉生态快递服务有限责任公司	长沙市开福区沙坪街道捞刀河镇大明村 99 号	113.0030310	28.32736324	2014	100			√	√	√			√
281	长沙驰运物流有限责任公司	湖南省长沙县湘龙街道中南汽车世界博展路 A3 区 005 号门面	113.0577727	28.23632230	2015	100			√		√	√		√
282	长沙宇宏物流有限责任公司	长沙市雨花区高桥乡高桥村第二安置小区三期 C19 栋 3-4 号门面	113.1322699	28.19187295	2012	100			√	√	√	√	√	
283	长沙叶安物流有限责任公司	长沙经济技术开发区东十一路 9 号长沙物丰科技实业有限责任公司综合楼 201 号	113.1529256	28.17956518	2013	100			√	√	√	√	√	
284	长沙成湘物流有限责任公司	长沙市雨花区高桥乡友谊村 52 栋 4 门 1 层	113.0175052	28.16996624	2013	100			√	√	√	√	√	

续 表

序号	名称	地址	经度	纬度	成立时间（年）	注册资本（万元）	大型	中型	小微型	仓储企业	运输企业	货代信息企业	综合现代型物流企业	城市配送型企业
285	长沙红心果物流有限责任公司	长沙市雨花区高桥新2号小区A6栋2、3、4号	113.1068213	28.23371884	2013	100			√	√	√	√	√	
286	长沙长辉物流有限责任公司	长沙市雨花区高桥新二号小区C15栋	113.0198922	28.16713865	2014	100			√	√	√	√	√	
287	长沙长辉物流有限责任公司	长沙市雨花区高桥新二号小区C15栋3-4号	113.0199136	28.16719534	2014	100			√	√	√	√	√	
288	长沙飞度物流有限责任公司	长沙市雨花区高桥乡五一村拆迁安置小区F2幢	113.0225990	28.18707030	2014	100			√	√	√	√	√	
289	长沙壹柒捌物流有限责任公司	长沙市雨花区高桥街道新塘垅小区55栋3单元3门1楼	113.0167340	28.167430990	2014	100			√	√	√	√	√	
290	长沙旋风物流有限责任公司	长沙市雨花区高桥街道新塘垅小区30栋1单元3楼西头房屋	113.0173779	28.17123297	2015	100			√	√	√	√	√	

续 表

序号	名称	地址	经度	纬度	成立时间（年）	注册资本（万元）	大型	中型	小微型	仓储企业	运输企业	货代信息企业	综合现代型物流企业	城市配送型企业
291	长沙优捷物流有限责任公司	湖南省长沙县高桥镇高桥锦绣社区大丰组 522 号	113.0263481	28.25178445	2016	100			√	√	√	√	√	
292	长沙云迅物流有限责任公司	湖南省长沙县星沙街道星沙派出所南侧警苑星城 1 栋 3004	113.0811873	28.25058325	2016	100			√	√	√	√	√	
293	长沙超联物流有限责任公司	湖南省长沙市岳麓区望城坡街道西南环线东侧望兴景园 2 栋 201 号	112.9111224	28.21058943	2016	100			√	√	√	√	√	
294	长沙大飞物流有限责任公司	湖南省长沙县安沙镇安沙物流大道 1 号 B 区 07 栋 120 号	113.0751254	28.31153762	2016	100			√	√	√	√	√	
295	长沙佳运储运有限责任公司		113.0224722	28.16847384	1999	100			√	√	√			
296	长沙新时速货物运输服务有限责任公司		113.114349	28.13307272	2002	100			√		√	√		

续 表

序号	名称	地址	经度	纬度	成立时间（年）	注册资本（万元）	大型	中型	小微型	仓储企业	运输企业	货代信息企业	综合现代型物流企业	城市配送型企业
297	长沙永和迅物流有限责任公司		113.0415159	28.15380393	2003	100			√	√				
298	长沙市大唐物流有限责任公司		113.0602346	28.25601549	2003	100			√	√		√		
299	长沙永成运输有限责任公司		113.0765844	28.23814752	2003	100			√			√		
300	长沙景赋物流有限责任公司		113.1029667	28.37417303	2003	100			√			√		
301	长沙巨源物流有限责任公司		113.0154358	28.09770528	2005	100			√		√			
302	长沙邓氏宝庆物流公司		113.1361385	28.19035311	2005	100			√		√			
303	长沙华人物流有限责任公司		112.9807858	28.19323487	2006	100			√	√	√			
304	长沙天发货运有限责任公司		113.0583626	28.24543929	2006	100			√			√		

续 表

序号	名称	地址	经度	纬度	成立时间（年）	注册资本（万元）	大型	中型	小微型	仓储企业	运输企业	货代信息企业	综合现代型物流企业	城市配送型企业
305	望城县汇祥隆物流运输有限责任公司		112.8204237	28.27782047	2007	100			√		√			
306	长沙市金城物流有限责任公司		112.9799832	28.30410286	2007	100			√		√			
307	长沙佳翔物流有限责任公司		112.9898631	28.17586327	2009	100			√		√			
308	长沙市平华物流有限责任公司		113.0095669	28.15821579	2009	100			√		√			
309	长沙协盈仓储物流有限责任公司		112.9704059	28.28412715	2010	100			√	√				
310	长沙湘晨物流管理有限责任公司		113.0223760	28.17684767	2010	100			√	√	√			
311	长沙恒华物流有限责任公司		113.0352886	28.17661280	2010	100			√		√			

续 表

序号	名称	地址	经度	纬度	成立时间（年）	注册资本（万元）	大型	中型	小微型	仓储企业	运输企业	货代信息企业	综合现代型物流企业	城市配送型企业
312	长沙华智物流有限责任公司	长沙市雨花区高桥友谊村新4号小区D15栋2单元一楼	113.0216894	28.16613796	2010	100			√		√	√		
313	长沙莱特国际货运代理有限责任公司	长沙市开福区新港路30号金霞保税物流中心卡口办公楼3005室	113.0184808	28.08249427	2010	100			√		√			
314	长沙兆丰物流有限责任公司		112.9665067	28.28458275	2011	100			√			√		
315	长沙市远华货运代理有限责任公司		113.1297878	28.17909194	2011	100			√			√		
316	长沙兴唐物流有限责任公司	长沙市雨花区高桥新村新2区B18栋1-4号	113.1353378	28.19220499	2011	100			√		√	√		
317	长沙鼎天物流有限责任公司	长沙市雨花区高桥友谊村新塘垅小区88栋3单元1楼西头2号	113.0189259	28.16740582	2011	100			√		√	√		

续 表

序号	名称	地址	经度	纬度	成立时间（年）	注册资本（万元）	大型	中型	小微型	仓储企业	运输企业	货代信息企业	综合现代型物流企业	城市配送型企业
318	长沙市赛力生物流有限责任公司	长沙市雨花区高桥街道新塘垅小区89栋1-2号	113.0190372	28.16705444	2011	100			√	√	√			
319	长沙市湖森物流有限责任公司	长沙市雨花区高桥乡高桥村第二安置小区三期C24栋1楼	113.0394009	28.17761220	2011	100			√	√	√			
320	长沙大奔物流有限责任公司		112.9607017	28.08736028	2012	100			√	√	√			
321	长沙市君旺物流有限责任公司		113.0095494	28.12868165	2012	100			√		√	√		
322	长沙华恒物流有限责任公司		113.0827733	28.32377028	2012	100			√	√	√			
323	长沙鸿昌物流有限责任公司		113.1029881	28.37432406	2012	100			√	√	√			

续 表

序号	名称	地址	经度	纬度	成立时间（年）	注册资本（万元）	大型	中型	小微型	仓储企业	运输企业	货代信息企业	综合现代型物流企业	城市配送型企业
324	长沙中泰物流服务有限责任公司		113.0155812	28.09856858	2013	100			√	√	√			
325	长沙恒诚物流有限责任公司		113.0278717	28.16880120	2013	100			√	√	√			
326	长沙文兵货运代理有限责任公司		113.0343473	28.20598517	2013	100			√			√		
327	长沙神州通物流有限责任公司		113.0612059	28.24709480	2013	100			√		√			
328	长沙高飞货运代理有限责任公司	长沙市天心区大托镇九峰村富水塘村场地5亩	112.9672946	28.09740571	2013	100			√	√		√		
329	长沙汇盛货运代理有限责任公司	湖南省长沙县星沙街道星沙大道198号蓝山郡3期B栋602号	113.0823267	28.25587603	2013	100			√			√		

续 表

序号	名称	地址	经度	纬度	成立时间（年）	注册资本（万元）	大型	中型	小微型	仓储企业	运输企业	货代信息企业	综合现代型物流企业	城市配送型企业
330	长沙一洲物流服务有限责任公司	长沙市雨花区高桥新二号小区 B17 栋 1 楼西头	113.0216470	28.16871873	2013	100			√		√			
331	长沙三兴物流货运有限责任公司		112.9510299	28.03838502	2014	100			√			√		
332	长沙汛达货运代理有限责任公司		112.9786784	28.16272432	2014	100			√			√		
333	长沙德宏货物运输有限责任公司		113.0158722	28.10159673	2014	100			√	√	√			
334	长沙嘉晨物流有限责任公司		113.0610378	28.25428866	2014	100			√		√	√		
335	长沙创诺货运代理有限责任公司	长沙市雨花区马王堆路新塘垅小区 93 栋 4 单元 1 楼 101	113.0197101	28.16894638	2014	100			√		√	√		

续 表

序号	名称	地址	经度	纬度	成立时间（年）	注册资本（万元）	大型	中型	小微型	仓储企业	运输企业	货代信息企业	综合现代型物流企业	城市配送型企业
336	长沙永展安仓储设备有限责任公司	长沙市雨花区长沙大道566号至雅大厦2604室	113.0361714	28.17210283	2014	100			√	√				
337	长沙金鼎物流有限责任公司	长沙市雨花区高桥新二小区西17栋10号	113.0199350	28.16717636	2014	100			√	√	√			
338	长沙兴邦物流有限责任公司	长沙市雨花区高桥物流中心新塘垅小区94栋中间5-6号（E-5栋）	113.0197898	28.16856463	2014	100			√		√	√		
339	长沙市共创物流有限责任公司	长沙市雨花区高桥老二号小区5栋3号	113.0205980	28.17231207	2014	100			√		√			
340	长沙市皓隆物流有限责任公司	长沙市雨花区高桥二号小区C2栋东头3-4号门面	113.0199350	28.16710069	2014	100			√		√	√		
341	长沙皇一物流		113.0326131	28.07700569	2015	100			√		√	√		

续 表

序号	名称	地址	经度	纬度	成立时间（年）	注册资本（万元）	大型	中型	小微型	仓储企业	运输企业	货代信息企业	综合现代型物流企业	城市配送型企业
342	长沙辉宇物流运输有限责任公司		113.0824474	28.30838442	2015	100			√		√			
343	长沙恒熙物流有限责任公司	长沙市雨花区洞井安置小区十四栋501房	113.0111640	28.10725516	2015	100			√	√		√		
344	长沙辉彪物流有限责任公司	长沙市雨花区黎托街道大桥社区大桥一区一栋北一单元4楼	113.0380885	28.17689694	2015	100			√		√			
345	长沙恒庆物流有限责任公司		112.8814775	28.22310961	2016	100			√		√			
346	长沙市运佰通物流有限责任公司		112.9065456	28.21777873	2016	100			√		√			

续 表

序号	名称	地址	经度	纬度	成立时间（年）	注册资本（万元）	大型	中型	小微型	仓储企业	运输企业	货代信息企业	综合现代型物流企业	城市配送型企业
347	长沙欧啦货运代理有限责任公司		112.9492195	28.22795285	2016	100			√			√		
348	长沙东盈物流有限责任公司		112.9714181	28.17718884	2016	100			√	√				
349	长沙罗伍物流有限责任公司		112.9841217	28.23054143	2016	100			√		√			
350	长沙军速物流有限责任公司		112.9922462	28.33780278	2016	100			√		√			
351	长沙国奥物流有限责任公司		113.0341044	28.17552736	2016	100			√		√	√		
352	长沙桑诚物流运输有限责任公司		113.0344879	28.17038053	2016	100			√		√			
353	长沙晓通物流有限责任公司		113.0601422	28.13554842	2016	100			√		√			

续表

序号	名称	地址	经度	纬度	成立时间（年）	注册资本（万元）	大型	中型	小微型	仓储企业	运输企业	货代信息企业	综合现代型物流企业	城市配送型企业
354	长沙德丰运输有限责任公司		113.0663941	28.23219877	2016	100			√			√		
355	长沙道可道物流有限责任公司		113.0751361	28.31147150	2016	100			√		√			
356	长沙快马物流		113.1347459	28.19159175	2016	100			√	√	√			
357	长沙深意物流有限责任公司		113.1348741	28.18583449	2016	100			√		√			
358	长沙腾驰物流有限责任公司		113.1350245	28.18579689	2016	100			√		√	√		
359	长沙晟韵货运有限责任公司		113.1984604	28.22600048	2016	100			√			√		

续　表

序号	名称	地址	经度	纬度	成立时间（年）	注册资本（万元）	大型	中型	小微型	仓储企业	运输企业	货代信息企业	综合现代型物流企业	城市配送型企业
360	长沙明瑶物流有限责任公司	长沙市开福区沙坪街道中青路 1199 号（长沙传化公路港内）	112.9946046	28.33849119	2016	100			√		√			
361	长沙常胜物流有限责任公司	长沙市雨花区南二环一段 123 号叠彩峰苑 A－1 栋 1006 房	113.0073633	28.15600463	2016	100			√		√	√		
362	长沙安峰物流有限责任公司	长沙高新开发区雷锋街道岳麓西大道 3580 号湖南车商汽车城 6 栋东单元一楼	112.7925179	28.24795393	2016	100			√		√			
363	长沙森伟物流有限责任公司	湖南省长沙县湘龙街道中南汽车世界 A3 区综合服务中心大楼 301	113.0602488	28.23469405	2016	100			√		√	√		

续 表

序号	名称	地址	经度	纬度	成立时间（年）	注册资本（万元）	大型	中型	小微型	仓储企业	运输企业	货代信息企业	综合现代型物流企业	城市配送型企业
364	长沙恒顺物流有限责任公司	长沙市雨花区万家丽路南二段18号管理服务中心办公楼455号	113.0447369	28.14534508	2007	100			√	√	√	√	√	
365	长沙邦运物流有限责任公司	长沙市雨花区友谊新塘垅65栋1单元	113.0173512	28.16756587	2008	100			√	√	√	√	√	
366	长沙江奥物流有限责任公司	长沙市雨花区桃花塅路58号德庆水韵山城1栋1210房	113.0145877	28.09753458	2008	100			√	√	√	√	√	
367	长沙共速达物流有限责任公司	长沙县星沙镇东升路山水人家三期G区3、5号	113.0692885	28.24814429	2008	100			√	√	√	√	√	
368	长沙健驰物流有限责任公司	宁乡县金洲大道168号（三一汽车起重机械有限责任公司内）	112.6584341	28.27819012	2010	100			√	√	√	√	√	

续 表

序号	名称	地址	经度	纬度	成立时间（年）	注册资本（万元）	大型	中型	小微型	仓储企业	运输企业	货代信息企业	综合现代型物流企业	城市配送型企业
369	湖南东方百福供应链管理有限责任公司		113.0211645	28.18740862	2005	101		√			√			
370	周正物流责任有限责任公司		113.1324963	28.19186631	2008	101		√			√			
371	长沙鸿邦物流有限责任公司	长沙市雨花区黎托乡大桥村2区	113.1131454	28.13105441	2008	101		√			√	√		
372	广州市宝多物流有限责任公司长沙分公司		113.1059410	28.23229421	2013	101		√			√			
373	长沙和协物流有限责任公司	长沙市雨花区高桥街道友谊社区新塘垅小区104栋3单元3楼东头	112.9337594	28.34031549	2014	101		√			√	√		
374	长沙市信航物流有限责任公司		113.1844168	28.22741325	2009	102		√			√	√		

续 表

序号	名称	地址	经度	纬度	成立时间（年）	注册资本（万元）	大型	中型	小微型	仓储企业	运输企业	货代信息企业	综合现代型物流企业	城市配送型企业
375	长沙市泾江货运代理有限责任公司	长沙高新开发区火炬城 M7 组团- 1C5	112.9500901	28.22043608	2010	108		√				√		
376	长沙成峰物流股份有限责任公司		112.9867995	28.21748669	2011	120		√		√	√			
377	长沙市金宇物流代理有限责任公司	长沙市开福区综合农场果林分场长沙市金宇混凝土公司办公楼二楼	113.0122200	28.25940068	2012	120		√				√		
378	长沙旺瑞货物运输有限责任公司		113.2802878	28.59862362	2015	120		√			√			
379	长沙鑫盛物流有限责任公司	长沙市望城经济技术开发区高星物流园 37 栋 125 -126 号	112.8327754	28.30889835	2016	150		√		√	√	√	√	√
380	长沙融达货运有限责任公司		113.1011148	28.20444423	2003	150		√				√		

续 表

序号	名称	地址	经度	纬度	成立时间（年）	注册资本（万元）	大型	中型	小微型	仓储企业	运输企业	货代信息企业	综合现代型物流企业	城市配送型企业
381	长沙佳胜达货运代理有限责任公司	长沙市雨花区梨子山10栋203室	112.9927901	28.16462698	2011	150		√				√		
382	望城明达物流有限责任公司	长沙市望城区高塘岭街道迎宾大道联诚花园15栋303号	112.8169455	28.36273422	2010	150		√		√	√	√	√	
383	长沙诚峰物流设备工程有限责任公司		112.9831260	28.19711149	2006	160		√		√				
384	长沙黑马物流有限责任公司		113.1105609	28.25646036	2000	168		√			√	√		
385	湖南现代仓储配送服务有限责任公司	长沙市雨花区韶山南路红星物流中心318号	112.9551948	28.10451486	2006	200		√		√	√	√	√	√
386	湖南省申祥物流有限责任公司	长沙市雨花区黎托乡黎明渔场侯照组	113.0690572	28.12529913	2011	200		√		√	√	√	√	√

续 表

序号	名称	地址	经度	纬度	成立时间（年）	注册资本（万元）	大型	中型	小微型	仓储企业	运输企业	货代信息企业	综合现代型物流企业	城市配送型企业
387	湖南省惠捷物流有限责任公司	湖南省长沙县湘龙街道恒广国际景园第一区3栋2001号	113.0158401	28.10156843	2014	200		√		√	√	√	√	√
388	长沙雄毅物流有限责任公司	湖南省长沙市岳麓区西湖街道金星中路168号龙王港小区E9栋107号—01房	112.9253371	28.20981927	2015	200		√				√	√	√
389	长沙哈弗物流有限责任公司	长沙市雨花区中意一路66号亚商国际A栋2722号	113.1519107	28.17969619	2015	200		√			√	√	√	√
390	湖南如风达快递有限责任公司	湖南省长沙市芙蓉区隆平高科技园隆园四路1栋109房	113.0648790	28.21702343	2015	200		√		√	√	√	√	√
391	长沙善运物流有限责任公司	湖南省长沙县安沙镇毛塘铺物流大道1号恒广国际物流B07栋107号	113.0760153	28.31208762	2016	200		√		√	√	√	√	√

续 表

序号	名称	地址	经度	纬度	成立时间（年）	注册资本（万元）	大型	中型	小微型	仓储企业	运输企业	货代信息企业	综合现代型物流企业	城市配送型企业
392	湖南荣卿物流配送有限责任公司	湖南省长沙市天心区万家丽南路二段989号丽发新城一期2栋308房	113.0165584	28.06340799	2016	200		√		√	√	√	√	√
393	湖南兴志物流有限责任公司		113.0082747	28.25703015	2001	200		√		√	√			√
394	湖南亦强物流配送有限责任公司		113.0175851	28.08109576	2006	200		√						√
395	湖南红鹏快运物流有限责任公司	长沙县湘龙街道中南汽车世界社区Y05栋111号	113.0560607	28.23893796	2010	200		√		√				√
396	湖南优速快递有限责任公司	湖南省长沙县干杉镇长安村陕西汽车集团长沙环通汽车制造有限责任公司2号厂房	113.2256298	28.1410962	2010	200		√						√

续　表

序号	名称	地址	经度	纬度	成立时间（年）	注册资本（万元）	大型	中型	小微型	仓储企业	运输企业	货代信息企业	综合现代型物流企业	城市配送型企业
397	湖南平达快递服务有限责任公司	长沙市芙蓉区一环线中环路宝庆公寓E栋113号房	113.0118308	28.19182766	2010	200		√						√
398	湖南国通快递有限责任公司	长沙经济技术开发区螺丝塘路5号	113.1229934	28.23730309	2012	200		√						√
399	湖南宇宙快递有限责任公司	湖南省长沙市岳麓区桔子洲街道天马村廖家院子组27栋108号	112.8811114	28.67638705	2013	200		√			√			√
400	湖南小精灵物流有限责任公司		113.0196411	28.16750069	2014	200		√			√			√
401	长沙万汇通物流有限责任公司		113.0851412	28.14107055	2014	200		√						√
402	长沙华航达快递有限责任公司	湖南省长沙县泉塘街道长桥社区泉塘三期15栋3号	112.9926789	28.19761017	2014	200		√		√		√		√

续 表

序号	名称	地址	经度	纬度	成立时间（年）	注册资本（万元）	大型	中型	小微型	仓储企业	运输企业	货代信息企业	综合现代型物流企业	城市配送型企业
403	湖南省邻家快递服务有限责任公司	长沙市雨花区香樟路558号香樟景苑3栋1103房	113.0164320	28.14037929	2014	200		√		√	√			√
404	湖南银达快递服务有限责任公司	湖南省长沙市芙蓉区荷花园街道杨家山社区职院街156号渔塘村3栋住宅606房	112.9013167	28.20807105	2014	200		√						√
405	湖南省叮当象物流配送有限责任公司		112.9814478	28.19249279	2015	200		√						√
406	长沙龙旺农产品配送有限责任公司	湖南省长沙县黄兴镇打卦岭村山托组长沙黄兴海吉星国际农产品物流园H3057号档位	113.1476723	28.1315990	2016	200		√						√
407	湖南长沙东鹏货运有限责任公司		113.0583626	28.24542039	1996	200		√					√	

续 表

序号	名称	地址	经度	纬度	成立时间（年）	注册资本（万元）	大型	中型	小微型	仓储企业	运输企业	货代信息企业	综合现代型物流企业	城市配送型企业
408	长沙融城物流有限责任公司（业务规划部门）		113.1423787	28.22133254	1997	200		√					√	
409	湖南大地国际货运有限责任公司		112.9809362	28.19326387	2002	200		√					√	
410	长沙市长朗国际货运代理有限责任公司	长沙市建湘路479号泰阳证券大厦1703房	112.9781001	28.20033615	2003	200		√		√	√	√	√	
411	湖南大千物流有限责任公司		112.9829813	28.10566394	2006	200		√					√	
412	湖南安通物流有限责任公司		113.0394678	28.17762423	2008	200		√		√	√	√	√	
413	长沙速高物流有限责任公司	长沙市开福区福康里19号	112.9813935	28.20320767	2009	200		√		√	√	√	√	

续 表

序号	名称	地址	经度	纬度	成立时间（年）	注册资本（万元）	大型	中型	小微型	仓储企业	运输企业	货代信息企业	综合现代型物流企业	城市配送型企业
414	长沙忠意物流有限责任公司	长沙市天心区钢材大市场 1 - 12 # 205 房	112.9640038	28.08770639	2010	200		√		√	√	√	√	
415	长沙金元通物流有限责任公司	长沙县星沙镇中南物流园 Y05 栋 112 号	113.0571741	28.24431639	2010	200		√		√	√	√	√	
416	湖南合利物流有限责任公司	湖南省长沙县榔梨街道檀木桥社区黄兴大道南段 131 号梨江国际智能物流园 A3 - 14 号	113.1349708	28.18578735	2010	200		√		√	√	√	√	
417	湖南恒运达物流有限责任公司	长沙市岳麓区天顶乡川塘村黄荆安置小区 10 - 6 号	112.8819107	28.19457771	2010	200		√		√	√	√	√	
418	湖南恒顺达兄弟物流有限责任公司	湖南省长沙县安沙镇物流大道以北、107 国道以西恒广国际物流园	113.0739561	28.31200681	2011	200		√		√	√	√	√	

续　表

序号	名称	地址	经度	纬度	成立时间（年）	注册资本（万元）	大型	中型	小微型	仓储企业	运输企业	货代信息企业	综合现代型物流企业	城市配送型企业
419	湖南省四海物流有限责任公司	长沙市芙蓉区振湘园小区4栋104房	113.0210210	28.19164935	2011	200		√		√	√	√	√	
420	湖南省明生明达物流有限责任公司	长沙市芙蓉区马王堆火炬村九道湾四片安置小区2栋26-28号	112.9345040	28.14923621	2011	200		√		√	√	√	√	
421	湖南捷瑞达物流有限责任公司	长沙市雨花区高桥二号小区C4栋四门	113.0218515	28.16927806	2012	200		√		√	√	√	√	
422	湖南捷瑞达物流有限责任公司	长沙市雨花区高桥二号小区C4栋四门一楼	113.0218515	28.16925914	2012	200		√		√	√	√	√	
423	长沙昊恒物流有限责任公司	长沙市雨花区友谊新塘垅小区89栋2单元1楼	113.0362432	28.17685532	2013	200		√		√	√	√	√	

续 表

序号	名称	地址	经度	纬度	成立时间（年）	注册资本（万元）	大型	中型	小微型	仓储企业	运输企业	货代信息企业	综合现代型物流企业	城市配送型企业
424	长沙驰诚货运代理有限责任公司	长沙市经济开发区泉塘街道西冲路39号湖南省吉安特环保科技投资有限责任公司封装车间301号	113.1443451	28.22095957	2013	200		√		√	√	√	√	
425	湖南德莱物流有限责任公司	长沙市雨花区高桥友谊新村新塘垅小区59栋2单元1楼东头房屋	113.0173132	28.16902125	2013	200		√		√	√	√	√	
426	长沙市陡峰物流有限责任公司	湖南省长沙市岳麓区坪塘街道长塘村215号	112.7271070	28.24675262	2013	200		√		√	√	√	√	
427	长沙茂星物流有限责任公司	长沙经济技术开发区星沙街道办事处东四路268号恒大翡翠华庭第7栋801房	113.0978681	28.25498068	2013	200		√		√	√	√	√	
428	湖南麓天物流有限责任公司		112.9025008	28.20614488	2014	200		√		√	√	√	√	

续 表

序号	名称	地址	经度	纬度	成立时间（年）	注册资本（万元）	大型	中型	小微型	仓储企业	运输企业	货代信息企业	综合现代型物流企业	城市配送型企业
429	湖南中基物流有限责任公司	长沙市雨花区高桥新2号小区D2栋8号	113.1345420	28.18649035	2014	200		√					√	
430	长沙华旺物流有限责任公司	长沙市天心区暮云街道西湖大道1号	112.9954570	28.04545697	2014	200		√		√	√	√	√	
431	长沙博文物流有限责任公司	湖南省长沙县湘龙街道中南物流园Y区06栋126号	113.0564246	28.24496027	2014	200		√		√	√	√	√	
432	长沙嘉祐达货运代理有限责任公司	长沙市雨花区朝晖路500号锦湘国际星城锦雅苑2号栋506房	113.0276579	28.17735218	2014	200		√		√	√	√	√	
433	湖南港成物流有限责任公司	湖南省长沙县泉塘街道漓湘路时代星城5栋3005号	113.0833306	28.22864859	2014	200		√		√	√	√	√	
434	长沙昊恒达物流有限责任公司	长沙市雨花区高桥新2号小区B6栋1单元202房	113.0211002	28.16931917	2014	200		√		√	√	√	√	

续表

序号	名称	地址	经度	纬度	成立时间（年）	注册资本（万元）	大型	中型	小微型	仓储企业	运输企业	货代信息企业	综合现代型物流企业	城市配送型企业
435	湖南点赞物流有限责任公司	长沙市雨花区高桥街道高桥二号小区B8栋1-2号门面	113.0212333	28.16884133	2014	200		√		√	√	√	√	
436	湖南李伟物流有限责任公司	长沙市雨花区高桥友谊村2号小区A02栋1号门面	113.0199778	28.16723300	2014	200		√		√	√	√	√	
437	长沙文博物流有限责任公司	湖南省长沙县星沙街道东三路20号幸福里润城109栋302	113.0926174	28.24650798	2014	200		√		√	√	√	√	
438	长沙凯润仓储物流有限责任公司	长沙经济技术开发区东六线11号	113.1053646	28.23728329	2014	200		√		√	√	√	√	
439	长沙建涛物流有限责任公司	湖南省长沙市芙蓉区马王堆街道办新桥村新桥小区8栋410房	113.0338770	28.20516057	2014	200		√		√	√	√	√	
440	长沙晟鑫物流有限责任公司	湖南省长沙县榔梨街道保家安置区B区2栋14-15号	113.1527117	28.18037634	2015	200		√		√	√	√	√	

续 表

序号	名称	地址	经度	纬度	成立时间（年）	注册资本（万元）	大型	中型	小微型	仓储企业	运输企业	货代信息企业	综合现代型物流企业	城市配送型企业
441	长沙俊达物流有限责任公司	长沙市雨花区劳动西路528号现代华都家园综合楼2419房	112.9872787	28.17313747	2015	200		√		√	√	√	√	
442	长沙畅扬物流有限责任公司	长沙市雨花区劳动西路528号现代华都家园综合楼2418房	112.9640678	28.08836406	2015	200		√		√	√	√	√	
443	长沙市航华货运代理有限责任公司	长沙市雨花区黎托街道大桥社区大桥4区17栋南一单元1号	113.0331478	28.16989485	2015	200		√		√	√	√	√	
444	湖南扬鹏物流有限责任公司	湖南省长沙县安沙镇安沙物流大道1号B区09栋136号	113.0751254	28.31148095	2015	200		√		√	√	√	√	
445	湖南鸿晨物流有限责任公司	长沙市雨花区高桥街道高桥新二号小区B10栋西头1单元1号	113.0212060	28.16866323	2015	200		√		√	√	√	√	

续 表

序号	名称	地址	经度	纬度	成立时间（年）	注册资本（万元）	大型	中型	小微型	仓储企业	运输企业	货代信息企业	综合现代型物流企业	城市配送型企业
446	长沙万畅物流有限责任公司	湖南浏阳制造产业基地凯旋豪庭2栋1层112号	113.2954065	28.21646518	2015	200		√		√	√	√	√	
447	长沙同升物流有限责任公司	长沙市雨花区万家丽路南二段18号管理服务中心办公楼四楼495	113.0281577	28.19212417	2015	200		√		√	√	√	√	
448	长沙尚游物流有限责任公司	湖南省长沙县黄花镇黄龙新村（湖南松源化工有限公司内）	113.0216891	28.17280157	2015	200		√		√	√	√	√	
449	长沙长隆物流有限责任公司	长沙市雨花区香樟路469号融科东南海小区BH5栋2004房	113.0345805	28.17680513	2015	200		√		√	√	√	√	
450	长沙市安轩物流有限责任公司	湖南省长沙县星沙街道松雅安置区F21栋335号101	113.1071667	28.25593708	2015	200		√		√	√	√	√	

续 表

序号	名称	地址	经度	纬度	成立时间（年）	注册资本（万元）	大型	中型	小微型	仓储企业	运输企业	货代信息企业	综合现代型物流企业	城市配送型企业
451	长沙东辉物流有限责任公司	长沙市雨花区湘天路428号熙春园二期10栋1202	113.0530370	28.13868047	2015	200		√		√	√	√	√	
452	长沙众悦物流有限责任公司	湖南省长沙市岳麓区观沙岭街道岳北渔场安置小区E9栋404房	112.9498489	28.23003489	2015	200		√		√	√	√	√	
453	长沙沛沛物流有限责任公司	湖南省长沙县星沙街道广生塘社区龙角组	113.1332526	28.24671858	2015	200		√		√	√	√	√	
454	长沙泊凯航空货运代理有限责任公司	湖南省长沙县黄花镇黄谷路社区黄花商业街100号	113.1860935	28.23098167	2016	200		√		√	√	√	√	
455	长沙市跨越物流有限责任公司	长沙经济技术开发区星沙产业基地开元东路1318号湖南汇怡实业有限责任公司内	113.1497671	28.17830676	2016	200		√		√	√	√	√	

续 表

序号	名称	地址	经度	纬度	成立时间（年）	注册资本（万元）	大型	中型	小微型	仓储企业	运输企业	货代信息企业	综合现代型物流企业	城市配送型企业
456	长沙安送达物流有限责任公司	长沙市雨花区时代阳光大道149号建通物流第新3栋7号门面	113.0157338	28.10202656	2016	200		√		√	√	√	√	
457	长沙招呼物流有限责任公司	湖南省长沙市岳麓区天顶街道柏家塘小区44栋4号	112.8854266	28.20092705	2016	200		√		√	√	√	√	
458	长沙国伟物流有限责任公司	长沙市雨花区杉木冲路268号旺坤家园2栋109号	113.0018628	28.10991796	2016	200		√		√	√	√	√	
459	长沙鲲鹏物流有限责任公司	湖南省长沙县安沙镇安沙物流大道1号B区02栋108号	113.0284579	28.08844171	2016	200		√		√	√	√	√	
460	长沙金红物流有限责任公司	湖南省长沙县黄花镇龙塘社区小塘安置区C6栋	113.1907221	28.22758126	2016	200		√		√	√	√	√	
461	长沙明亨物流有限责任公司	湖南省长沙县榔梨街道檀木桥社区黄兴大道南段131号梨江国际智能物流园A5－21号	113.1320684	28.19191220	2016	200		√		√	√	√	√	

续 表

序号	名称	地址	经度	纬度	成立时间（年）	注册资本（万元）	大型	中型	小微型	仓储企业	运输企业	货代信息企业	综合现代型物流企业	城市配送型企业
462	长沙旭烨物流有限责任公司	湖南省长沙县安沙镇安沙物流大道1号B区08栋105号	113.0752326	28.31132975	2016	200		√		√	√	√	√	
463	长沙优安物流有限责任公司	湖南省长沙市岳麓区洋湖街道湘江中路湖南省新生水泥厂507栋505房	112.9192123	28.08810955	2016	200		√		√	√	√	√	
464	长沙东子物流有限责任公司	湖南省长沙县安沙镇安沙物流大道1号B区06栋142号	113.0750397	28.31148102	2016	200		√		√	√	√	√	
465	长沙优骐物流有限责任公司	湖南省长沙市芙蓉区马王堆街道浏阳河大道一段588号红橡华园2栋203房	113.0342004	28.20919448	2016	200		√		√	√	√	√	
466	长沙超峰国际货运代理有限责任公司		113.0345594	28.19188116	1997	200		√				√		

续 表

序号	名称	地址	经度	纬度	成立时间（年）	注册资本（万元）	大型	中型	小微型	仓储企业	运输企业	货代信息企业	综合现代型物流企业	城市配送型企业
467	长沙神马物流有限责任公司		113.0127973	28.19080685	2002	200		√				√		
468	长沙荣通运输有限责任公司		113.1319184	28.18731498	2002	200		√		√	√			
469	长沙兴达物流有限责任公司		113.1600258	28.24605908	2002	200		√			√	√		
470	湖南锦鸿物流商贸发展有限责任公司		112.9812238	28.20767770	2003	200		√			√			
471	湖南丰华物流发展有限责任公司		113.0028568	28.23741752	2003	200		√		√				
472	湖南长远物流有限责任公司		113.0151064	28.18753167	2003	200		√				√		
473	长沙猛龙货运服务有限责任公司		113.0768929	28.31094349	2003	200		√				√		

续 表

序号	名称	地址	经度	纬度	成立时间（年）	注册资本（万元）	大型	中型	小微型	仓储企业	运输企业	货代信息企业	综合现代型物流企业	城市配送型企业
474	湖南微科物流有限责任公司		112.9808493	28.19683592	2004	200		√		√	√			
475	湖南雯倩运输服务有限责任公司		113.0287629	28.15286908	2004	200		√			√			
476	湖南雯倩运输服务有限责任公司		113.0289768	28.15298206	2004	200		√		√	√			
477	湖南长运物流有限责任公司	长沙市雨花区高桥二号小区 C23 栋西边 1-6 号	113.0198709	28.16717654	2005	200		√		√	√			
478	湖南迪比翼快递服务有限责任公司		113.021764	28.18627820	2005	200		√			√			
479	长沙市迅安货运代理有限责任公司	长沙市中山路 48 号（湘江宾馆内）	112.9739057	28.20577143	2005	200		√				√		
480	湖南速顺物流有限责任公司		113.0278698	28.16851045	2006	200		√		√	√			

续 表

序号	名称	地址	经度	纬度	成立时间（年）	注册资本（万元）	大型	中型	小微型	仓储企业	运输企业	货代信息企业	综合现代型物流企业	城市配送型企业
481	湖南永璟物流有限责任公司		113.5534571	28.12861508	2007	200		√			√			
482	长沙长平物流有限责任公司	长沙经济技术开发区黄兴大道南段78号	112.8967099	28.23619538	2007	200		√		√				
483	宁乡湘冷物流有限责任公司		112.5673055	28.30815598	2009	200		√			√			
484	长沙中北物流有限责任公司		113.0217450	28.17212956	2009	200		√		√		√		
485	湖南龙门镖行物流有限责任公司		113.1330578	28.18633926	2009	200		√			√			
486	长沙诚顺物流有限责任公司	长沙市雨花区高桥二号小区B14栋1单元左1楼	113.1325045	28.18758458	2009	200		√			√	√		
487	湖南荣帆国际货运代理有限责任公司		113.0010534	28.19027343	2011	200		√				√		

续 表

序号	名称	地址	经度	纬度	成立时间（年）	注册资本（万元）	大型	中型	小微型	仓储企业	运输企业	货代信息企业	综合现代型物流企业	城市配送型企业
488	湖南省果繁物流有限责任公司		113.0617623	28.24743878	2011	200		√			√			
489	湖南宾成物流有限责任公司		113.1415263	28.18221714	2011	200		√			√	√		
490	湖南湘辉物流有限责任公司	长沙市雨花区高桥新塘垅小区 82 栋 2 单元 1 楼	113.0190335	28.16882853	2011	200		√			√	√		
491	湖南省奥邦物流有限责任公司		112.8590384	28.21155783	2012	200		√			√			
492	长沙立亚达货运服务有限责任公司		112.9011212	28.22056567	2012	200		√				√		
493	长沙三志物流有限责任公司		113.2289644	28.14366091	2012	200		√			√			
494	长沙航想货运代理有限责任公司		112.9988921	28.1798874	2013	200		√				√		

续 表

序号	名称	地址	经度	纬度	成立时间（年）	注册资本（万元）	大型	中型	小微型	仓储企业	运输企业	货代信息企业	综合现代型物流企业	城市配送型企业
495	长沙八零九零物流有限责任公司		113.0148017	28.09818869	2013	200		√		√	√	√		
496	湖南巨鲸物流有限责任公司		113.0200836	28.16961864	2013	200		√			√	√		
497	湖南五洲物流有限责任公司		113.1406179	28.18364253	2013	200		√		√	√			
498	湖南安又顺物流有限责任公司		113.2292020	28.14502004	2013	200		√		√	√	√		
499	湖南省金誉物流有限责任公司	雨花区时代阳光大道嘉业物流园	113.0162770	28.10195966	2013	200		√						
500	湖南湘川物流有限责任公司		113.0184152	28.16927786	2014	200		√		√	√			
501	星城物流有限责任公司		113.0205719	28.16949759	2014	200		√			√			

续　表

序号	名称	地址	经度	纬度	成立时间（年）	注册资本（万元）	大型	中型	小微型	仓储企业	运输企业	货代信息企业	综合现代型物流企业	城市配送型企业
502	长沙九州快运物流有限责任公司		113.1029666	28.37428630	2014	200		√		√	√			
503	长沙赢丰物流有限责任公司	长沙市雨花区跳马镇关刀村湾塘组	112.8293620	28.31030838	2014	200		√				√		
504	湖南鲁湘宏宇物流有限责任公司	长沙市雨花区高桥二号小区 A01 栋 1-2 号	113.0199136	28.16713859	2014	200		√			√			
505	长沙伟彪万里物流有限责任公司	长沙市雨花区高桥友谊新村新塘垅小区 62 栋 2 单元 5-6 号	113.0173873	28.16808964	2014	200		√			√			
506	湖南中信德物流有限责任公司	长沙市雨花区高桥物流中心新二小区 C12 栋东 1 门 201 房	113.0224283	28.16845768	2014	200		√			√			
507	湖南辉邦物流有限责任公司	长沙市雨花区高桥街道高桥 2 号小区 A3 栋 3 号门面	113.0199564	28.16728981	2014	200		√			√	√		

续 表

序号	名称	地址	经度	纬度	成立时间（年）	注册资本（万元）	大型	中型	小微型	仓储企业	运输企业	货代信息企业	综合现代型物流企业	城市配送型企业
508	湖南粤湘物流有限责任公司		113.0344665	28.17032382	2015	200		√		√	√			
509	长沙华云物流有限责任公司		113.1614367	28.23107712	2015	200		√		√	√			
510	长沙永胜物流有限责任公司	湖南省长沙市岳麓区洋湖街道连山村洋湖景园3栋1106号房	112.9296581	28.11917851	2015	200		√			√	√		
511	长沙骆驿物流有限责任公司	湖南省长沙市岳麓区咸嘉湖街道金星中路468号郡原生活广场2栋606房	112.9311717	28.22540394	2015	200		√			√	√		
512	长沙辉顺物流有限责任公司	湖南省长沙市岳麓区银盆岭街道杜鹃路99号天骄福邸综合楼1713号	112.9418984	28.23339536	2015	200		√			√	√		

续 表

序号	名称	地址	经度	纬度	成立时间（年）	注册资本（万元）	大型	中型	小微型	仓储企业	运输企业	货代信息企业	综合现代型物流企业	城市配送型企业
513	湖南鑫吉物流有限责任公司	长沙市雨花区高桥街道高桥社区新二小区C20栋1门501	113.0198709	28.16717654	2015	200		√			√	√		
514	湖南安顺顺物流有限责任公司	湖南省长沙市芙蓉区马王堆街道远大一路418号建安新商汇810房	113.0256884	28.20042290	2016	200		√			√			
515	长沙非凡物流有限责任公司		112.5634656	28.29807110	2016	200		√			√			
516	长沙炳英物流有限责任公司		112.8502453	28.32680711	2016	200		√			√			
517	长沙地势坤仓储物流有限责任公司		112.8790781	28.20930824	2016	200		√		√				
518	湖南顺宇物流有限责任公司		112.9415180	28.24341040	2016	200		√			√			

续 表

序号	名称	地址	经度	纬度	成立时间（年）	注册资本（万元）	大型	中型	小微型	仓储企业	运输企业	货代信息企业	综合现代型物流企业	城市配送型企业
519	湖南李天帅物流运输有限责任公司		112.9459066	28.23996174	2016	200		√			√			
520	湖南盈凯物流有限责任公司		112.9760588	28.15142273	2016	200		√		√	√			
521	湖南昱辉物流有限责任公司		112.9798664	28.16625292	2016	200		√		√	√			
522	湖南盛德物流有限责任公司		112.9830461	28.06667930	2016	200		√			√			
523	湖南煌家冷链物流有限责任公司		113.0079215	28.10579771	2016	200		√			√			
524	湖南省桓远物流运输有限责任公司		113.0128019	28.21155481	2016	200		√			√			
525	湖南问顶物流有限责任公司		113.0131311	28.16173695	2016	200		√			√			

续 表

序号	名称	地址	经度	纬度	成立时间（年）	注册资本（万元）	大型	中型	小微型	仓储企业	运输企业	货代信息企业	综合现代型物流企业	城市配送型企业
526	湖南达瑞物流有限责任公司		113.0157226	28.10195154	2016	200		√			√			
527	湖南力飞物流有限责任公司		113.0220439	28.20618277	2016	200		√			√			
528	湖南华程物流有限责任公司		113.0319214	28.10057702	2016	200		√				√		
529	长沙新中源物流有限责任公司		113.0330546	28.16966716	2016	200		√			√			
530	湖南云天物流有限责任公司		113.0335240	28.12113735	2016	200		√			√			
531	湖南乾亨物流有限责任公司		113.0344023	28.17034290	2016	200		√			√			
532	湖南华鑫源物流有限责任公司		113.0473428	28.26684929	2016	200		√			√			

续 表

序号	名称	地址	经度	纬度	成立时间（年）	注册资本（万元）	大型	中型	小微型	仓储企业	运输企业	货代信息企业	综合现代型物流企业	城市配送型企业
533	湖南吉通物流有限责任公司		113.0558128	28.20125364	2016	200		√		√	√			
534	长沙鸿锦天物流有限责任公司		113.0605924	28.2191704	2016	200		√			√			
535	湖南文刚物流有限责任公司		113.0735692	28.31238476	2016	200		√			√			
536	长沙旭丰物流有限责任公司		113.0758744	28.31801329	2016	200		√			√			
537	湖南飞一般物流有限责任公司		113.1080430	28.14155254	2016	200		√			√			
538	长沙捷诚物流有限责任公司		113.2519034	28.22122297	2016	200		√		√				

续 表

序号	名称	地址	经度	纬度	成立时间（年）	注册资本（万元）	大型	中型	小微型	仓储企业	运输企业	货代信息企业	综合现代型物流企业	城市配送型企业
539	长沙瑞信物流服务有限责任公司	长沙市开福区青竹湖街道湘江北路西杏林物流南侧一栋205房	112.9548527	28.29233742	2016	200		√			√			
540	湖南正桥物流有限责任公司	湖南省长沙市岳麓区学士街道联丰路398号利海米兰春天商业综合体2幢1层101号	112.8928338	28.13810764	2016	200		√			√	√		
541	湖南顺隆物流有限责任公司	长沙市雨花区黎托街道大桥社区大桥一区3栋南一单元一楼	113.0334128	28.17461106	2016	200		√			√			
542	长沙平川物流有限责任公司	湖南省长沙市岳麓区银盆岭街道银双路66号金色山庄12栋1201室	112.9428758	28.22787997	2008	200		√		√	√	√	√	

续 表

序号	名称	地址	经度	纬度	成立时间（年）	注册资本（万元）	大型	中型	小微型	仓储企业	运输企业	货代信息企业	综合现代型物流企业	城市配送型企业
543	湖南安达物流有限责任公司	长沙高新开发区火炬城 M0 组团三栋二楼	112.9506485	28.21667325	2008	200		√			√	√	√	
544	湖南建文物流有限责任公司	长沙县星沙镇板桥安置小区 183、184 号	113.0784317	28.22390652	2008	200		√		√	√	√	√	
545	长沙市永力物流有限责任公司	长沙市雨花区洞井镇和平村村民第一生活安置小区 18 幢	113.0030740	28.09898912	2009	200		√		√	√	√	√	
546	湖南钧安器械配送有限责任公司	长沙市开福区德雅路 480 号 102 房	112.9926750	28.21908537	2010	200		√		√	√			√
547	湖南省中达速通快递服务有限责任公司	长沙市雨花区黎托乡合丰村山湾组李德军自建房屋	113.0535905	28.18076294	2008	200		√						√
548	湖南凡达物流有限责任公司	长沙市雨花区高桥友谊村 E 小区 14 栋 4 单元 1－2 楼西头	113.0096873	28.16777644	2010	201		√		√	√	√	√	√

续 表

序号	名称	地址	经度	纬度	成立时间（年）	注册资本（万元）	大型	中型	小微型	仓储企业	运输企业	货代信息企业	综合现代型物流企业	城市配送型企业
549	湖南金鑫货运代理有限责任公司		112.9815790	28.19590426	2009	201		√		√	√			
550	湖南吉邦物流有限责任公司	长沙市雨花区高桥街道友谊村桂友路中段门面	113.0204888	28.16977267	2010	201		√			√			
551	湖南谦顺和配送服务有限责任公司	湖南省长沙市芙蓉区车站北路70号万象新天公寓第五栋4单元1216房	113.0052175	28.20431311	2010	201		√		√	√	√	√	√
552	长沙高新开发区安骋物流有限责任公司	长沙高新开发区麓谷工业园A1楼	112.8692239	28.22316748	2009	209		√		√	√	√	√	
553	长沙太一物流有限责任公司	湖南省长沙市岳麓区咸嘉湖街道金星中路468号郡原生活广场1栋703房	112.9304724	28.24792723	2015	220		√		√	√	√	√	

续 表

序号	名称	地址	经度	纬度	成立时间（年）	注册资本（万元）	大型	中型	小微型	仓储企业	运输企业	货代信息企业	综合现代型物流企业	城市配送型企业
554	湖南长沙众旺公路运输有限责任公司		112.8207837	28.37610855	2001	238		√				√		
555	长沙长港物流有限责任公司	长沙市开福区青竹湖街道青竹湖路8号综合楼301号房	112.9335179	28.32473139	2016	300		√		√	√	√	√	√
556	湖南红星现代物流配送管理有限责任公司		113.0086112	28.11088497	2003	300		√		√				√
557	长沙市大宇货运服务有限责任公司		113.0851045	28.15455207	2003	300		√			√			√
558	长沙市德邦物流有限责任公司		112.9379559	28.32838256	2009	300		√		√		√		√
559	湖南华天物流有限责任公司	长沙市芙蓉区解放东路300号华天大酒店贵宾楼10楼	112.9928074	28.19445124	2010	300		√		√	√			√

续 表

序号	名称	地址	经度	纬度	成立时间（年）	注册资本（万元）	大型	中型	小微型	仓储企业	运输企业	货代信息企业	综合现代型物流企业	城市配送型企业
560	湖南盟昇物流有限责任公司	长沙市芙蓉区隆平高科技园天雄鞋业商贸城8栋118号	113.0599562	28.21796451	2011	300		√			√			√
561	长沙芳兴物流有限责任公司		113.0166000	28.10170827	2012	300		√		√	√			√
562	湖南聚畅物流有限责任公司	湖南省长沙市芙蓉区火星街道火星开发区七片北栋综合楼704房	113.0193770	28.21127414	2016	300		√			√	√		√
563	长沙大宇物流股份有限责任公司		113.0851474	28.15451422	2003	300		√					√	
564	长沙善达物流有限责任公司	长沙市开福区新港镇新安寺小区16栋2门201号	112.9341181	28.32570122	2010	300		√		√	√	√	√	
565	长沙县兴安路成物流有限责任公司	长沙县星沙镇中南汽车世界中南物流园Y区07栋117号	113.0575157	28.23637941	2011	300		√		√	√	√	√	

续 表

序号	名称	地址	经度	纬度	成立时间（年）	注册资本（万元）	大型	中型	小微型	仓储企业	运输企业	货代信息企业	综合现代型物流企业	城市配送型企业
566	长沙光速物流有限责任公司	湖南省长沙县湘龙街道石塘路一号汇隆物流园F区1-2号	113.0599924	28.25524158	2014	300		√		√	√	√	√	
567	长沙昌瑞物流有限责任公司	湖南省长沙县湘龙街道中南汽车世界R13-120	113.0577298	28.23636017	2014	300		√		√	√	√	√	
568	长沙同盟物流有限责任公司	湖南省长沙县湘龙街道石塘路汇隆物流园A栋4-5号	113.0607245	28.25591167	2014	300		√		√	√	√	√	
569	长沙五丰联行生鲜物流配送有限责任公司		113.0554441	28.27488648	2015	300		√		√	√	√	√	
570	长沙齐力物流有限责任公司	长沙市雨花区时代阳光大道198号3栋10号铺房	112.9672676	28.21131631	2015	300		√		√	√	√	√	
571	长沙奇兵物流有限责任公司	长沙市雨花区洞井镇桃阳村村民第一生活安置小区3幢一单元201号	113.0283634	28.09205345	2015	300		√		√	√	√	√	

续 表

序号	名称	地址	经度	纬度	成立时间（年）	注册资本（万元）	大型	中型	小微型	仓储企业	运输企业	货代信息企业	综合现代型物流企业	城市配送型企业
572	长沙亿泽物流有限责任公司	长沙市雨花区东山街道体育新城黎托安置小区10栋3门	113.0440262	28.15368340	2015	300		√		√	√	√	√	
573	长沙飞鲨物流有限责任公司	湖南省长沙县星沙街道星沙文体市场广泰家园9栋402号	113.0847456	28.25023668	2016	300		√		√	√	√	√	
574	长沙创捷物流有限责任公司	湖南省长沙县安沙镇安沙物流大道1号B区06栋116号	113.0751040	28.31148097	2016	300		√		√	√	√	√	
575	长沙广怀通物流有限责任公司	长沙市开福区沙坪街道中青路1199号（长沙传化公路港内）	112.9904187	28.33935417	2016	300		√		√	√	√	√	
576	长沙博兴物流有限责任公司		113.0750504	28.31143379	1994	300		√			√			
577	长沙鑫港物流有限责任公司		112.9707441	28.21311882	2002	300		√				√		

续　表

序号	名称	地址	经度	纬度	成立时间（年）	注册资本（万元）	大型	中型	小微型	仓储企业	运输企业	货代信息企业	综合现代型物流企业	城市配送型企业
578	长沙湘运物流有限责任公司		112.9730182	28.22418761	2004	300		√			√			
579	长沙佳奇物流有限责任公司		112.5724711	28.28193841	2008	300		√		√	√			
580	湖南省湘粤华物流有限责任公司		113.5965341	28.1607664	2010	300		√		√	√			
581	长沙市飞劲货运代理有限责任公司	长沙市雨花区曙光中路 56 号东方新世界 15021 房	112.9962331	28.1809149	2010	300		√				√		
582	湖南华泽物流有限责任公司		112.9957422	28.17717438	2011	300		√		√	√			
583	湖南七七翔宇商贸物流有限责任公司		113.0830372	28.21154974	2011	300		√			√			
584	长沙市龙媛裕物流有限责任公司	长沙市雨花区万芙南路 180 号弘欣公寓 1 栋 706 房	113.0162160	28.10173399	2012	300		√			√	√		

续 表

序号	名称	地址	经度	纬度	成立时间（年）	注册资本（万元）	大型	中型	小微型	仓储企业	运输企业	货代信息企业	综合现代型物流企业	城市配送型企业
585	长沙博德物流有限责任公司	长沙市雨花区高桥街道新塘垅小区 72 栋 1 单元 3 楼东 304 房	113.0342364	28.17476382	2012	300		√			√			
586	长沙博众物流有限责任公司		113.0742388	28.31128105	2013	300		√		√	√			
587	湖南欣蕊物流有限责任公司		113.0803896	28.30877315	2013	300		√		√	√			
588	长沙湘沩物流有限责任公司	宁乡经济技术开发区新康路（妙盛国际企业孵化港第 3 幢 216 房）	112.5822484	28.27356168	2014	300		√			√	√		
589	湖南港湘物流有限责任公司		113.0807039	28.22619828	2015	300		√		√	√			
590	长沙云端物流有限责任公司	长沙高新开发区岳麓西大道 588 号芯城科技园 2 # 栋 606 号	113.0618218	28.24815378	2015	300		√		√	√			

续 表

序号	名称	地址	经度	纬度	成立时间（年）	注册资本（万元）	大型	中型	小微型	仓储企业	运输企业	货代信息企业	综合现代型物流企业	城市配送型企业
591	长沙市顺邦仓储物流有限责任公司		113.1077418	28.23745660	2016	300		√		√				
592	湖南中曌物流有限责任公司		113.1090099	28.22766130	2016	300		√			√			
593	湖南泰托物流有限责任公司		113.1350675	28.18579696	2016	300		√			√			
594	湖南润东物流有限责任公司	长沙市开福区青竹湖街道金霞社区安顺路9号	112.9750625	28.26101891	2016	300		√			√	√		
595	湖南速恒物流有限责任公司		113.0334937	28.12545220	2012	310		√				√		
596	湖南省金道物流有限责任公司		113.0283707	28.14624695	2007	318		√		√	√	√	√	√
597	湖南省金道物流有限责任公司		112.9910354	28.18260560	2007	318		√		√	√			

续 表

序号	名称	地址	经度	纬度	成立时间（年）	注册资本（万元）	大型	中型	小微型	仓储企业	运输企业	货代信息企业	综合现代型物流企业	城市配送型企业
598	长沙大地物流有限责任公司		113.1313219	28.21927212	2004	320		√		√	√			
599	长沙滴滴快递有限责任公司	长沙高新开发区谷苑路166号四联厂房101	112.8647810	28.21784210	2013	350		√						√
600	长沙新世纪运输有限责任公司		113.0273243	28.16812012	2000	400		√		√	√			
601	长沙鲸畅物流有限责任公司	湖南省长沙县泉塘街道长沙蓝色置业有限责任公司8号综合楼108	113.0771326	28.22147168	2015	400		√			√	√		
602	长沙锦润物流有限责任公司		112.606934	28.29143531	2016	400		√			√			
603	长沙同超物流有限责任公司		113.0335071	28.07748102	2004	420		√				√		

续 表

序号	名称	地址	经度	纬度	成立时间（年）	注册资本（万元）	大型	中型	小微型	仓储企业	运输企业	货代信息企业	综合现代型物流企业	城市配送型企业
604	湖南易通物流有限责任公司	长沙市开福区新港镇青竹湖 30 号金霞海关保税物流中心 2005 室	112.9355827	28.32966085	2009	500	√			√	√	√	√	√
605	湖南润邦物流有限责任公司	长沙市天心区劳动西路与白沙路交汇处白沙晶城 A 栋 N 单元 3022 号	112.9708812	28.17977818	2009	500	√			√	√	√	√	√
606	湖南省振怡物流有限责任公司	湖南省长沙县黄兴镇黄兴新村接驾岭路 88 号湖南物流总部 19 栋 219 号	113.1162264	28.12944196	2009	500	√			√	√	√	√	
607	湖南鑫鹏物流有限责任公司	长沙市开福区通泰街综合楼 504 号房间	112.9676052	28.21017221	2009	500	√			√	√	√	√	
608	湖南省三圣物资配送有限责任公司	长沙市天心区黑石铺街道披塘村 178 号	112.9703291	28.0887069	2011	500	√			√		√		√

续 表

序号	名称	地址	经度	纬度	成立时间（年）	注册资本（万元）	大型	中型	小微型	仓储企业	运输企业	货代信息企业	综合现代型物流企业	城市配送型企业
609	长沙飞马物流有限责任公司		113.0771856	28.31188221	2009	500	√			√	√		√	√
610	长沙市国达货运代理有限责任公司	长沙市芙蓉区东湖街道合平安置小区A－04栋二单元西门	113.0919903	28.19838369	2013	500	√			√	√	√	√	√
611	长沙宏炫物流有限责任公司	长沙市雨花区时代阳光大道149号建通物流园8栋4号	113.0157314	28.10184389	2013	500	√			√	√	√	√	√
612	湖南宝盟物流有限责任公司	长沙市开福区四方坪四方商贸城22B栋303房	113.0029036	28.24063395	2014	500	√			√	√	√	√	√
613	湖南同城快跑快递有限责任公司	湖南省长沙市岳麓区望岳街道府后路长塘安置小区7栋03号	113.0618359	28.24968201	2015	500	√			√	√	√	√	√
614	长沙马上发物流有限责任公司		113.0118505	28.17655119	2016	500	√			√	√		√	√

续 表

序号	名称	地址	经度	纬度	成立时间（年）	注册资本（万元）	大型	中型	小微型	仓储企业	运输企业	货代信息企业	综合现代型物流企业	城市配送型企业
615	长沙市犇达物流有限责任公司	长沙市望城区乌山街道喻家坡小区4栋1号	112.8164899	28.33876343	2016	500	√			√	√	√	√	√
616	湖南华瑞物流有限责任公司		112.8766064	28.28245915	2003	500	√			√	√			√
617	韵达快运公司荷花路分公司		113.0352283	28.19231000	2006	500	√				√			√
618	长沙市望城区天顺物流配送有限责任公司	长沙市开福区浏阳河街道福元西路148号万科城6栋102号	112.9900889	28.25375062	2007	500	√				√			√
619	湖南远为快递服务有限责任公司	湖南省长沙市芙蓉区荷花园街道德政街11号诺亚大厦2305房	113.0150777	28.18848567	2014	500	√				√			√
620	湖南省易到店物流配送有限责任公司		113.0412272	28.15826755	2016	500	√				√			√

续 表

序号	名称	地址	经度	纬度	成立时间（年）	注册资本（万元）	大型	中型	小微型	仓储企业	运输企业	货代信息企业	综合现代型物流企业	城市配送型企业
621	湖南诚庆农产品配送有限责任公司	湖南省长沙县黄兴镇打卦岭村长沙黄兴海吉星国际农产品物流园配	113.1494954	28.13047650	2016	500	√							√
622	华南物流有限责任公司		113.0590682	28.24562553	2000	500	√						√	
623	长沙巴运物流有限责任公司		113.0778231	28.31357323	2004	500	√			√	√	√	√	
624	长沙递速物流有限责任公司	长沙市雨花区赤新路 52 号 706 房	113.003668	28.17309692	2007	500	√			√	√	√	√	
625	长沙振嘉物流有限责任公司	长沙市雨花区井湾路 346 号 4 栋 206 号	113.0074331	28.12828040	2008	500	√			√	√	√	√	
626	长沙恒利物流有限责任公司	长沙市雨花区万坤图财富广场 3－2713 房	113.0249459	28.14141775	2010	500	√			√	√	√	√	
627	湖南安快顺物流有限责任公司		112.8406521	28.34117521	2011	500	√						√	

续 表

序号	名称	地址	经度	纬度	成立时间（年）	注册资本（万元）	大型	中型	小微型	仓储企业	运输企业	货代信息企业	综合现代型物流企业	城市配送型企业
628	湖南楚程物流有限责任公司	长沙市雨花区高桥友谊新村新塘垅小区 84 栋东头一号门面	113.0186380	28.16827552	2011	500	√			√	√	√	√	
629	长沙湘骏物流有限责任公司	长沙市开福区四方坪大道以南四季美景 1 栋 707 房	112.9915547	28.23968225	2012	500	√			√	√	√	√	
630	长沙华晨物流有限责任公司	长沙市开福区青竹湖路 18 号	112.9530171	28.34142044	2013	500	√			√	√	√	√	
631	长沙市润鑫物流有限责任公司	长沙市雨花区万家丽南路二段 12 号桂花物流 3 栋 6 号门面	113.0285220	28.08849334	2013	500	√			√	√	√	√	
632	长沙翱翔物流有限责任公司	长沙市开福区国庆新村三片 11 栋 2 门 102 房	113.0164821	28.21585045	2013	500	√			√	√	√	√	
633	长沙泰鹏物流有限责任公司	长沙市雨花区万家丽中路二段 295 号潇湘名城 2 栋 1604 房	113.0338999	28.13256813	2013	500	√			√	√	√	√	

续 表

序号	名称	地址	经度	纬度	成立时间（年）	注册资本（万元）	大型	中型	小微型	仓储企业	运输企业	货代信息企业	综合现代型物流企业	城市配送型企业
634	长沙湘佳物流有限责任公司	湖南省长沙市芙蓉区马坡岭街道新安小区 26 栋 4 单元 201 房	113.0254183	28.17861187	2013	500	√			√	√	√	√	
635	长沙市志通物流有限责任公司	长沙市天心区大托乡披塘村第一栋商务楼 N 单元 4 层 419 号房	113.1397563	28.18474416	2013	500	√			√	√	√	√	
636	湖南领速物流有限责任公司	长沙市雨花区长沙大道 278 号嘉玺大厦 1306 房	113.0197205	28.17249229	2014	500	√						√	
637	长沙美悦供应链有限责任公司	长沙市开福区新港路 30 号金霞保税物流中心综合办公楼 3011 室	112.9356306	28.32945615	2014	500	√			√	√	√	√	
638	湖南鑫湘鲁物流有限责任公司	长沙市雨花区高桥街道新塘垅小区 100 栋 5 单元	113.0205879	28.16731733	2014	500	√			√	√	√	√	

续 表

序号	名称	地址	经度	纬度	成立时间（年）	注册资本（万元）	大型	中型	小微型	仓储企业	运输企业	货代信息企业	综合现代型物流企业	城市配送型企业
639	长沙豪宏挚友物流有限责任公司	湖南省长沙县泉塘街道华天酒店公寓楼1211室	113.1068695	28.23049184	2014	500	√			√	√	√	√	
640	长沙苏宁物流有限责任公司	湖南省长沙市芙蓉区隆平高科技园湖南省科研成果转化中心2号栋	113.0600089	28.21879352	2014	500	√			√	√	√	√	
641	长沙长北物流有限责任公司	湖南省长沙县泉塘街道长桥社区远大二路1713号	113.0953869	28.21237707	2014	500	√			√	√	√	√	
642	长沙市骏宝贝物流有限责任公司	湖南省长沙市岳麓区银盆岭街道银盆南路292号社区服务大楼710房	112.9771399	28.15907756	2014	500	√			√	√	√	√	
643	长沙睿成物流有限责任公司	长沙经济技术开发区东六线与漓湘路交汇处华天LOHO小镇2栋2907房	113.1086151	28.23043796	2014	500	√			√	√	√	√	

续 表

序号	名称	地址	经度	纬度	成立时间（年）	注册资本（万元）	大型	中型	小微型	仓储企业	运输企业	货代信息企业	综合现代型物流企业	城市配送型企业
644	长沙凡越物流有限责任公司	湖南省长沙县湘龙街道中南物流园Y区06栋116	113.0563604	28.24479025	2014	500	√			√	√	√	√	
645	长沙市圆骏物流有限责任公司	长沙经济技术开发区黄兴大道睿智园1、2栋1704	113.1165693	28.22116176	2014	500	√			√	√	√	√	
646	长沙力进物流有限责任公司	长沙经济技术开发区社塘路27号国顺科技园内C栋厂房二楼	113.1219171	28.23471349	2014	500	√			√	√	√	√	
647	湖南柏途物流有限责任公司	长沙高新开发区东方红镇麓谷五期安置小区延农A1－2号	113.1393191	28.22041268	2014	500	√			√	√	√	√	
648	湖南三财源物流有限责任公司	长沙市天心区芙蓉南路059号003栋1002房	112.9830162	28.09360778	2014	500	√			√	√	√	√	

续 表

序号	名称	地址	经度	纬度	成立时间（年）	注册资本（万元）	大型	中型	小微型	仓储企业	运输企业	货代信息企业	综合现代型物流企业	城市配送型企业
649	长沙市正航物流有限责任公司	湖南省长沙县湘龙街道恒广国际景园一区12栋106号	113.0535447	28.24980498	2015	500	√			√	√	√	√	
650	长沙楚通物流有限责任公司	宁乡县城郊乡沩丰社区新联组	112.5733028	28.27835058	2015	500	√			√	√	√	√	
651	长沙奔富物流有限责任公司	湖南省长沙县春华镇花园新村烟江组	113.2241666	28.24806855	2015	500	√			√	√	√	√	
652	长沙双泽物流有限责任公司	湖南省长沙县江背镇古井村南塘组320号	113.3506431	28.12087758	2015	500	√			√	√	√	√	
653	众道物流（长沙）有限责任公司	湖南省长沙市芙蓉区韭菜园街道韭菜园97号综合楼4楼401房	112.9839987	28.19787039	2015	500	√			√	√	√	√	
654	湖南华润万家物流配送有限责任公司	湖南望城经济技术开发区同心路1号	112.8435142	28.32987698	2015	500	√			√	√	√	√	

续 表

序号	名称	地址	经度	纬度	成立时间（年）	注册资本（万元）	大型	中型	小微型	仓储企业	运输企业	货代信息企业	综合现代型物流企业	城市配送型企业
655	长沙卓安运输有限责任公司	长沙市开福区新港镇金霞村霞凝粮库综合楼4楼411房	112.9310570	28.33920172	2015	500	√			√	√	√	√	
656	长沙彦达物流有限责任公司	湖南省长沙县湘龙街道中南汽车世界Y区06栋109号	113.0566647	28.24513215	2015	500	√			√	√	√	√	
657	长沙县鸿运物流有限责任公司	湖南省长沙县星沙街道一区76栋547号	113.0700013	28.23453248	2015	500	√			√	√	√	√	
658	长沙飙风物流有限责任公司	长沙市雨花区雨花亭街道自然岭社区航空路57号	113.0165173	28.15686474	2015	500	√			√	√	√	√	
659	长沙荣业行物流有限责任公司	长沙市雨花区城南中路290号102房（湖南省地质测试研究院）	112.9830829	28.18500943	2015	500	√			√	√	√	√	
660	长沙丰氏物流有限责任公司	长沙市雨花区时代阳光大道建通物流园5栋12号门面	113.0163149	28.1014553	2015	500	√			√	√	√	√	

续 表

序号	名称	地址	经度	纬度	成立时间（年）	注册资本（万元）	大型	中型	小微型	仓储企业	运输企业	货代信息企业	综合现代型物流企业	城市配送型企业
661	长沙安凯物流有限责任公司	长沙市雨花区黎郡新宇熙春园小区10栋二单元2708房	113.0551844	28.13988756	2015	500	√			√	√	√	√	
662	长沙名扬物流有限责任公司	长沙市雨花区万家丽中路二段345号金石雅苑2栋1803房	113.0282846	28.14875668	2015	500	√			√	√	√	√	
663	湖南鑫辰物流有限责任公司	湖南省长沙县黄兴镇接驾岭路88号湖南物流总部14栋110，210，310号	113.1140442	28.1307254	2015	500	√			√	√	√	√	
664	湖南合一记物流仓储有限责任公司	湖南省长沙市开福区四方坪街道东二环二段690号海洋半岛花园1栋1401房	113.0148572	28.2411376	2015	500	√			√	√	√	√	
665	湖南长沙远征货运有限责任公司		112.9792239	28.18921271	2016	500	√						√	

续 表

序号	名称	地址	经度	纬度	成立时间（年）	注册资本（万元）	大型	中型	小微型	仓储企业	运输企业	货代信息企业	综合现代型物流企业	城市配送型企业
666	长沙长联冷链仓储有限责任公司		113.0767611	28.24849433	2016	500	√			√	√	√	√	
667	长沙县春风物流有限责任公司	湖南省长沙县黄花镇黄花村（湖南凌华印务有限责任公司内）	113.1971162	28.23055025	2016	500	√			√	√	√	√	
668	长沙嘉可胜物流有限责任公司	长沙经济技术开发区板仓南路 29 号新长海中心服务外包基地 3 栋 A 座 501（集群注册）	113.0694958	28.23090497	2016	500	√			√	√	√	√	
669	长沙星成物流有限责任公司	长沙市开福区青竹湖街道新港大道湖南省杏林物流园一号厂房	112.9875624	28.2663746	2016	500	√			√	√	√	√	
670	长沙飞腾物流有限责任公司	长沙市开福区沙坪街道中青路 1199 号（长沙传化公路港内）	113.0146336	28.09859845	2016	500	√			√	√	√	√	

续 表

序号	名称	地址	经度	纬度	成立时间（年）	注册资本（万元）	大型	中型	小微型	仓储企业	运输企业	货代信息企业	综合现代型物流企业	城市配送型企业
671	长沙云达物流有限责任公司	湖南省长沙县安沙镇安沙物流大道1号B区08栋124、125、149	113.0751254	28.31163207	2016	500	√			√	√	√	√	
672	长沙乐丰物流有限责任公司	湖南省长沙县星沙街道天华路山水人家34栋F-17	113.0692088	28.24789836	2016	500	√			√	√	√	√	
673	长沙广盛物流有限责任公司	湖南省长沙县湘龙街道中南汽车世界L15栋108号	113.0572696	28.24295261	2016	500	√			√	√	√	√	
674	长沙信诺物流有限责任公司	长沙市望城经济开发区高星钢铁物流园一期33栋110号	112.830109	28.30927730	2016	500	√			√	√	√	√	
675	长沙远征物流有限责任公司	湖南省长沙县安沙镇安沙物流大道1号B区06栋105号	113.0751468	28.31159428	2016	500	√			√	√	√	√	

续 表

序号	名称	地址	经度	纬度	成立时间（年）	注册资本（万元）	大型	中型	小微型	仓储企业	运输企业	货代信息企业	综合现代型物流企业	城市配送型企业
676	长沙宝康物流有限责任公司	湖南省长沙县黄兴镇接驾岭路 88 号 116－119 号	113.1434243	28.17206656	2016	500	√			√	√	√	√	
677	长沙市畅宇物流有限责任公司	长沙市雨花区洞井镇桃阳村 10 栋 3 号门面	113.0287197	28.08848664	2016	500	√			√	√	√	√	
678	嘉里大通物流有限责任公司长沙分公司		112.9763441	28.22663460	1985	500	√				√			
679	长沙恒荣物流有限责任公司		113.1333156	28.18575538	1996	500	√			√		√		
680	湖南顺丰速运有限责任公司		113.060284	28.2193191	2001	500	√			√	√			
681	星瑞嘉物流经贸公司		112.9763117	28.09756848	2003	500	√				√			

续 表

序号	名称	地址	经度	纬度	成立时间（年）	注册资本（万元）	大型	中型	小微型	仓储企业	运输企业	货代信息企业	综合现代型物流企业	城市配送型企业
682	湖南中邮物流有限责任公司		113.0122269	28.19970875	2003	500	√			√	√			
683	长沙鑫联物流有限责任公司		112.9774783	28.21880165	2004	500	√					√		
684	湖南浏阳市湘润运输有限责任公司		113.0146529	28.09777564	2004	500	√				√			
685	富香物流有限责任公司		113.0273732	28.20380187	2004	500	√				√			
686	广西玉柴物流集团有限责任公司长沙分公司		113.1147249	28.13084498	2004	500	√				√			
687	长沙市富香物流有限责任公司		113.1221844	28.13041628	2004	500	√			√				
688	湖南锦程物流有限责任公司		112.9816194	28.1978543	2005	500	√			√	√			

续 表

序号	名称	地址	经度	纬度	成立时间（年）	注册资本（万元）	大型	中型	小微型	仓储企业	运输企业	货代信息企业	综合现代型物流企业	城市配送型企业
689	长沙中通远洋物流有限责任公司		112.9977879	28.19831529	2005	500	√					√		
690	湖南九鼎物流有限责任公司		113.1231506	28.19403989	2005	500	√			√	√			
691	湖南汇峰国际货运代理有限责任公司		112.9837518	28.19787947	2006	500	√			√	√	√		
692	长沙振威物流公司	长沙市高桥物流园老二号小区19	113.0219379	28.17271102	2006	500	√				√			
693	湖南天合物流有限责任公司		112.9804232	28.3026509	2007	500	√			√	√			
694	长沙市科联物流有限责任公司		113.0289755	28.17624257	2007	500	√				√			
695	长沙富邦快运服务有限责任公司		113.0446718	28.14691119	2007	500	√			√	√			

续 表

序号	名称	地址	经度	纬度	成立时间（年）	注册资本（万元）	大型	中型	小微型	仓储企业	运输企业	货代信息企业	综合现代型物流企业	城市配送型企业
696	湖南中通国际货运代理有限责任公司		113.0015287	28.19655041	2008	500	√					√		
697	上港集团长江物流湖南有限责任公司		112.9795088	28.16417449	2009	500	√				√			
698	长沙荣晟航空服务有限责任公司		113.216372	28.22509360	2009	500	√			√	√			
699	长沙天恩物流有限责任公司	湖南省长沙市岳麓区天顶街道麓景路258号锦绣家园31栋1020房	112.9017334	28.20683224	2009	500	√					√		
700	长沙昌威物流有限责任公司	长沙市雨花区高桥友谊新村E区11栋4单元一楼	113.0813468	28.15287710	2009	500	√				√	√		
701	湖南华中电力物流有限责任公司		113.125577	28.23722718	2010	500	√			√	√			

续 表

序号	名称	地址	经度	纬度	成立时间（年）	注册资本（万元）	大型	中型	小微型	仓储企业	运输企业	货代信息企业	综合现代型物流企业	城市配送型企业
702	湖南省安快顺物流有限责任公司		112.8406521	28.34117521	2011	500	√					√		
703	湖南中海物流有限责任公司		112.9996834	28.11452972	2011	500	√			√	√			
704	湖南晟程国际货运代理有限责任公司	长沙市雨花区韶山中路489号万博汇名邸1栋1109房	112.9899465	28.15694979	2011	500	√					√		
705	长沙铭杰物流有限责任公司	长沙市雨花区高桥友谊新村新塘垅小区57栋	113.0172987	28.16951305	2011	500	√				√	√		
706	长沙尚德物流有限责任公司		113.0355560	28.17026664	2012	500	√					√		
707	长沙时运物流有限责任公司		113.0398176	28.17110288	2012	500	√				√			
708	长沙建庄物流有限责任公司		113.0770809	28.31164645	2012	500	√			√	√			

续 表

序号	名称	地址	经度	纬度	成立时间（年）	注册资本（万元）	大型	中型	小微型	仓储企业	运输企业	货代信息企业	综合现代型物流企业	城市配送型企业
709	长沙县卓越物流有限责任公司		113.0873784	28.25044818	2012	500	√				√			
710	长沙成渝物流有限责任公司	长沙市雨花区高桥街道新塘垅小区86栋1-4号	113.0189620	28.16779004	2012	500	√				√	√		
711	长沙老兵货运代理有限责任公司		113.0175159	28.16995675	2013	500	√					√		
712	长沙市正昊物流有限责任公司		113.0534902	28.18064290	2013	500	√				√	√		
713	长沙吉顺物流有限责任公司	长沙市雨花区高桥友谊新塘垅小区24栋1单元5楼	113.1143163	28.12986857	2013	500	√			√	√			
714	长沙军行物流有限责任公司	长沙市雨花区高桥新塘垅小区105栋3单元1楼西头	113.0207558	28.16751289	2013	500	√				√	√		

续 表

序号	名称	地址	经度	纬度	成立时间（年）	注册资本（万元）	大型	中型	小微型	仓储企业	运输企业	货代信息企业	综合现代型物流企业	城市配送型企业
715	湖南保达物流有限责任公司	长沙市雨花区高桥二号小区 C5 栋一楼 2 号门面	113.0198281	28.16719558	2013	500	√			√	√			
716	长沙佳驰物流有限责任公司		113.0149438	28.09755398	2014	500	√					√		
717	长沙市佳锦物流有限责任公司		113.0165085	28.10175568	2014	500	√			√	√			
718	长沙楚驰物流有限责任公司		113.1106849	28.13767263	2014	500	√				√	√		
719	长沙球环物流有限责任公司	长沙市望城区铜官镇花实村	112.8005020	28.47505397	2014	500	√				√			
720	长沙达旺物流有限责任公司	湖南省长沙县泉塘街道湖南国顺科技有限责任公司公寓楼 601 号	113.0176013	28.16830531	2014	500	√				√	√		

续 表

序号	名称	地址	经度	纬度	成立时间（年）	注册资本（万元）	大型	中型	小微型	仓储企业	运输企业	货代信息企业	综合现代型物流企业	城市配送型企业
721	长沙乡茂物流有限责任公司	宁乡县城郊乡沩丰社区捞箕坡组	113.0525103	28.17504229	2014	500	√				√			
722	长沙荣杰物流有限责任公司	长沙市雨花区高桥新二小区 D1 栋 6 号房	113.0224654	28.16991992	2014	500	√				√	√		
723	湖南谊诺德物流有限责任公司	长沙市雨花区高桥老二号小区 21 栋西 3 号门面（杜国武私房）	113.0205870	28.17044214	2014	500	√				√	√		
724	湖南争顺物流有限责任公司	长沙市雨花区高桥新塘垅小区 63 栋 8 号门面	113.0616484	28.24780426	2014	500	√				√			
725	湖南省通衢物流有限责任公司		113.0173379	28.17708058	2015	500	√				√			
726	湖南正品物流有限责任公司		113.076826	28.31155531	2015	500	√				√			

续　表

序号	名称	地址	经度	纬度	成立时间（年）	注册资本（万元）	大型	中型	小微型	仓储企业	运输企业	货代信息企业	综合现代型物流企业	城市配送型企业
727	湖南点点通物流有限责任公司		113.0833024	28.16289666	2015	500	√			√	√			
728	长沙市八方物流有限责任公司		113.1333967	28.18578504	2015	500	√				√	√		
729	长沙市兰云物流有限责任公司	浏阳市集里办事处花炮大道财智广场4栋301室	113.6185980	28.16156815	2015	500	√				√	√		
730	湖南腾飞物流有限责任公司	长沙高新开发区尖山路39号长沙中电软件园总部大楼A1016室	112.8769950	28.23466074	2016	500	√			√	√			
731	长沙春宏物流有限责任公司		112.8883504	28.24443533	2016	500	√				√			
732	湖南永盛物流有限责任公司		112.9056753	28.20616280	2016	500	√			√	√			

续 表

序号	名称	地址	经度	纬度	成立时间（年）	注册资本（万元）	大型	中型	小微型	仓储企业	运输企业	货代信息企业	综合现代型物流企业	城市配送型企业
733	湖南星岳物流运输有限责任公司		112.9182029	28.24261894	2016	500	√			√	√			
734	湖南腾晟物流有限责任公司		113.0123514	28.10664836	2016	500	√				√			
735	湖南牛牛物流有限责任公司		113.1254305	28.19367644	2016	500	√				√			
736	长沙华悦物流有限责任公司	长沙市望城经济技术开发区同心路1号2楼208室	112.8443437	28.33189398	2016	500	√			√	√			
737	湖南嘉捷通运国际物流有限责任公司		112.9803381	28.1866730	2010	501	√				√			
738	长沙运鑫物流有限责任公司		113.0004453	28.15381096	2006	508	√			√	√	√		
739	湖南天邵物流有限责任公司	湖南省长沙县安沙镇安沙物流大道1号B区02栋123号	113.075104	28.31153764	2009	508	√			√	√	√	√	

续 表

序号	名称	地址	经度	纬度	成立时间（年）	注册资本（万元）	大型	中型	小微型	仓储企业	运输企业	货代信息企业	综合现代型物流企业	城市配送型企业
740	湖南卓奇物流有限责任公司		113.0291752	28.16714656	2015	510	√			√	√			
741	湖南卓为物流有限责任公司	长沙市雨花区时代阳光大道嘉业物流园1栋10－11号	113.0148481	28.09805981	2011	520	√			√	√	√	√	
742	长沙华岳物流有限责任公司	长沙市开福区青竹湖街道青竹湖路409号观山悦2栋写字楼	112.9576529	28.34633434	2016	520	√			√	√	√	√	
743	湖南星源国际货运代理有限责任公司		112.9839453	28.19780435	2004	550	√			√	√			
744	长沙市环华物流有限责任公司	湖南省长沙县榔梨街道保家村C区四排6号	113.0218878	28.16614657	2010	555	√				√	√		
745	湖南农泽晟科技有限责任公司	长沙市雨花区万家丽中路二段68号双帆华晨大厦1706房	113.0229373	28.16556953	2014	580	√			√	√	√	√	

续 表

序号	名称	地址	经度	纬度	成立时间（年）	注册资本（万元）	大型	中型	小微型	仓储企业	运输企业	货代信息企业	综合现代型物流企业	城市配送型企业
746	长沙福嘉物流有限责任公司	长沙经济技术开发区干杉镇龙峰南路108－8号长沙福邦置业有限责任公司	113.0374570	28.17744565	2015	599	√			√	√	√	√	
747	湖南安智危化品配送中心有限责任公司	长沙市望城区丁字湾街道双桥村湾田国际建材城管理中心第三层	112.9292324	28.35806264	2015	600	√			√	√	√	√	√
748	湖南省长沙双鹤物流有限责任公司		112.8889267	28.21709190	2007	600	√				√			√
749	长沙市博远物流有限责任公司	湖南省长沙县安沙镇安沙物流大道1号B区04栋115、116号	113.0740418	28.31212008	2013	600	√			√	√	√	√	

续 表

序号	名称	地址	经度	纬度	成立时间（年）	注册资本（万元）	大型	中型	小微型	仓储企业	运输企业	货代信息企业	综合现代型物流企业	城市配送型企业
750	湖南国联物流公司		113.017733	28.17756786	2001	600	√				√			
751	长沙双鹤物流有限责任公司		112.885649	28.21674243	2007	600	√				√	√		
752	长沙民丰物流有限责任公司		113.0617837	28.24743875	2008	600	√				√	√		
753	长沙蓝天物流有限责任公司		113.1397307	28.10216617	2010	600	√			√	√			
754	湖南省浩洋国际货运代理有限责任公司		112.9938429	28.19775639	2011	600	√			√	√			

续　表

序号	名称	地址	经度	纬度	成立时间（年）	注册资本（万元）	大型	中型	小微型	仓储企业	运输企业	货代信息企业	综合现代型物流企业	城市配送型企业
755	湖南科风速运有限责任公司		113.112934	28.13839041	2012	600	√			√	√			
756	湖南远能物流有限责任公司		112.9807868	28.19323487	2015	600	√			√	√			
757	长沙运一物流有限责任公司		113.2983517	28.20935463	2016	600	√			√	√			
758	湖南吉鹏物流有限责任公司	湖南省长沙市芙蓉区隆平高科技园内（高新区）广发隆平创业园1号厂房	113.0601876	28.21929088	2008	600	√			√	√	√	√	

续　表

序号	名称	地址	经度	纬度	成立时间（年）	注册资本（万元）	大型	中型	小微型	仓储企业	运输企业	货代信息企业	综合现代型物流企业	城市配送型企业
759	长沙宁铁物流有限责任公司	宁乡县城郊乡东沩社区二环西路99号翰林华府一栋0101号一楼	112.5557332	28.27736119	2015	625	√			√	√	√	√	
760	湖南中远国际货运有限责任公司		112.9799864	28.20765303	1999	650	√			√	√			
761	长沙展通物流有限责任公司		113.0229908	28.16555993	2010	681	√			√	√	√		
762	长沙震巽物流有限责任公司	长沙市开福区青竹湖路69号	112.9403301	28.33179963	2014	760	√			√	√	√	√	
763	长沙县融通物流有限责任公司	湖南省长沙县安沙镇安沙物流大道1号B区10栋101、102号	113.0613216	28.24825057	2011	800	√			√	√	√	√	

续 表

序号	名称	地址	经度	纬度	成立时间（年）	注册资本（万元）	大型	中型	小微型	仓储企业	运输企业	货代信息企业	综合现代型物流企业	城市配送型企业
764	长沙广顺物流有限责任公司	湖南省长沙县黄兴镇黄兴新村甘冲组449号	113.1249817	28.13489595	2015	800	√			√	√	√	√	
765	长沙如虎天亿环保物流有限责任公司	湖南省长沙市岳麓区洋湖街道蓝天村坞泥塘组202号	112.9037273	28.10606854	2015	800	√			√	√	√	√	
766	湖南曙光物流有限责任公司		113.0652303	28.21780790	2003	800	√			√	√			
767	深圳市大兴物流有限责任公司国际业务部		112.9820596	28.19227036	2006	800	√				√			
768	湖南力运物流有限责任公司		112.8474567	28.20502438	2008	800	√			√	√			
769	长沙市胜辉物流有限责任公司	长沙市雨花区高桥二号小区B8栋1单元1号门面	113.0212760	28.16887905	2009	800	√				√	√		

续 表

序号	名称	地址	经度	纬度	成立时间（年）	注册资本（万元）	大型	中型	小微型	仓储企业	运输企业	货代信息企业	综合现代型物流企业	城市配送型企业
770	长沙市金庆隆物流有限责任公司		113.0168611	28.16876323	2011	800	√				√			
771	湖南鸿略物流有限责任公司		112.9089832	28.2151802	2016	800	√				√			
772	湖南中湘福信物流有限责任公司		112.9935337	28.15251605	2016	800	√				√			
773	湖南三方供应链股份有限责任公司	长沙市雨花区环保中路188号长沙国际企业中心第5号6号栋B单元B103	113.0209135	28.08077435	2009	868	√				√	√	√	
774	湖南三方物流有限责任公司		113.0207801	28.08072568	2009	868	√				√			
775	长沙德顺物流有限责任公司	湖南省长沙县湘龙街道中南汽车世界L12栋115号	113.1359842	28.18631655	2016	980	√			√	√	√	√	

续 表

序号	名称	地址	经度	纬度	成立时间（年）	注册资本（万元）	大型	中型	小微型	仓储企业	运输企业	货代信息企业	综合现代型物流企业	城市配送型企业
776	长沙明得顺物流有限责任公司	长沙市雨花区黎托乡黎托村七组黄新得私房	113.0483158	28.15505045	2011	980	√			√	√	√	√	
777	湖南飞豹物流有限责任公司	长沙市雨花区高桥二号小区 D2 栋 3 单元 1 号门面	113.0837405	28.15410103	2009	1000	√			√	√	√	√	√
778	长沙果利来农产品配送有限责任公司		112.9194013	28.21855809	2015	1000	√			√	√		√	√
779	湖南万商配送物流有限责任公司	长沙市雨花区万家丽中路一段 469 号圭水大厦 808 房	113.0246541	28.17366963	2015	1000	√			√	√	√	√	√
780	好运来运输服务有限责任公司		113.0761505	28.31105392	1997	1000	√							√
781	长沙林鸿物流有限责任公司		113.0198388	28.16712933	2002	1000	√				√			√

续 表

序号	名称	地址	经度	纬度	成立时间（年）	注册资本（万元）	大型	中型	小微型	仓储企业	运输企业	货代信息企业	综合现代型物流企业	城市配送型企业
782	湖南恒邦物流有限责任公司		113.0598346	28.25314102	2002	1000	√			√	√			√
783	湖南恩瑞物流配送有限责任公司		112.9370813	28.3392974	2003	1000	√							√
784	长沙好运来仓储物流配送中心		113.0224406	28.15268784	2003	1000	√			√				√
785	湖南中昕物流有限责任公司	湖南省长沙市雨花区东二环一段156号	113.0096107	28.16785131	2007	1000	√			√				√
786	湖南申通快递有限责任公司	湖南省长沙市芙蓉区隆平高科技园国家广电数字电视产业化基地厂房1、2层	113.0602250	28.21878730	2009	1000	√			√	√			√
787	湖南东岸物流配送有限责任公司		113.0531320	28.19767959	2010	1000	√							√

续 表

序号	名称	地址	经度	纬度	成立时间（年）	注册资本（万元）	大型	中型	小微型	仓储企业	运输企业	货代信息企业	综合现代型物流企业	城市配送型企业
788	湖南湘之杰物流有限责任公司	长沙市开福区新港路30号长沙金霞保税物流中心办公楼3019房	112.9371623	28.32865266	2011	1000	√			√				√
789	湖南睿捷物流有限责任公司	长沙市雨花区车站南路狮子山二片41栋304室	113.0276277	28.16690343	2011	1000	√				√	√		√
790	湖南中汉快递服务有限责任公司	湖南省长沙市芙蓉区隆园三路98号彩绘车间101A号	113.0636218	28.21659143	2013	1000	√							√
791	湖南皓晶物流配送有限责任公司	长沙市雨花区劳动东路260号浪琴山花园小区3栋101房	113.0291638	28.15589047	2016	1000	√							√
792	长沙万里物流公司	长沙市星沙中南物流园X7栋	113.0580949	28.24505219	2009	1000	√						√	

续 表

序号	名称	地址	经度	纬度	成立时间（年）	注册资本（万元）	大型	中型	小微型	仓储企业	运输企业	货代信息企业	综合现代型物流企业	城市配送型企业
793	长沙万里物流有限责任公司	长沙县湘龙街道中南汽车世界社区中南物流园 X 区 07 栋 132－134 号	113.0558283	28.24464456	2009	1000	√			√	√	√	√	
794	长沙润安物流有限责任公司		112.9379489	28.32843286	2010	1000	√			√	√	√	√	
795	长沙锐航物流有限责任公司	长沙市雨花区高桥二号小区 C17 栋三单元一楼	113.0198495	28.16708201	2010	1000	√			√	√	√	√	
796	湖南百事泰物流有限责任公司	湖南省长沙县星沙街道开元中路 88 号星隆国际广场 1 栋 1508 号	113.0768351	28.24888862	2010	1000	√			√	√	√	√	
797	湖南三一物流有限责任公司	长沙县星沙镇三一工业城 1101010 号楼 101－104 号	113.0963738	28.24152871	2010	1000	√			√	√	√	√	

续 表

序号	名称	地址	经度	纬度	成立时间（年）	注册资本（万元）	大型	中型	小微型	仓储企业	运输企业	货代信息企业	综合现代型物流企业	城市配送型企业
798	长沙德昭物流有限责任公司	湖南省长沙市芙蓉区马坡岭街道雄天路 98 号孵化楼 2 号栋 6 楼	113.0654821	28.21875444	2011	1000	√			√	√	√	√	
799	湖南省荣毅达物流有限责任公司	长沙市雨花区劳动西路 102 号兴威新嘉园 801 房	112.9828763	28.17489447	2011	1000	√			√	√	√	√	
800	长沙市玉刚物流有限责任公司	长沙市雨花区洞井镇和平村第九组长沙环融商业管理有限责任公司 1 栋 5 号	112.9936931	28.08847507	2012	1000	√			√	√	√	√	
801	湖南华辉龙物流有限责任公司	长沙经济技术开发区泉塘街道东六路明天一城 1 栋 501 房	113.1115123	28.21687776	2012	1000	√			√	√	√	√	
802	长沙宏光物流有限责任公司	长沙市开福区芙蓉北路新港街道金盆丘社区办公楼 318 房	112.9937895	28.19782275	2014	1000	√			√	√	√	√	

续 表

序号	名称	地址	经度	纬度	成立时间（年）	注册资本（万元）	大型	中型	小微型	仓储企业	运输企业	货代信息企业	综合现代型物流企业	城市配送型企业
803	湖南沧运物流有限责任公司	长沙市雨花区高桥老二号小区 21 栋西 2 号门面（杜国武私房）	113.0217343	28.17212013	2014	1000	√			√	√	√	√	
804	长沙市佳兆业物流有限责任公司	湖南省长沙市芙蓉区马王堆街道晚报大道 518 号佳兆业时代广场 1 栋 203 号房	113.0306130	28.21115349	2014	1000	√			√	√	√	√	
805	长沙市巨子物流有限责任公司	长沙市开福区沙坪街道捞刀河镇大明村自明路 126 号	113.0019257	28.33015267	2014	1000	√			√	√	√	√	
806	长沙博炜物流有限责任公司	湖南省长沙县榔梨街道龙华安置区一期 A 区 15 栋 120 号	113.1276693	28.2020197	2015	1000	√			√	√	√	√	
807	长沙车联物流有限责任公司	长沙市雨花区沙湾路 239 号合能雨花公馆 3 栋 33 楼 3312 房	113.0380991	28.16948966	2015	1000	√			√	√	√	√	

续 表

序号	名称	地址	经度	纬度	成立时间（年）	注册资本（万元）	大型	中型	小微型	仓储企业	运输企业	货代信息企业	综合现代型物流企业	城市配送型企业
808	长沙市百年湘山物流有限责任公司	长沙经济技术开发区漓湘东路19号仓储物流中心C15号门面	113.1346645	28.23803539	2015	1000	√			√	√	√	√	
809	湖南天泽物流有限责任公司	湖南省长沙市芙蓉区马坡岭街道雄天路1号湖南金丹科技创业大厦A栋1705号房	113.0600038	28.21963586	2015	1000	√			√	√	√	√	
810	湖南佳原国际物流有限责任公司	长沙市宁乡经济技术开发区金洲大道创业大楼1402室	112.5967148	28.27995984	2015	1000	√			√	√	√	√	
811	长沙拓邦运输服务有限责任公司		112.8880700	28.21778120	2016	1000	√			√	√	√	√	
812	长沙盛航物流有限责任公司	长沙市望城区月亮岛街道桑梓社区金峰园小区E07栋314房	112.9099275	28.28565435	2016	1000	√			√	√	√	√	

续 表

序号	名称	地址	经度	纬度	成立时间（年）	注册资本（万元）	大型	中型	小微型	仓储企业	运输企业	货代信息企业	综合现代型物流企业	城市配送型企业
813	长沙亚平物流服务有限责任公司	长沙高新开发区沿高路15号隆平高科麓谷基地检测中心办公楼101栋103室	112.8995066	28.22738680	2016	1000	√			√	√	√	√	
814	湖南统梦城市物流有限责任公司	长沙市开福区青竹湖街道新港路30号长沙金霞保税物流中心综合办公楼4010房	112.9370385	28.33013045	2016	1000	√			√	√	√	√	
815	长沙市轩志物流有限责任公司	长沙市开福区四方坪街道三一大道303号永通佳苑B栋2006房	113.0031511	28.23614405	2016	1000	√			√	√	√	√	
816	长沙星海物流有限责任公司	湖南省长沙县黄兴镇黄兴新村杉树组309号	113.1074414	28.12568822	2016	1000	√			√	√	√	√	
817	湖南长沙兴达物流有限责任公司		113.1600473	28.24602132	2001	1000	√				√			

续 表

序号	名称	地址	经度	纬度	成立时间（年）	注册资本（万元）	大型	中型	小微型	仓储企业	运输企业	货代信息企业	综合现代型物流企业	城市配送型企业
818	湖南泓通国际货运代理有限责任公司		113.0175282	28.18622990	2002	1000	√					√		
819	湖南厚德物流有限责任公司		112.9796800	28.20772457	2003	1000	√			√	√			
820	长沙大唐物流有限责任公司		113.060256	28.25582645	2003	1000	√			√	√			
821	长沙好运来运输服务有限责任公司		113.0762148	28.31105388	2003	1000	√			√	√			
822	湖南日安物流有限责任公司		113.0690102	28.25897468	2005	1000	√				√			
823	湖南日安物流运输有限责任公司		113.0778453	28.24957005	2005	1000	√				√	√		
824	湖南九裕物流有限责任公司		112.997688	28.08583190	2006	1000	√			√	√			

续 表

序号	名称	地址	经度	纬度	成立时间（年）	注册资本（万元）	大型	中型	小微型	仓储企业	运输企业	货代信息企业	综合现代型物流企业	城市配送型企业
825	湖南广湘物流有限责任公司		113.0039998	28.16697830	2006	1000	√			√	√			
826	长沙恒泰物流有限责任公司		113.0805096	28.22362981	2006	1000	√			√	√			
827	长沙金洲物流有限责任公司		112.6508625	28.26375609	2007	1000	√			√	√			
828	湖南省杏林物流有限责任公司		112.9388776	28.32777672	2007	1000	√					√		
829	长沙诚安物流有限责任公司		113.0284473	28.08808139	2007	1000	√				√			
830	长沙景辉货运代理有限责任公司		112.9597937	28.30188042	2008	1000	√					√		
831	湖南鹏远大件运输有限责任公司		112.9950188	28.11361536	2008	1000	√				√			
832	长沙兴衢物流有限责任公司		113.0170093	28.18622352	2008	1000	√			√	√			

续 表

序号	名称	地址	经度	纬度	成立时间（年）	注册资本（万元）	大型	中型	小微型	仓储企业	运输企业	货代信息企业	综合现代型物流企业	城市配送型企业
833	湖南金马镖行物流有限责任公司		113.0197725	28.17227531	2010	1000	√				√	√		
834	湖南湘欧快线物流有限责任公司		112.9676700	28.19868790	2014	1000	√					√		
835	湖南宏顺物流有限责任公司	长沙市雨花区高桥二号小区 C7 栋 2-1 号门面	113.0198922	28.16717648	2014	1000	√			√	√	√		
836	湖南晋商仓储物流有限责任公司		113.0129054	28.19120750	2015	1000	√			√				
837	长沙长远物流有限责任公司		113.0153334	28.18769166	2015	1000	√				√	√		
838	湖南星沙物流运输有限责任公司		113.0615608	28.21890937	2015	1000	√				√			
839	长沙达昇物流有限责任公司	湖南省长沙县湘龙街道金三华邸 F 栋 1002	113.0572147	28.22896325	2015	1000	√				√	√		

续 表

序号	名称	地址	经度	纬度	成立时间（年）	注册资本（万元）	大型	中型	小微型	仓储企业	运输企业	货代信息企业	综合现代型物流企业	城市配送型企业
840	湖南锦程正途物流有限责任公司		112.9286464	28.34242616	2016	1000	√				√			
841	湖南金正物流有限责任公司		112.959934	28.34083189	2016	1000	√				√			
842	湖南易致物流有限责任公司		113.0229281	28.17234309	2016	1000	√				√			
843	湖南恒昇物流有限责任公司		113.1474039	28.7775884	2016	1000	√				√			
844	湖南高盛仓物流仓储有限责任公司		113.1870151	28.23691572	2016	1000	√			√				
845	湖南省约马快跑物流配送服务有限责任公司	长沙高新开发区雷锋街道岳麓西大道3580号车商汽车城6栋7号门面	112.7928188	28.24750073	2016	1000	√			√	√			
846	信达物流有限责任公司		113.1253259	28.25495140		1000	√							

续 表

序号	名称	地址	经度	纬度	成立时间（年）	注册资本（万元）	大型	中型	小微型	仓储企业	运输企业	货代信息企业	综合现代型物流企业	城市配送型企业
847	长沙天湘物流有限责任公司		113.0247692	28.15234275	2005	1028	√					√		
848	长沙恒广物流有限责任公司		113.0771427	28.31199558	2006	1052	√			√	√			√
849	湖南长恒物流发展有限责任公司	长沙市开福区新河街道晴岚路68号北辰凤凰天阶苑B1E1区43039号房	112.9766875	28.24074091	2016	1068	√			√	√	√	√	
850	湖南华普物流有限责任公司		112.8813916	28.22305283	2014	1100	√			√		√		
851	大汉控股集团物流有限责任公司		113.0754401	28.20277346	2004	1120	√						√	
852	长沙瑞凯物流有限责任公司	长沙经济技术开发区中轴路以东、东十一线以西、楠竹园路以北长沙蓝色置业有限责任公司8号综合楼219、228	113.1386506	28.21731845	2014	1168	√			√	√	√	√	

续 表

序号	名称	地址	经度	纬度	成立时间（年）	注册资本（万元）	大型	中型	小微型	仓储企业	运输企业	货代信息企业	综合现代型物流企业	城市配送型企业
853	湖南速易得供应链有限责任公司	长沙市开福区青竹湖街道青竹湖路29号长沙金霞海关保税物流投资建设有限责任公司商务写字楼12楼	112.9802663	28.20259527	2015	1200	√			√	√		√	√
854	长沙中运物流有限责任公司		113.0079177	28.29705771	1981	1200	√						√	
855	湖南长沙畅通物流有限责任公司		112.9347456	28.32590782	2003	1200	√						√	
856	长沙和丰物流有限责任公司	长沙市雨花区桃花塅路58号水韵山城7栋1708房	113.0140328	28.09887101	2012	1200	√			√	√	√	√	
857	长沙正天物流有限责任公司	湖南省长沙县榔梨街道保家村成功路2号	113.1415821	28.18190083	2014	1200	√			√	√	√	√	

续 表

序号	名称	地址	经度	纬度	成立时间（年）	注册资本（万元）	大型	中型	小微型	仓储企业	运输企业	货代信息企业	综合现代型物流企业	城市配送型企业
858	湖南九通联运物流有限责任公司	长沙经济技术开发区东三线东、南三线南湖南三锦节能环保科技有限责任公司综合楼301号	112.6761364	28.49676443	2014	1200	√			√	√	√	√	
859	长沙和畅物流有限责任公司	湖南省长沙县安沙镇安沙物流大道1号B区06栋139、140号	113.0751040	28.31148097	2015	1200	√			√	√	√	√	
860	长沙市中运物流有限责任公司		113.0079391	28.29709543	1981	1200	√			√	√			
861	湖南国联捷物流有限责任公司		113.0360871	28.17198424	2006	1200	√			√	√			
862	长沙市中运物流有限责任公司长途快运分公司		113.0274650	28.16761509	2007	1200	√				√			

续 表

序号	名称	地址	经度	纬度	成立时间（年）	注册资本（万元）	大型	中型	小微型	仓储企业	运输企业	货代信息企业	综合现代型物流企业	城市配送型企业
863	湖南乐达物流有限责任公司	湖南省长沙县安沙镇安沙物流大道1号B区04栋124号门面	113.0736870	28.31248856	2016	1314	√			√	√	√	√	
864	湖南通程运业有限责任公司	长沙市雨花区长沙大道合丰物流园B6栋三单元五门	113.0538732	28.17499034	2005	1500	√			√	√			√
865	湖南江天物流有限责任公司	长沙市开福区新港路30号卡口办公室卡口西1006	112.9308419	28.32675835	2010	1500	√			√	√	√	√	
866	长沙合壹物流有限责任公司		113.0188099	28.15470518	2016	1500	√			√	√	√	√	
867	湖南省民祥物流有限责任公司		112.9986067	28.14024484	2015	1518	√			√	√			
868	长沙市望城区铜旺物流有限责任公司	长沙市望城区铜官街道花实村重建地	112.7986477	28.47339569	2011	1800	√			√	√	√	√	

续 表

序号	名称	地址	经度	纬度	成立时间（年）	注册资本（万元）	大型	中型	小微型	仓储企业	运输企业	货代信息企业	综合现代型物流企业	城市配送型企业
869	湖南新永联物流有限责任公司		113.0856145	28.31772112	2014	1800	√			√	√			
870	湖南省星沙物流储运有限责任公司	湖南省长沙县星沙镇板仓路晶华美地B栋101号	113.0719894	28.24663051	2011	2000	√			√	√	√	√	√
871	湖南车商物流有限责任公司	长沙高新开发区岳麓西大道3580号湖南车商汽车城6栋西单元一楼	113.1369311	28.17676910	2016	2000	√			√	√	√	√	√
872	湖南嘉业物流有限责任公司		113.0147925	28.10011950	2006	2000	√			√	√			√
873	长沙正通快递有限责任公司	长沙高新开发区麓云路100号（10号车间）	112.8766166	28.20783063	2013	2000	√							√
874	湖南中鹏物流配送有限责任公司		112.9884094	28.19590873	2015	2000	√							√

续 表

序号	名称	地址	经度	纬度	成立时间（年）	注册资本（万元）	大型	中型	小微型	仓储企业	运输企业	货代信息企业	综合现代型物流企业	城市配送型企业
875	湖南新码头农贸冷链物流有限责任公司	长沙市开福区伍家岭街道新码头路211号综合办公楼501室	112.9854166	28.24100902	2016	2000	√			√				√
876	湖南安鑫物流有限责任公司	长沙县星沙镇开元路17号湘商世纪鑫城1幢2902号房	113.0778615	28.24934061	2010	2000	√			√	√	√	√	
877	长沙博娴物流有限责任公司		113.0066706	28.10336883	2011	2000	√			√	√	√	√	
878	长沙道一物流有限责任公司	湖南望城经济开发区普瑞西路1288号	112.8401353	28.29932098	2011	2000	√			√	√	√	√	
879	湖南旺东物流有限责任公司	长沙市雨花区曙光中路283号曙光大邸1、2、3、4栋裙楼324	112.9965508	28.17774114	2011	2000	√			√	√	√	√	
880	长沙桐木建设物流有限责任公司		112.9080334	28.20889443	2015	2000	√			√	√	√	√	

续 表

序号	名称	地址	经度	纬度	成立时间（年）	注册资本（万元）	大型	中型	小微型	仓储企业	运输企业	货代信息企业	综合现代型物流企业	城市配送型企业
881	长沙冬斯物流仓储有限责任公司		113.0687989	28.05419500	2015	2000	√			√	√	√	√	
882	长沙星隆仓储物流有限责任公司		113.1331110	28.22226299	2015	2000	√			√	√	√	√	
883	长沙冬斯物流仓储有限责任公司	湖南省长沙市雨花区跳马镇冬斯老村部	113.0689382	28.05429902	2015	2000	√			√	√	√	√	
884	湖南首邦物流有限责任公司	湖南省长沙县安沙镇安沙物流大道1号B区07栋122号	113.0751040	28.31155653	2015	2000	√			√	√	√	√	
885	长沙旭运达物流有限责任公司		112.7180276	28.50707609	2016	2000	√			√	√	√	√	
886	长沙晟泰物流有限责任公司	长沙经济技术开发区红树坡路以南、东十一线以西、中轴东路以东	113.1430992	28.20176734	2016	2000	√			√	√	√	√	

续 表

序号	名称	地址	经度	纬度	成立时间（年）	注册资本（万元）	大型	中型	小微型	仓储企业	运输企业	货代信息企业	综合现代型物流企业	城市配送型企业
887	湖南玖盛物流有限责任公司	湖南省长沙县黄兴镇敢胜村劳动东路东北侧昊天综合楼	113.0560456	28.16118032	2016	2000	√			√	√	√	√	
888	长沙联运物流有限责任公司		112.9522748	28.35618203	1993	2000	√			√	√			
889	长沙畅通物流有限责任公司		112.934767	28.32594556	2003	2000	√			√	√	√		
890	长沙鑫和物流有限责任公司	长沙市雨花区劳动东路 299 号鑫天鑫城 9 栋 101 号	113.0007189	28.16081020	2004	2000	√				√	√		
891	湖南长沙保信物流		113.0159564	28.10210911	2005	2000	√				√			
892	湖南南方物流科技有限责任公司		112.9342104	28.31691743	2010	2000	√					√		
893	湖南华丰物流有限责任公司		113.0015386	28.13899193	2010	2000	√			√	√			

续 表

序号	名称	地址	经度	纬度	成立时间（年）	注册资本（万元）	大型	中型	小微型	仓储企业	运输企业	货代信息企业	综合现代型物流企业	城市配送型企业
894	湖南中弘物流有限责任公司	湖南省长沙市芙蓉区隆平高科技工业园隆园三路98号彩绘车间101C号	113.0627005	28.21994329	2014	2000	√				√			
895	湖南省首邦物流有限责任公司		113.0237781	28.17130732	2015	2000	√				√	√		
896	长沙乡镇通物流有限责任公司	湖南省长沙市宁乡县白马桥街道仁福村白马南路221号	112.5397551	28.23845494	2016	2000	√				√			
897	长沙市茂达物流有限责任公司	湖南省长沙市天心区南托街道牛角塘村石柱塘组1组105号	112.9693816	28.04607385	2016	2000	√			√				
898	湖南联荣国际物流有限责任公司		112.9957074	28.25971688	2016	2100	√			√	√			
899	湖南省行行行仓储经营管理有限责任公司		113.0681718	28.13835504	2010	2200	√				√			

续　表

序号	名称	地址	经度	纬度	成立时间（年）	注册资本（万元）	大型	中型	小微型	仓储企业	运输企业	货代信息企业	综合现代型物流企业	城市配送型企业
900	湖南路捷物流有限责任公司		113.0812669	28.24165498	2011	2200	√			√	√			
901	湖南南华物流有限责任公司		113.0047371	28.15974931	1993	2500	√			√	√			
902	湖南刚刚好智能物流有限责任公司	长沙高新开发区岳麓西大道588号芯城科技园2#栋705号	112.8702972	28.23316624	2016	2500	√				√	√		
903	长沙泰昌物流有限责任公司		113.0627371	28.13777993	2011	2700	√			√	√	√	√	
904	长沙弘一物流有限责任公司		112.9116369	28.21107633	2012	2700	√			√	√	√	√	
905	中国湖南远洋运输公司		112.9823772	28.19290352	1987	2945	√				√			
906	湖南中飞物流有限责任公司		113.0345843	28.17350955	2007	3000	√			√	√			√

续 表

序号	名称	地址	经度	纬度	成立时间（年）	注册资本（万元）	大型	中型	小微型	仓储企业	运输企业	货代信息企业	综合现代型物流企业	城市配送型企业
907	湖南博通利达物流有限责任公司		113.0188319	28.09937620	2014	3000	√			√	√			√
908	湖南畅达物流有限责任公司		112.9375159	28.32927232	2000	3000	√						√	
909	湖南鸿胜物流有限责任公司		112.9362908	28.33054332	2006	3000	√				√	√	√	
910	长沙县大铃仓储有限责任公司		113.0797757	28.31158014	2007	3000	√			√	√	√	√	
911	长沙中港物流有限责任公司		112.9807858	28.19302683	2011	3000	√			√	√	√	√	
912	湖南俊普物流有限责任公司	湖南省长沙县黄兴镇打卦岭村倪家组150号	113.1369629	28.13107266	2016	3000	√			√	√	√	√	
913	浩通国际货运代理有限责任公司		112.9820928	28.19233392	1996	3000	√			√	√	√		

续 表

序号	名称	地址	经度	纬度	成立时间（年）	注册资本（万元）	大型	中型	小微型	仓储企业	运输企业	货代信息企业	综合现代型物流企业	城市配送型企业
914	湖南大丰物流有限责任公司		112.9547867	28.10396124	2003	3000	√			√				
915	湖南中南物流有限责任公司		113.0547326	28.24480765	2003	3000	√			√	√			
916	中南物流有限责任公司		113.0547541	28.24480762	2003	3000	√				√			
917	湖南顺达国际物流有限责任公司		112.9800169	28.20331669	2005	3000	√			√	√	√		
918	湖南省绿网物流投资有限责任公司		112.9367064	28.33972905	2008	3000	√				√			
919	湖南振邦物流有限责任公司		112.9722832	28.08916058	2012	3000	√				√			
920	湖南省泓策物流有限责任公司		112.9310063	28.24900777	2016	3000	√				√			

续 表

序号	名称	地址	经度	纬度	成立时间（年）	注册资本（万元）	大型	中型	小微型	仓储企业	运输企业	货代信息企业	综合现代型物流企业	城市配送型企业
921	湖南中凯瑞信物流有限责任公司		112.9801517	28.14994199	2016	3000	√				√			
922	湖南诚润物流有限责任公司	湖南省长沙市开福区芙蓉中路119号标志大厦2108房	112.9825041	28.22624176	2016	3000	√					√		
923	长沙正德物流有限责任公司	湖南省长沙县榔梨街道金托村白竹组744号	113.1324499	28.15259435	2016	3000	√				√	√		
924	长沙飞鸿供应链有限责任公司		112.8445050	28.33003400	2016	3180	√			√	√	√	√	
925	湖南长沙华益物流有限责任公司		113.0189835	28.07090463	2003	3200	√				√	√		
926	长沙百川物流有限责任公司	湖南省长沙市芙蓉区解放中路136号蓝色地标14楼02室	113.0328290	28.07725804	2006	3500	√				√	√		

续 表

序号	名称	地址	经度	纬度	成立时间（年）	注册资本（万元）	大型	中型	小微型	仓储企业	运输企业	货代信息企业	综合现代型物流企业	城市配送型企业
927	湖南格瑞特置业有限责任公司		113.0563997	28.24415239	2007	4000	√			√	√			
928	湖南中庆物流有限责任公司		112.9942146	28.16166373	2011	4000	√			√	√			
929	湖南泰联物流有限责任公司		113.6428180	28.18498726	2008	4016	√			√	√			
930	长沙市华通物流发展有限责任公司		113.0332264	28.17055057	2003	4397	√			√				
931	湖南中南医药物流有限责任公司		113.4044510	28.20963991	2004	5000	√			√	√			√
932	长沙鹤群物流有限责任公司		113.0324426	28.21355969	2009	5000	√			√	√	√	√	

续 表

序号	名称	地址	经度	纬度	成立时间（年）	注册资本（万元）	大型	中型	小微型	仓储企业	运输企业	货代信息企业	综合现代型物流企业	城市配送型企业
933	长沙市新跃物流有限责任公司	长沙市雨花区时代阳光大道198号湖南嘉业物流有限责任公司A2单元23号	113.0185496	28.09947301	2012	5000	√			√	√	√	√	
934	湖南瑞嘉物流有限责任公司	长沙市天心区新姚南路169号九峰小区二区9、13栋603房	112.9779440	28.09795933	2012	5000	√			√	√	√	√	
935	长沙盛谷仓储物流有限责任公司		112.7832534	28.46641114	2013	5000	√			√	√	√	√	
936	湖南诚通国际物流有限责任公司		112.9414043	28.17004824	2013	5000	√						√	
937	长沙传化公路港物流有限责任公司		112.9904722	28.33936345	2014	5000	√			√	√	√	√	
938	安吉汽车物流有限责任公司		113.1584156	28.17699191	2014	5000	√			√	√	√	√	

续 表

序号	名称	地址	经度	纬度	成立时间（年）	注册资本（万元）	大型	中型	小微型	仓储企业	运输企业	货代信息企业	综合现代型物流企业	城市配送型企业
939	湖南环通仓储物流有限责任公司	湖南省长沙县干杉镇长安村陕西汽车集团长沙环通汽车制造有限责任公司	113.2256512	28.14107729	2015	5000	√			√	√	√	√	
940	中湘嘉德外贸服务有限责任公司	长沙市开福区青竹湖街道新港路30号长沙金霞保税物流中心综合办公楼4008房	112.9389437	28.33010809	2016	5000	√			√	√	√	√	
941	湖南龙骧洪鑫物流集团有限责任公司		113.0681504	28.13837398	2005	5000	√				√			
942	湖南龙骧洪鑫物流集团有限责任公司		113.0681933	28.13835501	2005	5000	√			√	√			
943	长沙晨辉物流有限责任公司		113.1143870	28.13307267	2006	5000	√			√	√			

续 表

序号	名称	地址	经度	纬度	成立时间（年）	注册资本（万元）	大型	中型	小微型	仓储企业	运输企业	货代信息企业	综合现代型物流企业	城市配送型企业
944	湖南省康程物流有限责任公司		113.0094914	28.09490811	2015	5000	√			√		√		
945	湖南威克特物流有限责任公司		113.0239817	28.20110164	2001	5005	√			√	√			
946	湖南晟象物流有限责任公司	湖南省长沙县星沙街道1区1栋111号	113.0861913	28.24988096	2011	6000	√			√	√	√	√	
947	湖南省京阳物流有限责任公司		112.9921845	28.18780846	2001	6000	√			√	√			
948	湖南省福地物流有限责任公司		112.9977413	28.15119501	2002	6000	√			√	√			
949	湖南全洲现代医药物流有限责任公司		113.0201216	28.09898719	2007	6500	√			√	√			
950	全洲医药食品物流配送有限责任公司		113.0310743	28.07265196	2005	6800	√						√	

续 表

序号	名称	地址	经度	纬度	成立时间（年）	注册资本（万元）	大型	中型	小微型	仓储企业	运输企业	货代信息企业	综合现代型物流企业	城市配送型企业
951	湖南安信仓储服务有限责任公司	长沙市望城区经济技术开发区同心路1号801室	112.8435485	28.33085391	2016	7263.6753	√			√				
952	湖南源山冷链物流有限责任公司	宁乡县经开区永佳路	112.5699183	28.29888527	2011	8000	√			√	√	√	√	
953	湖南广汽顺捷物流有限责任公司	长沙经济技术开发区映霞路16号	113.1356902	28.20824337	2011	8000	√			√	√	√	√	
954	湖南鸿源物流有限责任公司	长沙市开福区长沙金霞经济开发区秀峰商贸城9栋19号2楼	112.9718692	28.28037500	2011	8000	√			√	√	√	√	
955	湖南富安顺通物流有限责任公司		112.8809445	28.21130782	2014	8000	√			√	√			
956	中国外运湖南公司		113.0087464	28.23329976	1982	8065	√						√	

续 表

序号	名称	地址	经度	纬度	成立时间（年）	注册资本（万元）	大型	中型	小微型	仓储企业	运输企业	货代信息企业	综合现代型物流企业	城市配送型企业
957	湖南凯风物流有限责任公司		113.1045771	28.23797975	2006	8200	√			√	√			
958	湖南省新源石油股份有限责任公司		112.9799971	28.20856081	2004	8587	√				√			
959	丰沃达医药物流（湖南）有限责任公司		113.0638105	28.25135482	2005	8700	√			√				
960	长沙平瑞冷链物流有限责任公司	长沙市开福区青竹湖街道新港路30号长沙金霞保税物流中心综合办公楼3016室	112.9358115	28.32882126	2016	9707.4884	√			√	√	√	√	
961	长沙平瑞冷链物流有限责任公司	长沙市开福区青竹湖街道新港路30号长沙金霞保税物流中心综合办公楼3016室	112.9363371	28.32934160	2016	9707.4885	√			√	√	√	√	

续 表

序号	名称	地址	经度	纬度	成立时间（年）	注册资本（万元）	大型	中型	小微型	仓储企业	运输企业	货代信息企业	综合现代型物流企业	城市配送型企业
962	湖南省佳汇冷链物流有限责任公司	长沙市开福区新码头211号301房	112.9854599	28.24088511	2013	10000	√			√	√	√	√	√
963	湖南星沙物流投资有限责任公司		113.0606138	28.21917037	2003	10000	√			√	√			√
964	长沙望城宝湾物流有限责任公司		112.8444835	28.33003396	2016	10000	√			√	√	√	√	
965	湖南世华物流有限责任公司	湖南省长沙市芙蓉区五一中路2号5楼	113.0043038	28.19772334	2016	10000	√			√	√	√	√	
966	雨润集团长沙冷储物流分公司		112.9559201	28.10831094	1993	10000	√			√				
967	招商局物流集团湖南有限责任公司		113.1105484	28.23715159	2008	10000	√			√	√			

续 表

序号	名称	地址	经度	纬度	成立时间（年）	注册资本（万元）	大型	中型	小微型	仓储企业	运输企业	货代信息企业	综合现代型物流企业	城市配送型企业
968	湖南五六联盟电商物流有限责任公司		112.8424642	28.31851317	2009	10000	√			√	√			
969	湖南湾田实业有限责任公司		112.8957324	28.37360235	2010	10000	√			√	√			
970	长沙雨花宝湾物流有限责任公司		113.0676550	28.13176551	2016	10000	√			√				
971	湖南白沙物流有限责任公司		113.0295877	28.20559861	2002	10512	√			√				√
972	湖南省邮政速递物流有限责任公司		113.0125851	28.18298373	2010	12800	√					√		
973	湖南湘物联物流投资有限责任公司	湖南省长沙县星沙街道湘商世纪鑫城1栋1102号	113.0778131	28.24967404	2014	13600	√			√	√	√	√	

续表

序号	名称	地址	经度	纬度	成立时间（年）	注册资本（万元）	大型	中型	小微型	仓储企业	运输企业	货代信息企业	综合现代型物流企业	城市配送型企业
974	湖南中烟物流有限责任公司	长沙市雨花区万家丽中路三段188号湖南中烟工业公司大唐小区办公楼101	113.0322159	28.12213945	2012	15000	√			√	√	√	√	
975	长沙宇培仓储有限责任公司		112.8806565	28.24109872	2015	18500	√			√				
976	长沙深国际综合物流港发展有限责任公司		112.9908633	28.19095941	2014	20000	√			√	√	√	√	
977	湖南长沙新港有限责任公司		112.932252	28.32496806	2001	30000	√			√				
978	湖南欣港集团有限责任公司	长沙市天心区湘府西路222号华菱大厦1208室	112.9631051	28.11671436	2013	30259.7778	√			√	√	√	√	
979	物产中拓股份有限责任公司		112.9930447	28.19703157	1999	39293	√			√	√			
980	苏州运鑫物流有限责任公司长沙分公司		113.0060856	28.15042534	2006	50800	√				√	√		

续 表

序号	名称	地址	经度	纬度	成立时间（年）	注册资本（万元）	大型	中型	小微型	仓储企业	运输企业	货代信息企业	综合现代型物流企业	城市配送型企业
981	和立东升国际物流产业有限责任公司	湖南省长沙市开福区新港路30号长沙金霞保税物流中心综合办公室3018房	112.9382587	28.32988272	2016	100000	√			√	√		√	
982	望城县中通速递		112.8665178	28.31606789	2002									
983	亚远快运		113.0058677	28.19637469	2003									
984	长沙神龙大件运输公司		112.9742163	28.02872955	2004									
985	湖南省通信产业服务有限责任公司物流分公司		112.9522597	28.23010333	2007					√	√			
986	长沙金中物流有限责任公司		112.5236395	28.27864499										
987	长沙大众物流服务有限责任公司		112.7161013	28.5051356										

续 表

序号	名称	地址	经度	纬度	成立时间（年）	注册资本（万元）	大型	中型	小微型	仓储企业	运输企业	货代信息企业	综合现代型物流企业	城市配送型企业
988	长沙金凤物流服务有限责任公司		112.7742441	28.12198806										
989	望城汇通快运		112.8960734	28.37906371										
990	长沙汉达公司		112.9002785	28.21784467										
991	湘海物流长沙分公司		112.9348375	28.32686818										
992	雅马物流有限责任公司		112.9748252	28.18055630										
993	长沙大通物流有限责任公司		112.9763014	28.22669145										
994	天地华宇物流公司		112.9812357	28.30323183										
995	湘永物流		112.9852918	28.24121061										
996	湖南省九裕物流有限责任公司		112.9976666	28.08588876										
997	时通物流公司		113.0024155	28.19468181										

续 表

序号	名称	地址	经度	纬度	成立时间（年）	注册资本（万元）	大型	中型	小微型	仓储企业	运输企业	货代信息企业	综合现代型物流企业	城市配送型企业
998	长沙市环宇货运市场信息部		113.0058723	28.15594887										
999	长沙时速物流有限责任公司		113.0068152	28.09289035										
1000	长沙锦赋物流		113.0073670	28.2160156										
1001	长沙全通货运		113.0127867	28.21688264										
1002	长沙红迅物流有限责任公司		113.0134386	28.31274905										
1003	湘林物流		113.0145948	28.09761572										
1004	长沙诺丰物流公司		113.0146885	28.09859434										
1005	祥源货运公司		113.01502720	28.09783650										
1006	长沙健通物流有限责任公司		113.0153520	28.10027838										
1007	万顺物流		113.0158508	28.10167252										
1008	新存物流		113.016472	28.10115493										

续 表

序号	名称	地址	经度	纬度	成立时间（年）	注册资本（万元）	大型	中型	小微型	仓储企业	运输企业	货代信息企业	综合现代型物流企业	城市配送型企业
1009	长沙荣辉货运有限责任公司		113.0166675	28.17133289										
1010	长沙理达货运有限责任公司		113.0188105	28.09937626										
1011	盛辉物流集团长沙公司马王堆分公司		113.0188670	28.17009223										
1012	长沙市杰邦货运服务中心		113.0204643	28.17179963										
1013	长沙奥庆物流		113.0207230	28.16857759										
1014	长沙春子货运		113.0211704	28.17237795										
1015	长沙平实物流有限责任公司		113.0224446	28.16743604										
1016	长沙保全快运		113.0270534	28.16896797										
1017	长沙三兄弟物流运输部		113.0272372	28.20263046										
1018	长沙创新物流		113.0283651	28.16822377										

续 表

序号	名称	地址	经度	纬度	成立时间（年）	注册资本（万元）	大型	中型	小微型	仓储企业	运输企业	货代信息企业	综合现代型物流企业	城市配送型企业
1019	长沙清晨物流		113.0284239	28.08847320										
1020	湖南通发物流公司		113.0284900	28.08833749										
1021	长沙三和快运		113.0287782	28.08806583										
1022	长沙市诚诚物流公司		113.0328745	28.07686430										
1023	武汉金鑫货运有限责任公司长沙分公司		113.0329043	28.07714595										
1024	武汉华顺物流长沙分公司		113.0333277	28.07751378										
1025	长沙荣星货运有限责任公司		113.0335465	28.12542704										
1026	长沙市华泰物流有限责任公司		113.0339199	28.16972039										
1027	长沙华泰物流有限责任公司		113.0339627	28.16972029										

续　表

序号	名称	地址	经度	纬度	成立时间（年）	注册资本（万元）	大型	中型	小微型	仓储企业	运输企业	货代信息企业	综合现代型物流企业	城市配送型企业
1028	腾飞物流服务有限责任公司		113.0348122	28.16519509										
1029	鑫通物流		113.0348523	28.17592159										
1030	长沙市和谐物流货运部		113.036063	28.17088942										
1031	长沙尚飞物流有限责任公司		113.0394130	28.15393009										
1032	长沙东海货运		113.0429010	28.17287436										
1033	长沙市恒旺物流公司		113.0473155	28.20323822										
1034	长沙市恒旺物流公司		113.0473369	28.20327600										
1035	长沙捷鑫物流服务有限责任公司		113.0495253	28.17579889										

续 表

序号	名称	地址	经度	纬度	成立时间（年）	注册资本（万元）	大型	中型	小微型	仓储企业	运输企业	货代信息企业	综合现代型物流企业	城市配送型企业
1036	长沙世纪京鄂货运有限责任公司		113.0510816	28.17511977										
1037	长沙德邦物流货运代理公司		113.0544820	28.23139191										
1038	相顺物流服务公司		113.0604182	28.24828813										
1039	长沙宏昌货运有限责任公司		113.0605922	28.24729701										
1040	长沙明星物流有限责任公司		113.0606726	28.24608543										

续 表

序号	名称	地址	经度	纬度	成立时间（年）	注册资本（万元）	大型	中型	小微型	仓储企业	运输企业	货代信息企业	综合现代型物流企业	城市配送型企业
1041	天天货物运输有限责任公司		113.0607240	28.24852046										
1042	顺达物流		113.0607369	28.24861193										
1043	深圳神州通物流公司长沙分公司		113.0612702	28.24707581										
1044	速尔物流快递		113.0651678	28.21587286										
1045	无锡市三湘货运配载服务部长沙分公司		113.0660489	28.27922952										
1046	长沙华南物流有限责任公司		113.0754409	28.21613490										
1047	学友物流		113.0759164	28.31148132										
1048	雯倩物流公司		113.0845975	28.15483748										
1049	宅急送快运		113.0865318	28.18165729										

续 表

序号	名称	地址	经度	纬度	成立时间（年）	注册资本（万元）	大型	中型	小微型	仓储企业	运输企业	货代信息企业	综合现代型物流企业	城市配送型企业
1050	扬州港现代物流中心长沙办事处		113.0889894	28.13015442										
1051	长沙久凌北方快运		113.1043277	28.23865857										
1052	长沙鸿发（天富）运输		113.1069149	28.23156991										
1053	长沙市东海货运		113.1130589	28.13111422										
1054	天湘物流		113.1133379	28.13089920										
1055	新时速物流公司		113.1143490	28.13303487										
1056	长沙茂华物流服务有限责任公司		113.1151030	28.13032554										
1057	湖南天鸿致远文化发展有限责任公司		113.1998487	28.22920354										

附件二（2014—2016年A级企业分布）

2014年

企业名称	星级	经度	纬度	注册年份	注册资本（万元）
湖南星沙物流投资有限责任公司	5A			1999	10000
物产中拓股份有限责任公司	5A	112.9930447	28.19703157	1999	39293.267
长沙长远物流有限责任公司	4A	113.0153334	28.18769166	1998	1000
湖南恒邦物流有限责任公司	4A	113.0598346	28.25314102	2002	1000
湖南中庆物流有限责任公司	3A	112.9942146	28.16166373	2011	4000

2015年

企业名称	星级	经度	纬度	注册年份	注册资本（万元）
长沙恒广物流有限责任公司	4A	113.0771	28.312	2006	1052.6315
湖南科风速运有限责任公司	3A	113.1129	28.13839	2012	600

续 表

企业名称	星级	经度	纬度	注册年份	注册资本（万元）
湖南中飞物流有限责任公司	4A	113.0346	28.17351	2007	3000
湖南龙骧洪鑫物流集团有限责任公司	4A	113.0682	28.13837	2005	5000
湖南湾田实业有限责任公司	4A	112.8957	28.3736	2010	10000
湖南省通信产业服务有限责任公司物流分公司	4A	112.9523	28.2301	2007	
长沙建庄物流有限责任公司	3A	113.0771	28.31165	2012	500
长沙晨辉物流有限责任公司	3A	113.1144	28.13307	2006	5000
长沙市富香物流有限责任公司	3A	113.1222	28.13042	2004	500
2016 年					
企业名称	星级	经度	纬度	注册年份	注册资本（万元）
湖南省行行行仓储经营管理有限责任公司	4A	113.0682	28.13836	2010	2200
湖南省首邦物流有限责任公司	5A	113.0238	28.17131	2015	2000
长沙诚安物流有限责任公司	3A	113.0284	28.08808	2007	1000

附件三（长沙机场 2011 年航班时刻表）

长沙机场 2011 年航班时刻表

航线	航班号	所用机型	班期/周	起飞时间	备注
首尔（仁川）	CZ3065	A320	3、7	12：15	或 A321 执行
	MU2023	A330-300	2、4、6、7	00：55	或 A320 执行
	KE820	A330	1、3、4、5、7	12：30	
	OZ322	A321	1、3、4、5、7	23：50	或 A320/B763 执行
中国香港	KA721	A321	每日	19：15	或 A320/330 执行
	HX462	B737-800	每日	18：20	
中国台北（桃园）	MF889	B737-800	4、7	16：55	或 757 执行
	CZ3017	A320	1、5	12：30	或 A321 执行
	AE978	A333	4、6	13：05	或 B738/744/A343 执行
	GE3761	A321	3、6	19：10	或 A320 执行

续 表

航线	航班号	所用机型	班期/周	起飞时间	备注
北京首都	CA1259	B737-800	每日	07：40	
	CA1344	B737-800	每日	11：00	
	CA1350	B737-800	每日	14：45	
	CA1364	B737-800	每日	20：20	
	CA1374	B737-800	每日	16：25	
	CZ3123	A321	每日	07：45	或 A320 执行
	CZ3127	A321	3、5、7	10：25	或 A320 执行
	CZ3141	A321	每日	14：40	或 A320 执行
	CZ3145	A321	每日	15：55	或 752/333/320 执行
	CZ3753	A320	每日	12：25	或 A321 执行
	HU7136	B737-800	每日	20：25	或 B767/A330/340 执行
	HU7636	B737-800	每日	15：20	或 B767/A330/340 执行
	CZ3147	A320	1、2、4、6	10：30	或 A321 执行
	CZ3633	A320	2、4、6	22：40	或 A321 执行
	CZ3163	A320	1、3、5、7	22：40	或 A321 执行
	MF8147	B737-800	每日	18：50	或 B757 执行
北京南苑	KN2258	B737-800	每日	14：25	

续 表

航线	航班号	所用机型	班期/周	起飞时间	备注
深圳	CZ3389	A320	每日	08：05	或 A321 执行
	CZ3988	A321	每日	23：00	
	HU7186	B737－800	每日	09：30	或 B733/734 执行
	CZ6889	B737－700	每日	13：45	或 B752/772/AB6 执行
	ZH9978	B737－800	每日	16：50	或 A320/319 执行
	CZ3743	MD90	每日	14：40	或 A320/319 执行
	ZH9938	B737－800	每日	22：30	或 A320/319 执行
上海虹桥	CZ3965	A320	每日	08：05	或 A321 执行
	CZ3967	A320	每日	12：35	或 A321 执行
	CZ3969	A320	每日	18：10	或 A321 执行
	MU5358	A321	每日	10：20	或 A320/M90/73G 执行
	MU5360	A321	每日	21：50	
	MU5362	B737－800	每日	16：15	
	MU5364	B737－300	每日	18：40	
	FM9394	B757－200	每日	20：10	或 B763/738/73G/CR2 执行
	FM9396	B737－700	每日	11：35	或 B763/738/73G/CR2 执行
	HO1124	A320	每日	10：15	

续 表

航线	航班号	所用机型	班期/周	起飞时间	备注
上海虹桥	HO1126	A320	每日	16：35	
	9C8944	A320	每日	10：10	
上海浦东	MU5342	A320	每日	07：50	
	HO1144	A320	每日	20：55	7.15－10.29 执行
广州	CZ3375	A320	每日	08：00	或 A321 执行
	CZ3379	A320	每日	14：30	或 A321 执行
	ZH9683	A320	每日	17：10	
	CZ3166	ERJ145	1、3、5、7	20：00	或 A320/319 执行
	CZ3387	A320	每日	17：30	或 A321 执行
昆明	CZ3467	A320	每日	18：30	或 A321 执行
	MU2705	A320	每日	10：00	或 A321 执行
	MU2715	A320	每日	15：55	或 A321 执行
	MU2725	A320	每日	16：50	或 A321 执行
	8L9974	B737－700	每日	23：40	或 A319 执行
	MU5437	A320	每日	17：55	
	8L9980	B737－700	每日	14：55	或 A319 执行
	CA1467	B737－700	每日	12：25	或 B733/738 执行

续 表

航线	航班号	所用机型	班期/周	起飞时间	备注
昆明	BK2811	B737-500	每日	15：55	或 B738 执行
	MU5750	B737-700	2、4、5、7	19：55	或 B733/CR2 执行
	MU5752	B737-700	每日	22：00	或 B763/733/CR2 执行
重庆	3U8952	A321	每日	20：25	或 A319/320 执行
	PN6232	A319	每日	19：30	
	3U8952	A321	每日	20：25	或 A319/320 执行
	PN6232	A319	每日	19：30	
	MU2395	A320	每日	16：55	
	HU7357	B737-800	1、3、5、7	13：40	或 B733/734 执行
	MF8487	B737-800	每日	09：20	或 757 执行
	G52770	CRJ-200	2、4、6	20：30	
	CZ3349	A321	每日	21：25	或 A320 执行
厦门	MF8402	B737-800	每日	14：25	或 B757 执行
	MF8402	B737-800	每日	14：25	或 B757 执行
	3U8951	A321	每日	16：00	或 A319/320 执行
	PN6231	A319	每日	15：05	
	MF8158	B737-800	每日	21：50	或 B757 执行

续 表

航线	航班号	所用机型	班期/周	起飞时间	备注
厦门	SC4968	B737 - 300	1、3、4、6	19：50	5.10 - 10.29 执行
	MF8503	B737 - 800	每日	07：30	
杭州	CZ3639	A320	每日	08：35	或 A321 执行
	MF8472	B737 - 800	每日	22：45	或 B757 执行
	EU2205	A319	每日	10：40	或 A320 执行
	MF8466	B737 - 800	每日	13：55	或 B757 执行
	CA1764	A319	每日	14：55	或 A320 执行
	BK2881	B737 - 800	每日	08：00	
三亚	CZ3643	A320	1、3、5、7	08：20	6.20 - 10.29 执行
	CZ6719	A320	3、5、7	11：25	
	HU7024	B737 - 800	1、3、5、7	18：50	或 B734/733 执行
	BK2887	B737 - 800	每日	07：05	
	ZH9157	A320	每日	13：30	
	MU2275	B737 - 700	每日	17：50	10.1 - 10.29 执行
	JD5180	A319	每日	11：45	或 A320 执行
济南	SC4918	B737 - 300	每日	10：35	或 B738
	HU7227	B737 - 800	每日	11：05	或 B734/733 执行

续 表

航线	航班号	所用机型	班期/周	起飞时间	备注
济南	MF8571	B737 - 800	每日	17：30	或 B757 执行
	CZ3791	B737 - 700	2、4、6	18：15	或 B738 执行
	MF8051	B737 - 800	每日	08：05	或 B757 执行
	SC4894	CRJ200	1、2、4、6	22：50	或 B738
贵阳	MF8465	B737 - 800	每日	09：55	或 B757 执行
	SC4967	B737 - 300	1、3、4、6	16：10	5.10 - 10.29 执行
	CZ3656	B737 - 700	每日	14：15	或 B738 执行
	CZ3792	B737 - 700	2、4、6	23：50	或 B738 执行
	CZ3782	B737 - 700	3、5、7	23：35	或 B738 执行
	MU2965	A320	每日	19：05	5.1 - 10.29 执行
	ZH7022	A320	每日	22：25	5.1 - 10.29 执行
宁波	HU7356	B737 - 400	2、4、6	18：40	或 B738 执行
	MU2396	A320	每日	21：15	
	HU7358	B737 - 800	1、3、5、7	17：55	或 B733/734 执行
	MF8515	B737 - 800	每日	07：10	或 B757 执行
	MU5250	A320	每日	10：25	周 2、4、6 于 10.1 - 10.29 执行

续 表

航线	航班号	所用机型	班期/周	起飞时间	备注
太原	MF8157	B737-800	每日	16：40	或 B757 执行
	MF8157	B737-800	每日	16：40	或 B757 执行
	MU2294	B737-700	每日	19：15	10.1-10.29 执行
	HU7334	B737-800	1、2、4、5、6	15：40	或 B734 执行
	MU2276	B737-700	每日	22：10	10.1-10.29 执行
	CZ3781	B737-700	3、5、7	18：15	或 B738 执行
	CZ3773	B737-300	1、3、5、7	17：35	或 B73G/738 执行
	HU7388	B737-800	每日	20：15	7.1-10.29 执行
呼和浩特	CA1928	B737-800	每日	19：00	7.1-10.24 执行
	CA1934	B737-800	每日	15：45	7.1-10.24 执行
	CA7502	B737-800	4、7	20：45	8.1-10.24 执行
	HU7259	B737-300	1、3、5、7	16：00	或 B738 执行
	MF8185	B737-700	每日	07：55	或 B757 于 7.6-10.29 执行
	CZ6603	A320	2、4、6	08：50	或 A321 执行
	CA7504	B737-700	每日	12：00	7.1-10.24 执行
绵阳	MU2064	ERJ145	2、5、7	12：20	10.1-10.29 执行
	MU3414	ERJ145	1、3、4、6	11：45	5.1-10.29 执行
	3U8766/5	ERJ145	2、4、6	20：40	

续 表

航线	航班号	所用机型	班期/周	起飞时间	备注
赣州	MU3236/5	ERJ145	每日	12：20	周1、3、4、6于10.1－10.29执行
北海	CZ3148	A320	1、2、4、6	23：50	或A321执行
怀化	CZ3165	ERJ145	1、3、5、7	16：35	或A320/319执行
	CZ3634	A320	2、4、6	19：05	或A321执行
永州	CZ3164	A320	1、3、5、7	19：05	或A321执行
乌鲁木齐	CZ6956	B737－700	每日	18：55	或B752于7.1－10.29执行
	HU7810	B737－800	每日	15：00	
	CZ3629	A320	每日	13：30	或A321执行
	BK2885	B737－800	1、2、4、5、6	07：30	
	CZ6890	B737－700	每日	18：20	或B752/772/AB6执行
兰州	ZH9977	B737－800	每日	11：00	或A320/319执行
哈尔滨	MF8051	B737－800	每日	08：05	或B757执行
	CZ3125	A320	2、4、6	13：40	或A321执行
	CZ3941	A320	1、3、5、7	13：40	或A321执行
	BK2849	B737－800	每日	08：20	5.15－10.29执行
	CZ3744	MD90	每日	18：55	或A320/319执行
西宁	CZ3629	A320	每日	13：30	或A321执行
	ZH9684	A320	每日	09：30	

续 表

航线	航班号	所用机型	班期/周	起飞时间	备注
南京	MU2706	A320	每日	15：20	或 A321 执行
	MU2716	A320	每日	21：05	或 A321 执行
	EU2725	A319	每日	18：45	或 A320 于 3.27－5.31 执行
	CZ3655	B737－700	每日	09：55	或 B738 执行
	CZ3760	A321	每日	17：00	或 A320 执行
	CZ3985	A320	每日	11：40	或 A321 执行
	MF8021	B737－800	每日	15：50	或 B757 执行
	CZ3659	A320	1、3、5、7	14：35	或 A321 执行
	8Y9001	B737－300F	每日	01：40	5.23－10.29 执行
	MU2726	A320	每日	22：15	或 A321 执行
福州	8L9973	B737－700	每日	19：00	或 A319 执行
	3U8997	A321	每日	10：00	或 A319/320 执行
	MF8236	B737－800	每日	20：05	或 757 执行
	MF8572	B737－800	每日	22：45	或 B757 执行
	MF8186	B737－700	每日	23：50	或 B757 于 7.6－10.29 执行
	8L9979	B737－700	每日	11：00	或 A319 执行

续 表

航线	航班号	所用机型	班期/周	起飞时间	备注
青岛	SC4604	B737 - 300	每日	19：55	或 B738 于 4.20 - 10.29 执行
	MU3205	ERJ145	每日	10：00	
	MF8515	B737 - 800	每日	07：10	或 B757 执行
	CZ3937	A320	每日	13：25	或 A321 执行
	SC4706	B737 - 300	每日	11：30	或 B738 执行
	CZ3983	A320	每日	08：15	或 A321 执行
	MU5438	A320	每日	23：30	
天津	CA1468	B737 - 700	每日	18：05	或 B733/738 执行
	GS7562	EMB190	每日	20：00	
	CZ3125	A320	2、4、6	13：40	或 A321 执行
	BK2849	B737 - 800	每日	08：20	5.15 - 10.29 执行
	BK2812	B737 - 500	每日	21：30	或 B738 执行
盐城	MU5749	B737 - 700	2、4、5、7	15：25	或 B733/CR2 执行
成都	MF8471	B737 - 800	每日	17：55	或 B757 执行
	EU2206	A319	每日	22：05	或 A320 执行
	MF8401	B737 - 800	每日	09：15	
	HU7355	B737 - 400	2、4、6	13：40	或 B738 执行

续 表

航线	航班号	所用机型	班期/周	起飞时间	备注
成都	CA4578	B757 - 200	每日	23：05	
	CZ3865	B737 - 300	每日	18：20	或 B738 执行
	CZ3461	A320	1、3、5、6、7	21：20	或 A321 执行
	CZ3461	A320	2、4	07：05	或 A321 执行
	3U8998	A321	每日	14：10	或 A319/320 执行
温州	EU2227	A319	每日	12：45	或 A320 执行
	CZ6955	B737 - 700	每日	14：55	或 B752 于 7.1 - 10.29 执行
	CA4577	B757 - 200	每日	18：15	
汕头	CZ3866	B737 - 300	每日	23：45	或 B738 执行
泉州	MF8222	B737 - 700	每日	22：40	周 4、6 于 6 月不执行
	MF8488	B737 - 800	每日	13：20	或 757 执行
南通	G52769	CRJ - 200	2、4、6	16：10	
南宁	SC4603	B737 - 300	每日	12：00	或 B738 于 4.20 - 10.29 执行
	HU7397	B737 - 800	每日	16：45	5、6 月不执行
	EU2228	A319	每日	17：10	或 A320 执行
	CZ3774	B737 - 300	1、3、5、7	22：35	或 B73G/738 执行
	CA1763	A319	每日	10：05	或 A320 执行

续 表

航线	航班号	所用机型	班期/周	起飞时间	备注
西安	ZH9158	A320	每日	19：20	
	MF8235	B737－800	每日	14：55	或 757 执行
	MF8221	B737－700	每日	18：00	周 4、6 于 6 月不执行
	HU7810	B737－800	每日	15：00	
	BK2885	B737－800	1、2、4、5、6	07：30	
	CZ3709	A320	每日	08：10	或 A321 执行
	MU2265	A320	每日	17：50	
	CZ3761	B737－700	每日	10：40	或 B738 执行
珠海	CZ3762	B737－700	每日	15：50	或 B738 执行
海口	HU7228	B737－800	每日	16：30	或 B734/733 执行
	HU7260	B737－300	1、3、5、7	22：20	或 B738 执行
	MU2293	B737－700	每日	13：20	10.1－10.29 执行
	HU7333	B737－800	1、2、4、5、6	10：20	或 B734 执行
	GS7561	EMB190	每日	11：50	
	EU2726	A319	每日	12：45	或 A320 于 3.27－5.31 执行
	CZ3371	A320	1、3、5、6、7	08：55	或 A321 执行
	CZ3371	A320	2、4	21：20	或 A321 执行

续 表

航线	航班号	所用机型	班期/周	起飞时间	备注
海口	BK2855	B737 - 800	每日	21：10	
	HU7036	B737 - 800	每日	20：45	或 B733/734 执行
徐州	HU7035	B737 - 800	每日	16：05	或 B733/734 执行
无锡	MU2966	A320	每日	23：55	5.1 - 10.29 执行
张家界	CZ3984	A320	每日	19：15	或 A321 执行
柳州	MU3206	ERJ145	每日	15：45	
大连	CZ3760	A321	每日	17：00	或 A320 执行
	CZ3985	A320	每日	11：40	或 A321 执行
	MF8021	B737 - 800	每日	15：50	或 B757 执行
	CZ3943	A320	每日	19：50	或 A321 执行
	HU7398	B737 - 800	每日	21：20	5、6 月不执行
丽江	MU5854	B737 - 700	每日	19：10	或 B733 执行
临沂	MU5853	B737 - 700	每日	13：55	或 B733 执行
银川	CZ3709	A320	每日	08：10	或 A321 执行
	MU2265	A320	每日	17：50	

续 表

航线	航班号	所用机型	班期/周	起飞时间	备注
沈阳	CZ3983	A320	每日	08：15	或A321执行
	CZ3129	A320	2、4、6	14：35	或A321执行
	CZ3659	A320	1、3、5、7	14：35	或A321执行
武汉	8Y9001	B737-300F	每日	01：40	5.23-10.29执行
长春	CZ3937	A320	每日	13：25	或A321执行
合肥	CZ3941	A320	1、3、5、7	13：40	或A321执行
	CZ3129	A320	2、4、6	14：35	或A321执行
	SC4706	B737-300	每日	11：30	或B738执行
郑州	CZ3943	A320	每日	19：50	或A321执行
石家庄	CZ6603	A320	2、4、6	08：50	或A321执行

附件四（2017 年长沙黄花国际机场国内外定期航线）

2017 年长沙黄花国际机场国内定期航线

中国南方航空（CZ）	包头、北海、北京—首都、长春、常州、成都、重庆、大连、广州、贵阳、海口、杭州、哈尔滨、合肥、济南、昆明、兰州、南京、南宁、宁波、青岛、三亚、上海—浦东、揭阳、沈阳、深圳、石家庄、太原、天津、吐鲁番、乌鲁木齐、温州、西安、西宁、扬州、烟台、银川、榆林、运城、张家界、珠海
大连航空（CA）	大连、南京
中国国际航空（CA）	北京—首都、成都、天津、重庆、南京
大新华航空（CN）	大连
北京首都航空（JD）	长春、杭州、海口、三亚、青岛、呼和浩特
成都航空（EU）	成都、杭州、南京、宁波、三亚
中国东方航空（MU）	北京—首都、北海、大理、大连、福州、贵阳、昆明、鄂尔多斯、兰州、拉萨、丽江、南京、南宁、宁波、上海—虹桥、上海—浦东、揭阳、无锡、太原、西安、银川、盐城、珠海
上海航空（FM）	上海—浦东、上海—虹桥
中国联合航空（KN）	北京—南苑、惠州、佛山、鄂尔多斯
福州航空（FU）	福州、贵阳

续 表

北部湾航空（GX）	济宁、济南、临沂、南宁、淮安
海南航空（HU）	北京—首都、长春、重庆、福州、海口、杭州、哈尔滨、呼和浩特、济南、南京、宁波、三亚、上海—浦东、太原、天津、乌鲁木齐、西安、徐州、珠海
昆明航空（KY）	昆明、台州、腾冲、呼和浩特、太原
河北航空（NS）	成都、重庆、长春、大连、福州、青岛、济南、哈尔滨、呼和浩特、杭州、乌鲁木齐
奥凯航空（BK）	成都、重庆、大连、惠州、贵阳、杭州、哈尔滨、昆明、兰州、荔波、黎平、南京、青岛、三亚、沈阳、天津、铜仁、乌鲁木齐、厦门、西安、西宁、永州、张家界、湛江
青岛航空（QW）	青岛、呼和浩特、海拉尔、连云港
山东航空（SC）	大连、贵阳、海口、济南、青岛、揭阳、惠州、厦门
吉祥航空（HO）	贵阳、丽江、上海—虹桥、上海—浦东、温州
深圳航空（ZH）	贵阳、哈尔滨、兰州、南京、南宁、南通、青岛、泉州、沈阳、深圳、无锡、烟台、呼和浩特
四川航空（3U）	成都、重庆、福州、哈尔滨、昆明、三亚、沈阳、温州、厦门
春秋航空（9C）	上海—虹桥、上海—浦东、西双版纳
天津航空（GS）	贵阳、呼和浩特、临沂、吕梁、南宁、揭阳、天津、西安、遵义、铜仁
西部航空（PN）	重庆、宁波、厦门
厦门航空（MF）	北京—首都、北海、成都、重庆、常州、大连、福州、海口、海拉尔、杭州、呼和浩特、兰州、泸州、绵阳、南京、泉州、沈阳、太原、天津、乌鲁木齐、西安、厦门
西藏航空（TV）	成都、拉萨
九元航空（AQ）	海口、呼和浩特

续 表

幸福航空（JR）	哈尔滨、荔波、黎平、襄阳、惠州
华夏航空（G5）	包头、百色、重庆、长治、大连、贵阳、固原、惠州、济宁、汉中、张家口、邵阳、张家界
乌鲁木齐航空（UQ）	兰州
东海航空（DZ）	南通、昆明
多彩贵州航空（GY）	毕节、贵阳
重庆航空（OQ）	重庆、惠州
浙江长龙航空（GJ）	杭州

境外直飞航线信息（2017 年夏秋季）

航空公司	国家	城市	机场	机型	班期
中国南方航空（CZ）	泰国	曼谷	素万那普国际机场	A320	1、2、3、4、5、6、7
				A321	1、2、3、4、5、6、7
		普吉	普吉国际机场	A320	1、5、6
		清迈	清迈国际机场	A320	2、4、6
	韩国	首尔	仁川国际机场	A321	2、4、6
				A330-300	1、3、4、5、7
		济州岛	济州岛国际机场	A320	4、7
	日本	东京	成田国际机场	A320	1、5
		大阪	关西国际机场	A320	3、6

续 表

航空公司	国家	城市	机场	机型	班期
中国南方航空（CZ）	马来西亚	吉隆坡	吉隆坡国际机场	A320	2、4、6
				A320	1、3、5、7
	越南	河内	内排国际机场	A320	3、5、7
	德国	美因河畔法兰克福	法兰克福国际机场	A330-200	2、4、6
中国东方航空（MU）	韩国	首尔	仁川国际机场	A330-300	1、3、4、5、7
				A330-300	1、2、3、4、5、6、7
	日本	大阪	关西国际机场	B737-900ER	1、5
		名古屋	中部国际机场	B737-900ER	3、7
海南航空（HU）	美国	洛杉矶	洛杉矶国际机场	B787-9	1、4
	日本	札幌	新千岁机场	B737-800	1、2、3、4、5、6
	澳大利亚	悉尼	悉尼国际机场	A330-300	2、7
		墨尔本	墨尔本国际机场	A330-200	1、3、4、7
厦门航空（MF）	泰国	曼谷	素万那普国际机场	A320	1、2、3、4、5、6、7
奥凯航空（BK）	韩国	济州	济州国际机场	B737-800	3、5、7
	日本	冲绳	那霸机场	B737-800	1、2、4、6
泰国微笑航空（WE）	泰国	曼谷	素万那普国际机场	A319/A320/A321	1、4、6
				A319/A320/A321	1、2、3、4、5、6、7

续 表

航空公司	国家	城市	机场	机型	班期
新加坡胜安航空（MI）	新加坡	新加坡	新加坡樟宜国际机场	A320	1、6
				A320	2、4
新加坡航空（SQ）	新加坡	新加坡	新加坡樟宜国际机场	A320	1、6
				A320	2、4
大韩航空（KE）	韩国	首尔	仁川国际机场	A330－300	1、2、3、4、5、6、7
				A321	2、4、6
				A330－300	1、3、4、5、7
泰国暹罗航空（O8）	泰国	曼谷	廊曼国际机场	B737－300	1、2、3、4、5、6、7
韩亚航空（OZ）	韩国	首尔	仁川国际机场	A319/A320/A321	1、3、4、5、7
泰国国际航空（TG）	泰国	曼谷	素万那普国际机场	A319/A320/A321	1、2、3、4、5、6、7
泰国亚洲航空（FD）	泰国	清迈	清迈国际机场	A320	1、4、5、6、7
新一代航空（E3）	泰国	曼谷	廊曼国际机场	A320	1、4、5、6、7
亚洲航空（AK）	马来西亚	吉隆坡	吉隆坡国际机场	A320	1、2、3、6
捷星太平洋航空（BL）	越南	芽庄	金兰国际机场	A320	1、3、5
老挝航空（QV）	老挝	万象	万象万岱机场	A320	1、5

续 表

航空公司	国家	城市	机场	机型	班期
狮子航空（JT）	印度尼西亚	万鸦老	万鸦老机场	A320	2、4
泰国狮子航空（SL）	泰国	清莱	清莱国际机场	B737－800	1、3、6
春秋航空（9C）	印度尼西亚	登巴萨	登巴萨巴厘岛国际机场	A320	1、4、7
上海航空（FM）	韩国	釜山	金海国际机场	A320	1、2、4、6
俄罗斯艾菲航空（I4）	俄罗斯	莫斯科	谢列梅捷沃国际机场	A330－300	4
埃及休闲航空（AL）	埃及	阿斯旺/开罗	阿斯旺/开罗国际机场	A330－300	6

中国港澳台地区直飞航线（2017年夏秋季）

航空公司	行政区	城市	机场	机型	班期
厦门航空（MF）	台湾省	台北	台北桃园国际机场	A320	1、3、5
				A330－300	4、6
				B737－800	2、4、7
华信航空（AE）	台湾省	台北	台北桃园国际机场	A320	1、3、5、6、7
				A330－300	4、6
				B737－800	2、4、7
		高雄	高雄小港国际机场	B737－800	2、5
				A320	7

续 表

航空公司	行政区	城市	机场	机型	班期
中华航空（CI）	台湾省	台北	台北桃园国际机场	B737－800	1、3、5
南方航空（CZ）	台湾省	台北	台北桃园国际机场	A320	1、3、5
				A330－300	4、6
				B737－800	2、4、7
国泰航空（CX）	香港特别行政区	香港	香港国际机场（赤鱲角国际机场）	A321	1、2、4、5
港龙航空（KA）	香港特别行政区	香港	香港国际机场（赤鱲角国际机场）	A321	1、2、4、5

附件五（金霞经济开发区产业公司分布表）

分类	排序	企业名称	注册时间	位置	注册资本（万元）	员工人数（个）
能源产业	1	中国石化销售有限责任公司湖南长沙石油分公司	2015	长沙市开福区长沙市五家岭陈家湖		53
	2	湖南铭伦石油化工有限责任公司	2001	长沙市开福区伍家岭生活广场	8000	20～99
	3	中国石化销售有限责任公司湖南石油高速分公司	2012	长沙市开福区湘春路 111 号湖南陋园宾馆		
医药产业	4	国药控股湖南有限责任公司	2001	长沙市开福区金霞开发区华宁路 299 号	7000	50～100
	5	国药控股长沙有限责任公司	2015	长沙市开福区龙福路 2 号（金霞湘绣园 13 - 15 楼）	10000	
	6	湖南国中医药有限责任公司	2003	长沙市开福区龙福路 2 号金霞湘绣园	10200	400
	7	湖南一先药业有限责任公司	2005	长沙市开福区沙坪街道中青路 1318 号	10000	28
	8	湖南天劲医药有限责任公司	2012	长沙市开福区中青路 1318 号佳海工业园	1500	101～200
	9	湖南金六谷医药有限责任公司	2015	长沙市开福区沙坪街道中青路 1048 号山河医药健康产业园 4 栋 3 楼	2000	51～100

续 表

分类	排序	企业名称	注册时间	位置	注册资本（万元）	员工人数（个）
医药产业	10	湖南和舟医药有限责任公司	2015	长沙医药健康产业园（长沙金霞开发区中青路 1048 号）	2600	
	11	长沙福民医疗器械有限责任公司	2000	长沙市开福区大明工业园 380 号	1000	80
	12	湖南六谷大药房连锁有限责任公司	2013	长沙市开福区捞刀河镇中岭村 258 号 1 栋 101 房	200	51～100
	13	湖南慧明医药有限责任公司	2015	长沙市开福区沙坪街道（金霞开发区）中青路	12000	20～99
	14	湖南恒昌医药有限责任公司	2015	长沙市开福区中青路 1048 号山河医药健康产业园	2015	100～499
	15	湖南同仁医药有限责任公司	2015	长沙市开福区中青路长沙医药健康产业园 5 栋	2000	301～500
	16	湖南和瑞医药有限责任公司	2015	长沙市开福区中青路 1048 号长沙医药健康产业园	2088	500
粮食产业	17	湖南粮食集团有限责任公司	2010	长沙市开福区芙蓉北路 1119 号	20000	4000
	18	湖南省金海粮油有限责任公司	2008	长沙市开福区金霞经济开发区金霞粮食物流园办公楼 4 楼	500	
住宅工业化产业	19	中民筑友有限责任公司	2014	长沙市开福区新港路 30 号长沙金霞保税物流中心	100000	
	20	三新房屋制造股份有限责任公司	2014	长沙市开福区金霞经济开发区霞凝港旁	10000	500～1000
	21	湖南明湘科技发展有限责任公司	2014	长沙市开福区捞刀河镇大明村 169 号	1000	248
	22	湖南恒盛瑞通新型建材有限责任公司	2015	长沙市开福区金霞经济开发区	5000	50
	23	湖南金鼎交通构件有限责任公司	2010	长沙市开福区捞刀河镇大明村工业园区 168 号	1000	

续 表

分类	排序	企业名称	注册时间	位置	注册资本（万元）	员工人数（个）
现代物流产业	24	湖南省新源石油股份有限责任公司	2004	长沙市开福区芙蓉中路一段466海东青大厦B	8586.8	631
	25	长沙市德邦物流有限责任公司	2009	长沙市开福区青竹湖街道新港大道普洛斯长沙金霞物流园B1号	300	1000
	26	湖南品骏物流有限责任公司	2015	长沙市开福区青竹湖路69号商务楼3楼312室	1000	
	27	湖南大地国际货运有限责任公司	2008	长沙金霞海关保税物流中心卡口A1003	200万美元	
	28	湖南畅通物流有限责任公司	2003	长沙市金霞大道霞凝新港进港路	1200	101～200
	29	湖南长沙新港有限责任公司	2001	长沙沿江大道港务局码头	30000	700
	30	长沙集星集装箱码头有限责任公司	2012	长沙市新港镇新港大道80号湘江北路	17500	196
	31	湖南畅达物流有限责任公司	2000	福元路洪山街道洪山局	1000	
	32	长沙联运物流有限责任公司	1993	长沙市芙蓉中路一段378号	2000	
	33	湖南鸿胜物流有限责任公司	2006	长沙市开福区金霞路388号	3000	160
	34	湖南汇峰国际货运代理有限责任公司	2002	长沙市五一大道389号华美欧大厦		500
	35	湖南省康程物流有限责任公司	2015	长沙市雨花区新雨路	5000	
	36	湖南省杏林有限责任公司	1999	长沙市开福区安寺社区		9